何造中解读江恩理论系列丛书

WILLIAM D.GANN

江恩
理论特别运用
解读庄股

何造中 ◎ 著

SPM
南方出版传媒
广东经济出版社
·广州·

图书在版编目（CIP）数据

江恩理论特别运用解读庄股/何造中著. —广州：广东经济出版社，2015.12

（何造中解读江恩理论系列丛书）
ISBN 978 - 7 - 5454 - 4154 - 3

Ⅰ.①江… Ⅱ.①何… Ⅲ.①股票投资-基础知识 Ⅳ.①F830.91

中国版本图书馆 CIP 数据核字（2015）第 188863 号

出 版 人：姚丹林
责任编辑：王成刚
责任技编：许伟斌

出版发行	广东经济出版社（广州市环市东路水荫路 11 号 11～12 楼）
经销	全国新华书店
印刷	广东新华印刷有限公司南海分公司（广东省佛山市南海区盐步河东中心路）
开本	787 毫米×1092 毫米 1/16
印张	15.75
字数	220 000 字
版次	2015 年 12 月第 1 版
印次	2015 年 12 月第 1 次
印数	1～5 000 册
书号	ISBN 978 - 7 - 5454 - 4154 - 3
定价	39.80 元

如发现印装质量问题，影响阅读，请与承印厂联系调换。
发行部地址：广州市环市东路水荫路 11 号 11 楼
电话：(020) 38306055 37601950 邮政编码：510075
邮购地址：广州市环市东路水荫路 11 号 11 楼
电话：(020) 37601950 营销网址：http：//www.gebook.com
广东经济出版社新浪官方微博：http：//e.weibo.com/gebook
广东经济出版社常年法律顾问：何剑桥律师
· 版权所有 翻印必究 ·

总 序

> 真正的理论在世界上只有一种，就是从客观实际中抽出来又在客观实际中得到了证明的理论。
>
> ——毛泽东

从我1997年在香港《每周财经动向》（全球出版发行）开辟专栏，发表了一系列江恩理论与内地股市案例分析的文章，到1998年应邀开始在国内专业性杂志《股市动态分析》撰写解读江恩理论的系列连载，至今已十年有余。可谓"十年磨一剑，霜刃未曾试。今日把示君，只为股民事！"

在我十多年的投资生涯中，时常想到江恩的一句忠告："要想在股票交易中获利，就必须先获取知识，必须在损失之前就开始学习。许多投资者在进入股市时对股市毫无认识，而且在他们意识到开始交易前有必要进行一段时期的准备工作之前，就损失了大部分本钱。"这是江恩身处股市45年以上的经验之谈和总结，也是我解读江恩理论的目的。

江恩理论之于证券技术分析，就如同《易经》、宗教、玄学等之于世俗文化。它们不是大众性的，总是不能被多数人所接受，然而却从没有人能完全否认它们。江恩理论的最大贡献，也许并不在于其神奇的技术，而在于这门技术是一个指引，它树起一根标杆，让别人去努力探索、追寻，在研究自然规律的道路上越走越远。江恩理论告诉我们，世上万物都遵循着自然的波动规律，都遵循着因果关系与协调关系的普遍法则。另外，市场中不能仅存在一种理论，市场是一种动态博弈，每个人都要按照自己的

理解，在波动中寻找适合自己的投资方式、投资理念，判断江恩发现的这些规则和方法有哪些东西是适合自己的。

证券市场的历史主要包括两个方面：一是市场交易数据的历史，二是市场参与者的历史。前者可以让我们找出证券价格的运行规律，如江恩发现的，股票和商品期货的价格走势往往会在它们的历史天价上遇到强大的阻力，并且"做头"；后者可以让我们总结前人的成败得失，也如江恩发现的，大多数人亏损的原因是对市场知之甚少。我们希望通过对历史的研究解决三个问题：一是在什么位置出入市，二是在什么时候出入市，三是如何出入市。江恩在这三个问题上建立了自己的一套规则。

每一位研究证券市场的人，实际上都在研究历史。这种研究的一个重要前提就是，证券市场的运行是有章可循的，而这种规律是可以通过适当的方法加以认识的。如果证券市场真是像有些人说的那样是无序的、随机的、毫无规律可循的，那我们还有什么必要研究证券市场呢？

要研究证券市场的正确趋势，就必须学习相关的知识。江恩认为，只有那些为知识花费时间和金钱，并不断学习，永不以为自己无所不知，而是意识到学无止境的人才能在证券市场中获得成功。在生活中，每个人投入多少就能收获多少，"种瓜得瓜，种豆得豆。"江恩本人也是这么做的。江恩曾在《如何在商品期货市场中获利》一书中写道："在过去40年里，我年年研究和改进我的理论。我还在不断学习，希望自己在未来能有更大的发现。"江恩视投机为一种有利可图的职业，他严谨的工作作风值得每一个人学习。

许多人怀疑，江恩在半个世纪以前使用的市场分析方法和交易规则是否还能运用到今天这个愈加复杂的市场中。这个问题从表面上看似乎有些道理，但是我们不要忘记了，江恩对市场的观察是基于人们对事物以往的认知，而这种认知是对未来的指引。

不知道你想过这些没有，世界上的万物都有自己特定的运行法则，例如物体松手以后会回落到地上、男女自然地会对对方产生兴趣、万物相互依存……究竟是谁规定了上述法则，让它们各自按照自己的运行轨迹有序地、相互制约相互促进地、十分完美地运行？这个答案我们暂不去管它，但仅是"游戏法则"一词就已贵如钻石！它精确地告诉我们：世界的存在不是杂乱的，它是在深刻的自然属性中必然地运作，每一件事的结果都是唯一的、特定的、必然的，它们像一串串刻度被永远地刻在了历史（时间）的坐标上。请永远记住上面这一段文字，否则你将不能解读下面的内容。

在其投资生涯中，江恩的平均成功率高达88%。人们惊叹江恩几乎每次都能判断正确。当然江恩自己也会有些错误，但都不是因为其理论方法本身的缺陷。除此之外，江恩还预测了从他那个时代起人类未来会发生的事，会出现的物体、发明等等，现在看来几乎全部按时间坐标实现了。江恩的思维模式建立在他本人坚信宇宙万物中无不存在着自然规则这一信念之上。江恩有一个虔诚的宗教家庭，来自《圣经》的教诲不仅仅只影响了他的生活。

江恩相信任何事物都遵循着宇宙中的自然规则，而规则的本身是由复杂的物质属性集合而成的，任何物体的运行都是在两者作用下的必然结果。

江恩思想的两个基本要素是：动质和时间。动质是江恩理论的专有名词，其他任何书籍上都没有动质一词。动质极其复杂，我不在此描述。

任何准确的分析都离不开时间，江恩把时间作为进行交易的重要因子，当特定的动质驱动运行时，时间因子会精确地显示事物属性的一一对应特性。

研究江恩理论不是一件容易的事情，正如江恩本人所说的一样，研究他的理论，需要意志和毅力。

天地间有"有其理无其事"的说法，那是因为我们的经验还不够，科学的实验还没有出现的缘故；而"有其事不知其理"的，那是因为我们的智慧还不够。换句话说，宇宙间的任何事物，有其事必有其理，有现象，就一定有它的原理，只是我们的智慧不够、经验不足，找不出它的原理而已。

本套系列丛书沿着两个中心思想创作，一是以江恩出生时候的时代背景为前提，以江恩的成长为主线；二是以证券市场的内在机理为出发点，遵循先定性后定量、基本面解决根本问题、技术面解决具体问题的原理。为了尽量保持江恩原著的真实性，我们以江恩的原著为蓝本，充分尊重原著的思想。为了全面地诠释江恩理论，我们也吸收了其他江恩理论研究者的发现和思想，同时还吸收了其他理论的精髓来诠释江恩理论，以填补江恩理论由于所处时代而导致的不足，尽量展现适合当今市场，尤其是中国证券市场的技术分析方法。

股票投资/投机是一门艺术科学，既有其科学规范的一面，又有其只可意会不可言传的一面。无论你是师从技术分析方法，还是紧跟价值投资思路，抑或两者兼备，投资这项游戏的规则都已经规定，除了在某些特殊阶段以外，总体来说只有少数人能成为大赢家。健将是可以培养和锻炼出来的，而冠军，除此以外还需要天赋和一点运气。学习，可以帮助我们挖掘自己的潜能，并至少能够向一名健将去发展。

我们继承的是江恩的思想，狭义的江恩理论是江恩建立的理论框架和交易规则、技巧。广义的江恩理论是继江恩之后，所有研究江恩理论人士多年来从江恩理论体系衍生发展出来的一系列著作。提到江恩理论，人们还定义在狭义层面，而事实上，在美国，研究江恩理论的专业人士已经涌现出一大批了，还成立了一个江恩理论研讨会的组织机构，每年定期召开会议，以交流学习对江恩理论新的发现，还有公司专门研制出江恩理论的证券分析软件。

我这次收集整理出版的这套系列丛书就是建立在江恩和一大批江恩理论研究人士大部分研究成果的基础上的，所以说，现在的江恩理论不单单是江恩所著的原著，还包括其他研究者所发现的，在江恩原著的基础之上发展的所有著作。打一个很不恰当的比喻，就好像毛泽东思想是老一辈无产阶级的结晶的道理一样，江恩理论也是所有为理论的发展而努力的人的结晶。

今天我们研究江恩理论所要走的路线因为大部分人以前还没有接触过，所以我们在这里先要使大家知道怎样去读江恩理论，先从怎样去认识它、怎样去了解它开始。至于深入的研究，有人研究了一辈子，也没有搞清楚，包括我在内，研究了十多年，还跟一个初学的人差不多。实际上，要解读好江恩理论这套经典技术分析理论，我自己都是战战兢兢的，觉得自己非常肤浅，没有办法向大家交代，可以提供给大家的，只是一块敲门砖而已。

何造中

前　言

　　本书是系列丛书的第十一本，其实本系列丛书写至第十本，有关江恩的一些投资技巧大都包含在内了，但是，笔者总觉得意犹未尽，于是，笔者在吸收了前十本书的一些精髓之后，又创出了最后两本书。

　　笔者先来介绍本书，即解读江恩理论之特别运用篇，解读庄股。

　　本书第一章笔者介绍了大盘环境与庄家操作股票的相关关系，为大家揭示了庄家选股时的问题；本书第二章笔者介绍了庄家选择标的股的相关思路；本书第三章笔者介绍了庄家在选择完投资标的后的第一个举动，即试盘有关的内容，利用庄家的试盘动作，为我们的投资服务；本书第四章笔者与大家分享了庄家吸筹的有关内容；本书第五章笔者介绍了庄家在吸筹后洗盘的相关内容；本书第六章笔者介绍了庄家做盘最精髓的部分，即拉升，通过对不同拉升方式的介绍，让大家对主力做盘有一个非常清晰的认识；本书第七章笔者介绍了庄家派发的一些策略，帮助投资者规避投资风险。

　　虽然中国股票市场已经有20多年，但是庄家对于股票的运作至今仍然随处可寻，我们了解了庄家的习性，顺应其做盘规律进行投资，往往可以取得事半功倍的效果。

　　由于本书的创作时间有限，对于一些问题的讲述可能存在欠妥之处，希望广大读者朋友们批评指正。

目 录 CONTENTS

第一章　大盘环境与庄股 \ 1

　　第一节　庄股概述 \ 2

　　第二节　大盘环境与庄家操盘 \ 5

第二章　庄股的标的股选择 \ 45

　　第一节　庄家选择标的股的思路 \ 46

　　第二节　各类庄家选择标的股的技巧与运用 \ 49

第三章　试盘 \ 77

　　第一节　庄家试盘概述 \ 78

　　第二节　庄家试盘的目的 \ 79

　　第三节　庄家试盘手法 \ 81

　　第四节　利用庄家试盘获利 \ 84

第四章　吸筹 \ 113

　　第一节　吸筹概述 \ 114

　　第二节　庄家吸筹的手法 \ 115

　　第三节　庄家吸筹完毕的特征 \ 121

第四节　利用庄家吸筹获利 \ 124

第五章　洗盘 \ 149

第一节　洗盘概述 \ 150

第二节　庄家洗盘的手法 \ 151

第三节　利用庄家洗盘获利 \ 161

第六章　拉升 \ 179

第一节　拉升概述 \ 180

第二节　庄家的拉升时机与拉升征兆 \ 182

第三节　庄家的拉升手法 \ 185

第四节　利用拉升获利 \ 192

第七章　派发 \ 217

第一节　派发概述 \ 218

第二节　庄家派发的手法 \ 219

第三节　识别派发与洗盘 \ 228

第四节　锁定既得利润 \ 230

参考文献 \ 241

第一章

大盘环境与庄股

第一节 庄股概述

一、庄股的概念

庄股是指股价涨跌或成交量被庄家有意控制的股票。庄家通过增持或减持手中的筹码,不断洗盘震仓,来达到吸筹的目的,然后择机拉高股价,吸引散户追高,达到出货的目的,并从中获利。

庄股本身只是一个市场名词,并没有一个统一的定义。有人认为"庄股"就是被人操纵了价格的股票,有人认为这只不过是部分具有共同投资偏好的大户集中持有共同的上市公司股票。

在一些国家的股市建立有庄家制度,如美国的专业股票商只经营几种股票,既充当买卖中介人,又要在只有买方或卖方时,充当另一方完成交易,他们被要求起到稳定股票价格的作用。但无论是否有制度,有股市就会有庄家。庄家炒股目的是盈利,由于他们使股市增添资金、激发活力,因而庄家是股市中不可或缺的具有积极作用的生力军。

中国股市自1994年8月以来庄股林立,成为投资人选股的一大重要品种。能发现并及时购进庄股,享受一段"搭车坐轿"的乐趣,是小额投资者获取成功的一条捷径。

二、庄股的分类

我们要分析庄家的行动,就应该先了解庄家的类型,不同类型的庄家,其操盘手法是不同的。需说明一点,庄家的水平差距也较大,庄家水平低的股票还是不参与为妙。

根据操作周期可分为短线庄、中线庄和长线庄;根据走势和幅度可分为强庄和弱庄；根据股票走势和大盘的关系可分为顺势庄和逆市庄；根据庄家坐盘顺利与否可分为获利庄和被套庄。

人们往往认为资金量大、持仓量大就是庄家，那是不对的。庄家需具备两点：有能力控制一段时间内的股价走势；有意识地进行与目的相反方向的操作。要买入时，还得不时地卖出以稳定股价；要卖出时，还要买入以拉高股价。

以下分别介绍不同类型庄家的特点。

1. 短线庄家

短线庄家的特点是重势不重价，也不强求持仓量。大致可分为两种：一种是炒反弹的，在大盘接近低点时买进，然后快速拉高，待散户也开始抢反弹时迅速离场。另一种是炒题材的，出重大利好消息前拉高吃货或出消息后立即拉高吃货，之后继续迅速拉升并快速离场。因此，短线庄家的运作周期往往较短，一般只有几周或几个月的时间。

2. 中线庄家

中线庄家看中的往往是某只股票的题材，经常会对板块进行炒作。中线庄家往往是在底部进行一段时间的建仓，持仓量并不是很大，借助大盘或利好拉高，通过板块联动效应以节省成本，然后在较短的时间内迅速离场。

一般来说，中线庄家的运作周期一般为半年到一年，控制流通筹码约50%，建仓时间一两个月，个股上涨的幅度则要视大盘的情况而定，最小也应该在40%以上。往往是借助于大势的中级行情，或者是一些利好，或者是个股公司基本面的重大变化拉高，或通过板块的联动节约成本，在较短时期内完成派发。中线庄家所依赖的因素都是其本身能力以外的，所以风险较大，操作起来较谨慎。一般情况下，上涨30%就算不错了。

3. 长线庄家

长线庄家往往看中的是股票的业绩，是以投资者的心态入市的。由于

长线庄家资金实力大、底气足、操作时间长,在走势形态上才能够明确地看出吃货、洗盘、拉高、出货。所谓的"黑马"一般都是从长庄股票中产生。长线庄的一个最重要的特点就是持仓量,由于持股时间非常长,预期涨幅非常大,所以要求庄家必须能买下所有的股票,其实庄家也非常愿意这样做。这样,股价从底部算起,有时涨了一倍,可庄家还在吃货。出货的过程同样漫长,到后期时会不计价格地抛盘,这些大家都应注意。

一般来说,长线庄家的运作周期至少在一年以上,有的甚至两三年或更长的时间。股价的上涨幅度很大,一般至少在一倍以上。有时在较大的行情中,有的大牛股甚至会出现十几倍、几十倍的惊人涨幅。长线庄的控盘程度也很高,常常达到 60%～80%。个股走势特征有明显的坐庄阶段。长线庄家在包括资金方面的综合实力非常雄厚,并且在宏观面、政策面、个股的基本面都能较好地把握。

还有一种提法叫"长庄"。即一个庄家在某只股票中总是不出来,来回打差价。

1. 强庄

强庄的前提是持仓量大,持仓量越大,庄家拉高的成本就越低。所谓的强庄并不是一定就比别的庄家强,而是某一段时间走势较强或是该股预期升幅巨大。

2. 弱庄

一般是资金实力较弱的庄家。由于大幅拉升顶不住抛盘,所以只能缓慢推升,靠洗盘、打差价来抬高股价。由于庄家持仓量小,靠打差价就能获得很大的收益,所以累计升幅并不大。

3. 顺势庄家

顺势庄家即股价走势与大盘是一致的,这是高水平的庄家。

4. 逆市庄家

逆市庄家是其持有的个股走势与大盘完全没有共性，即人们常说的"庄股"。逆市庄家由于做盘难度大，失败的较多。当然，有些庄家在建仓时逆势，在出货时顺势，那也是高水平的。

5. 被套庄家

被套庄家好理解，被套分两种：一种是股价低于庄家的建仓成本且庄家已没有操纵股价的能力，这比散户被套惨得多，割肉的话，苦于没有人接盘。另一种被套庄是由于手法不对或所炒个股明显超出合理价值，导致没有跟风盘，虽然股价高于成本，却无法兑现。这类庄家由于具备控盘能力，通过制造题材以及借助大盘，总会有抛盘的可能。大家看到的跳水股往往就属于这一类。

第二节 大盘环境与庄家操盘

对于那些坐庄的人来说，他们最在乎的可能并不是一些散户们关心的问题，他们最关心的是股票市场的大势，股票市场的大势是决定他们坐庄能否成功的最重要原因，如果庄家非常正确地利用好股票大势，那么他们的坐庄之路无疑是非常顺利的。

在本节我们就来分析不同大盘环境下庄股的操作方式，从而给大家还原那些成功庄股的制胜之道，掌握了这些，会让投资者的选股之路变得更加顺畅。

在本系列丛书中，笔者多次将大盘环境分为三种类型：即上涨行情、下跌行情和震荡行情，也就是我们通常所说的牛市、熊市和震荡市。

在本节中，笔者将从上面三种大盘环境来分析那些坐庄有心得的庄股的成功之道。

一、牛市中的庄股操盘

在牛市的环境下,非常适宜庄股操作,牛市是各种庄家操盘的福音,因为在牛市中,大部分庄家都能够实施他们的操盘策略。下面我们就来介绍几种在牛市中比较典型的庄家操盘手法。

1. 牛市中长庄股长线布局操作策略

牛市的环境,给长庄股的做盘带来了非常有利的环境,只要在牛市初期吸筹充分,那么他们就可以在牛市未接近尾声前,一直拉升,直到牛市末端才考虑出货问题。由于牛市的环境,即使实力一般的庄家也可能获得非常不错的收益,对于那些强庄股来说,收益更是惊人。

下面我们来看几个案例。

案例一。

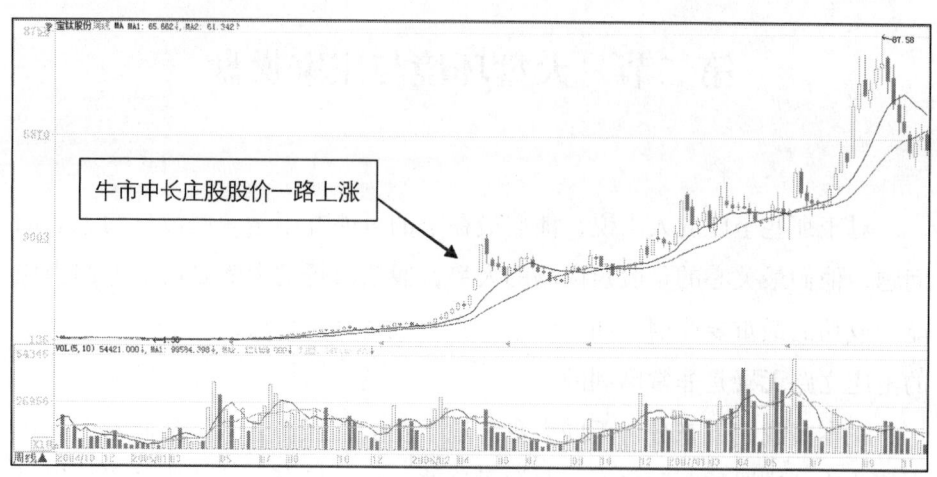

图 1-1

宝钛股份(600456)是一家从事钛及钛合金的生产、加工和销售等业务的公司。这家公司是由宝鸡有色金属加工厂作为主要发起人,联合西北有色金属研究院、中国有色金属进出口陕西公司、中南工业大学(后更名为中南大学)、西北工业大学、陕西省华夏物业公司等单位以发起方式设立的股份有限公司，并于1999年7月21日在陕西省工商行政管理局注册登记。2002年4月，公司股票登录上海交易所，发行6000万股，募集资金3.1088亿元。

图1-1所示的是宝钛股份自2004年10月至2007年11月这段时间的周K线图。2005年6月至2007年10月，大盘处于一轮大牛市行情，从图中可以看到，自2005年4月大盘仍未见底开始，宝钛股份的股价就开始出现异动，放量吸筹明显。此后，大盘进入牛市，宝钛股份在牛市初期领涨，大盘进入拉升阶段，宝钛股份也是跟随大盘一路上涨，整个牛市，宝钛股份一直保持着上涨通道，直到2007年10月后牛市结束，宝钛股份才逐步走入下跌通道，尽显长庄股本色。对于这样的股票，我们只要在其形成上涨趋势后的阶段调整中介入，便可以一路持有，直到牛市行情终结。

当然，宝钛股份能有如此表现，也要归功于其当时的基本面亮点：

（1）业绩持续增长。

2005年7月18日，公司发布公告称，宝钛股份2005年1～6月每股收益0.281元，每股净资产3.3892元，净资产收益率8.31%；实现主营业务收入57901.27万元，比去年同期增长77.55%；净利润5632.04万元，比去年同期增长47.52%。报告期内，公司继续致力于钛及钛合金等稀有金属材料和各种金属复合材料的生产、加工、销售工作。公司紧紧围绕董事会确定的本年度生产经营目标，以市场为导向，把握产品需求旺盛的市场机遇，依靠全体职工奋力拼搏，扎实工作，克服了资源紧张且原材料价格上涨等各种困难，生产经营各项指标同比均有较大幅度提高，实现了产量和效益的快速增长。截至本报告期末，公司实现钛材销售量2503.27吨，主营业务收入57901.27万元，比上年同期增长77.55%，净利润5632.04万元，比上年同期增长47.52%。报告期内，公司努力开拓国内、国际用钛新市场、新用户，各项产品产量及销售量继续呈现较快增长态势，钛板材、棒材、管材的订货再创历史最好水平，产品规格、品种及供货能力均有所拓展，国际市场领域份额进一步扩大。

2005年10月11日，公司发布第三季季报称，宝钛股份2005年1～9月每股收益0.531元，每股净资产3.6392元，净资产收益率14.6%，主营业务收入90174.78万元，比上年同期增长83.13%；净利润10633.31万元，比上年同期增长70.12%。报告期内，公司继续致力于钛及钛合金等稀有金属材料、各种金属复合材料的生产、加工、销售工作，在认真总结2005年上半年工作的基础上，紧紧围绕董事会确定的2005年年度经营目标，抓住市场需求旺盛的有利时机，强化品牌经营，加强企业内部管理，进一步挖潜增效，克服了原材料上涨且供应紧张的困难，保证了生产经营的持续稳步发展。本报告期内公司钛材销售数量总计为956.13吨，比去年同期增长6.55%；实现了主营业务收入32273.52万元，比去年同期增长94.08%；实现净利润5001.27万元，比去年同期增长105.59%。主营业务收入增长的原因系产品销量增加和原材料涨价引起产成品价格相应调整所致；净利润增长的主要原因系主营业务利润增加所致；主营业务利润增长的主要原因为主营业务收入增加所致。

2006年2月17日，公司发布2005年年度报告，宝钛股份2005年度每股收益0.79元，每股净资产3.8998元，净资产收益率20.31%；实现主营业务收入115507.41万元，同比增长84.33%，实现净利润15846.93万元，同比增长132.89%；10股派3元。

从以上的业绩公告，我们发现，宝钛股份公司发展状况良好，业绩逐步增长，基本面具有十足的安全边际。

（2）股改方案刺激公司股价增长。

2005年11月24日，宝钛股份发布了股改方案调整公告称，宝钛股份公司董事会于2005年11月14日公告了股权分置改革方案，公司非流通股股东通过多种形式与流通股股东进行了沟通。根据双方沟通结果，公司股权分置改革方案部分内容予以调整。关于对价安排现调整为："由公司非流通股股东向方案实施股权登记日登记在册的流通股股东共计送出1560万股公司股份作为非流通股股东所持非流通股份获得流通权的对价安排，即流通股股东每持有10股流通股获送2.6股。"（原方案为10送2.2股）

通过提高股改送股方案，可以看到宝钛股份对于中小投资者的回报和对自己公司发展的信心。

（3）新项目投资为公司持续发展带来活力。

2006年2月17日，公司发布了对外投资的公告。公告称宝钛股份公司于2006年2月15日召开三届三次董事会、监事会，审议通过关于投资建设"增加5000吨熔铸能力项目"的议案：该项目设备投资总额为11000万元，建设周期为24个月，本项目完成后，公司钛铸锭年产量将增加5000吨，利润总额为5000万元人民币；通过关于投资建设"钛棒丝材生产线技术改造项目"的议案：该项目总投资为16000万元，建设周期为24个月，项目建成后，年产能为1100吨钛棒丝，利润总额为3386万元；通过关于投资建设"钛合金板材扩能技术改造项目"的议案：该项目总投资为1亿元，建设周期预计为18个月，项目建成后，公司钛合金板材年产量将增加1500吨，利润总额为7500万元人民币。新的投资项目为公司未来的发展带来了十足的活力。

对于基本面稳健，业绩不断增长的宝钛股份来说，成为牛市中长线庄家的宠儿，也为跟长线强庄股投资者带了非常可观的收益。

案例二。

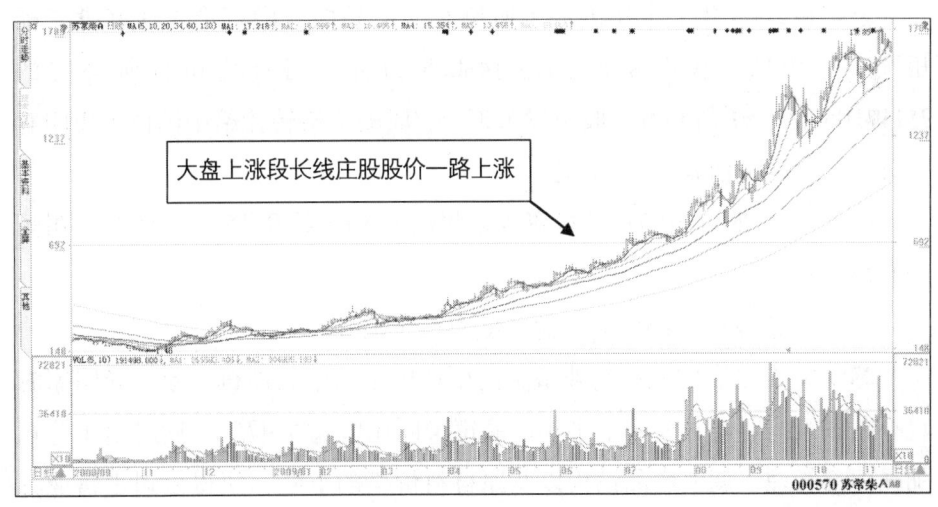

图1-2

苏常柴A（000570）是一家从事农用柴油机、农用运输车、联合收割机等产品的制造与销售的公司。公司前身常州柴油机厂，始建于1913年。1993年始进行股份制改组。1994年5月6日"常柴股份有限公司"宣告成立,同年 6 月 28 日,苏常柴 A 在深圳证券交易所上市交易,发行 4000 万股,募集资金 1.56 亿元。

图 1-2 所示的是苏常柴 A 自 2008 年 9 月至 2009 年 11 月的日 K 线图,2008 年 10 月之后,大盘进入熊市后的反转行情,苏常柴 A 股价跟随大盘逐步见底企稳。2009 年 4 月之后,苏常柴 A 股价有规律地在回调后逐步上涨,走出了完美的上升通道,尽显长线庄股本色。对于这样的长线庄股,在其股价阶段回调时,便迎来了我们的介入时机。

当然,苏常柴 A 股价能有如此表现,离不开其基本面的刺激,下面我们就来看看其基本面亮点:

(1) 2009 年中期业绩大幅增长,分红派现能力也随之提高。

苏常柴 A 于 8 月 12 日公布 2009 年半年报,上半年公司实现销售收入 124751.28 万元,同比增长 8.45%,实现净利润 18872.05 万元,同比增长 4667.53%。基本每股收益 0.5 元,同比增长 4445.45%。公司盈利水平的大幅提高也提升了其分红派现能力,公司拟每 10 股送 5 股派 0.8 元现金。

(2) 投资收益短期内对公司业绩增厚明显。

公司在 2009 年上半年出售了所持有的交易性金融资产 450 万股"福田汽车"股票,获得税前收益 1480.5 万元。同时公司将所持有的 35117105 股"ST 凯马 B"股份以 5.33 元/股的价格转让给中国恒天集团有限公司,获得税前收益 1.55 亿元。

以 3.74 亿股本粗略估计投资收益将增厚 EPS 约 0.45 元,即对公司短期业绩贡献显著。

(3) 主营业务稳健发展,盈利能力稳步提升。

苏常柴 A 是我国农机行业最大的生产中小功率柴油机厂家,受国家农机补贴政策的影响,公司上半年产品销量同比增长 5.47%。同时由于公司加强内部管理,调整产品结构以及原材料价格的下降,使得公司主营业务毛利率由上年同期的 9.64% 增长到 13.34%。

(4) 股权投资具有增值空间,潜在投资收益可观。

苏常柴 A 目前仍持有福田汽车 3.94% 约 4178.4 万股、宁沪高速 9.05 万股,以 8 月 11 日收盘价计算约 5.96 亿元,潜在投资收益 5.54 亿元。此外，公司还持有江苏银行 3800 万股。可见公司长期股权投资收益仍具有一定的增值空间，潜在投资收益较为可观。

通过以上的分析，我们知道，苏常柴 A 具有业绩暴增、高分派的基本面亮点刺激，致使其受到长线庄家的关注。在长线庄家的操盘下，股价走出了完美的上涨行情，也给投资者带来了紧跟长庄股获利的良机。

2. 牛市中逆势庄股采取后发制人操作策略

在牛市中，有些庄家在牛市初期没有吸足筹码，但是他们可能不甘心在控盘不足的情况下就开始拉升，借助牛市上涨的环境，把手中股票捂住不涨，让投资者误以为该股票非常差。由于在牛市中许多股票都大幅上涨，投资者经不住这样的等待，于是纷纷抛出手中所持股票。这样庄家就很容易利用牛市的环境筹集足够多的筹码，在之后迎来股价的大爆发。

下面我们就来看几个案例。

案例一。

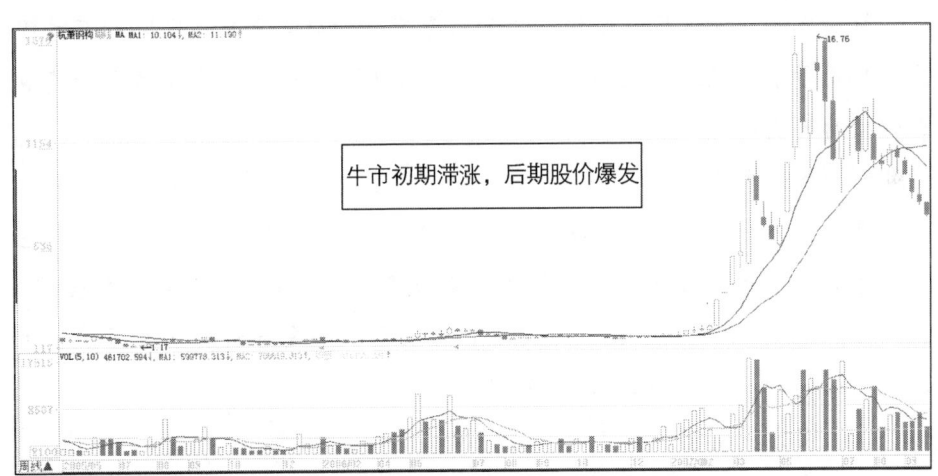

图 1-3

杭萧钢构（600477）是一家从事钢结构工程的设计、制作与安装的公司。公司原为萧山市杭萧轻型钢房制造有限公司，成立于 1994 年 12 月 20 日。经浙江省人民政府企业上市工作领导小组批准，公司整体变更为浙江杭萧钢构股份有限公司。该公司于 2000 年 12 月 28 日完成了工商变更登记手续，领取了"企业法人营业执照"，注册资本5236.6823万元。2003年11月，公司股票登录上海交易所，发行2500万股，募集资金2.81亿元。

图1-3所示的是杭萧钢构自2005年5月至2007年9月这段时间的周K线图，2005年6月之后，大盘逐步走入上涨通道，进入牛市行情，至2007年2月，大盘累计上涨了163%，而杭萧钢构股价才累计上涨了23%，涨幅严重落后于大盘。但是进入到2月中旬之后，杭萧钢构股价快速上涨，在3个月内股价快速上涨，涨幅达到了653%。正是在庄家在前期卧薪尝胆的吸筹，才使得其股价能够在牛市后期迎来爆发，对于这样的股票，在其爆发前期，我们可以及时介入，享受快速获利的快感。

当然，杭萧钢构股价能够有如此表现，与其基本的催化也有着重大关系，我们就来看看当时杭萧钢构的基本面亮点：

2007年3月13日，杭萧钢构公布了一则公告，公告标题是《杭萧钢构签订344亿元的安哥拉安居家园产品销售及施工合同》，以下是公告内容：

杭萧钢构（600477）根据《上海证券交易所股票上市规则》的有关规定，公司董事会现就前次公告（编号：临2007—005）中涉及的境外建设工程项目说明如下：

一、签订事项

近日，公司（卖方、承包方）与中国国际基金有限公司（买方、发包方）签订了《安哥拉共和国—安哥拉安居家园建设工程—产品销售合同》（以下简称"产品销售合同"）、《安哥拉共和国—安哥拉安居家园建设工程施工合同》（以下简称"施工合同"）。

二、买方、发包方概况

中国国际基金有限公司（CHINA TNTERNATIONAL FUND LIMITED），注册地：中国香港，地址：SUITES 1011-1012 10/F TWO PACIFIC PLACE 88 QUEENSWAY HK，业务性质：INVESTMENT AND TRADING，法律地位：BODY CORPORATE。

三、项目背景

安哥拉共和国结束长达20多年的内战，全国实现和平并且逐步稳定，这为安哥拉加快国家经济发展和改善人民生活创造了必要的条件和良好的环境。中国国际基金有限公司与安哥拉共和国政府签订了公房发展EPC合同，为安哥拉兴建公房项目，总工期为5年。

四、有权机构的批文

公司具有建设部颁发的钢结构工程专业承包一级资质。根据中华人民共和国商务部商合批〔2005〕462号批文，公司具备对世界各地开展对外承包工程业务，工程的开展无需其他有权机构的批文。

五、合同简介

（1）合同价款：产品销售合同总价计人民币248.26亿元（包括钢结构构件、土建、楼承板、墙板、龙骨、门窗、水电、消防、防火涂料等材料及国内运输），施工合同总价计人民币95.75亿元（包括在当地土建、水电、消防、墙体等的施工及钢结构的安装）。

（2）施工地点：非洲，安哥拉共和国，分别在12个城市。

（3）合同工期。

产品销售合同按照买卖双方确定的需求计划实施采购及生产计划；施工合同工期按照各施工点现场具备施工条件后2年内完工，各施工点的具体工期按双方施工计划执行。

（4）合同履行。

项目为钢结构建筑，所用钢结构构件可利用公司现有设备加工。2006年公司生产各类构件约30万吨，由于钢结构构件的类型不同，加工能力也不同，按照公司目前钢结构加工能力，能完成所需钢构件的加工。该项目除钢结构工程外，土建等工程，预计采用专业分包形式完工。

（5）工程收益对公司财务的影响。

该项目除钢结构工程外的土建等工程，预计采用专业分包形式完工，公司在该项目的主要收益来源于钢结构构件销售及在现场安装服务。在项目实施过程中存在诸多不确定因素，工程收益随着项目进展的顺利程度，才能逐步体现。因此，与近3年公司钢结构行业毛利率缺乏比较性。同时，施工合同工期是按照各施工点现场具备施工条件后2年内完工，各施工点需双方确定具体开工时间，我们不认为在合同签署后2年内即具有整个项目的工程收益。

六、管理层对该项目履行过程的风险分析

（1）境外项目的风险。

工程实施地点在安哥拉共和国，目前该国交通相对落后给运输造成一定困难、工程所需地方材料——水、电等在当地供应也存在一定难度。工期履行存在一定风险。

（2）不可抗力。

合同签订后发生的自然灾害、政府政策变化、暴动、骚乱因素等原因，不是当事人一方的故意或过失造成的，对其发生以及造成的后果当事人不能预见、不能避免并不能克服的客观情况，导致合同履行的风险。

（3）合同履约。

在合同履行过程中，双方以精算成本、不垫资的原则，按双方确认的工程计划，收取相应款项，再安排相应的采购及生产。因此，如对方未支付相应款项，公司为控制风险，存在不持续执行的可能。公司将根据合同实际履行状况，进行信息披露。

（4）应对风险的措施。

公司将在合同实施过程中，严格按照工程计划安排采购及生产，依照合同约定收取相应款项。

（5）特别风险提示。

公司董事会特别提醒广大投资者，上述建设工程项目合同签订后，公司近期内没有形成收益。项目的进度和收益均存在不确定性，对公司影响还需要一定时间和过程才能逐步体现。公司董事会郑重提醒广大投资者注意投资风险，理性投资。《上海证券报》为公司指定的信息披露报纸，公司将严格按照有关法律法规的规定和要求，及时做好信息披露工作。

通过上面的公告，我想大家已经知道为何杭萧钢构股价能够在牛市后期有如此表现，在巨额合同的刺激下，杭萧钢构股价快速上涨，让那些在其股价爆发初期便介入的投资者获利丰厚。

案例二。

广济药业（000952）是一家生产经营医药原料药、医药制剂、饲料添

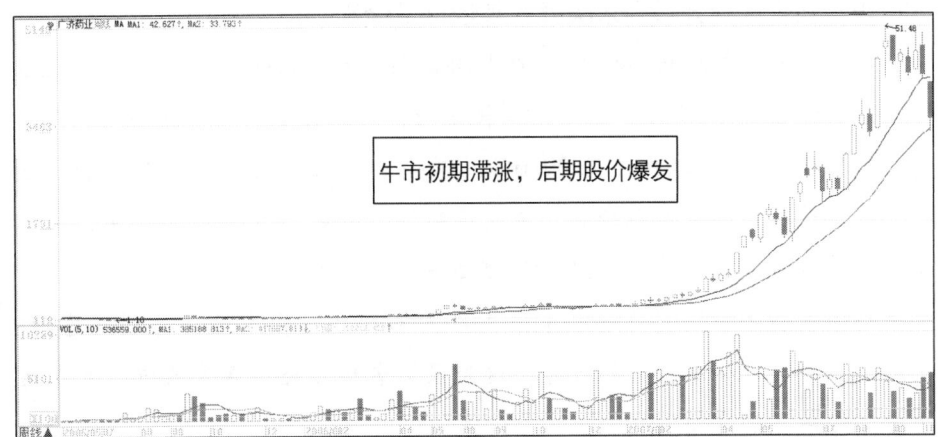

图1-4

加剂,出口本企业自产的各类药的公司。该公司的前身湖北省广济制药厂是湖北省医药总公司原料药定点生产厂家,始建于1969年;1993年3月18日,经湖北省体改委鄂改生〔1993〕195号文批准,由湖北省广济制药厂整体改制,与湖北回春制药厂、武穴市财振会计实业公司共同发起,以定向募集方式设立湖北广济药业股份有限公司。1999年11月,公司发行5000万股,募集资金2.515亿元。

图1-4所示的是广济药业自2005年5月至2007年10月这段时间的周K线图。2005年6月之后,大盘逐步走入上涨通道,进入牛市行情,至2007年1月,大盘累计上涨了160%,而广济药业股价才累计上涨了107%,涨幅落后于大盘。但是进入到2007年2月之后,广济药业股价快速上涨,股价在7个多月内上涨了1388%,正是庄家在前期卧薪尝胆的吸筹,才使得其股价能够在牛市后期迎来爆发。对于这样的股票,在其爆发前期,我们可以及时介入,享受快速上涨所带来的利润的飙升。

当然,广济药业股价能有如此表现,与其基本面有着重要关系,我们就来看看当时广济药业的基本面状况。

2007年4月27日,广济药业发布了第一季度报告:广济药业(000952)2007年第一季度每股收益0.018元,每股净资产1.95元,净资产收益率0.94%;实现主营业务收入12190.71万元,同比增长19.72%,实现净利润460.34万元,同比增长75.81%。

华泰联合证券分析师宋华峰对其进行了分析:

4月份公司主要产品核黄素的平均销售价格比2007年第一季度上涨13.3%;截至4月25日,已签订销售合同、尚未交货核黄素产品平均销售价格比2007年第一季度上涨29.6%。考虑到产品价格仍在持续上涨,这与我们在前期报告中预测的第二季度产品价格比第一季度上涨18%,第三季度产品价格比第一季度上涨34%基本一致。

公司在公告中提到目前和未来半年内不存在对资本运作计划或意向,而不是彻底否定资本运作的可能。这为投资者预期公司在未来进行资本运作留下了一定的空间。

根据公司公告中披露的数据,我们维持原先对公司2007年、2008年EPS分别为0.49元、0.77元的保守盈利预测,调高未来四个季度公司的每股盈利可能区间为0.76~0.90元。结合目前市场上给予原料药企业25倍以上的动态市盈率水平,我们认为未来6个月内股价运行的合理区间在19~21元。目前股价仍处于相对低位,具有较大的上涨空间,维持"增持"评级。

通过以上分析,我们知道,受益于核黄素的提价,公司的业绩也逐步迎来释放,公司业绩在2007年可能迎来爆发式增长,在这样的基本面刺激下,使广济药业股价在前期长期滞涨的情况下在牛市末期迎来爆发,给投资者提供了快速获利的良机。

以上是最常见也是最容易获取巨大收益的两种牛市庄家操盘思路,在牛市中那些实力较弱的庄股,还有那些短庄股,以及中线庄股都有机会大显身手。但是对于投资者来说,最好就是选取那些实力雄厚的长庄股或者那些可能在后期迎来大爆发的股票。

二、熊市中的庄股操盘

许多庄家在经历牛市的阶段都已经赚得盆满钵满,他们往往可以在熊市中以任何价格卖出股票都能够获利。对于熊市中的这种情况,投资者最应该做的就是空仓等待糟糕行情的结束。

然而，对于有些投资者来说，他们可能不愿意坐以待毙，总想挑战自我，那么笔者就在这里介绍几种庄股。

1. 牛市中吸筹后未充分爆发的庄股

有些庄家可能在吸到自己满意的筹码之后，大盘环境也已经从牛市转为熊市，因此，对于这样的庄家，他们并不会轻易地就放弃坐庄行动，他们最有可能在熊市的初期反弹中大显身手，以最快的速度拉升股票，想在熊市初期解决战斗。

下面我们来看几个这样的案例。

案例一。

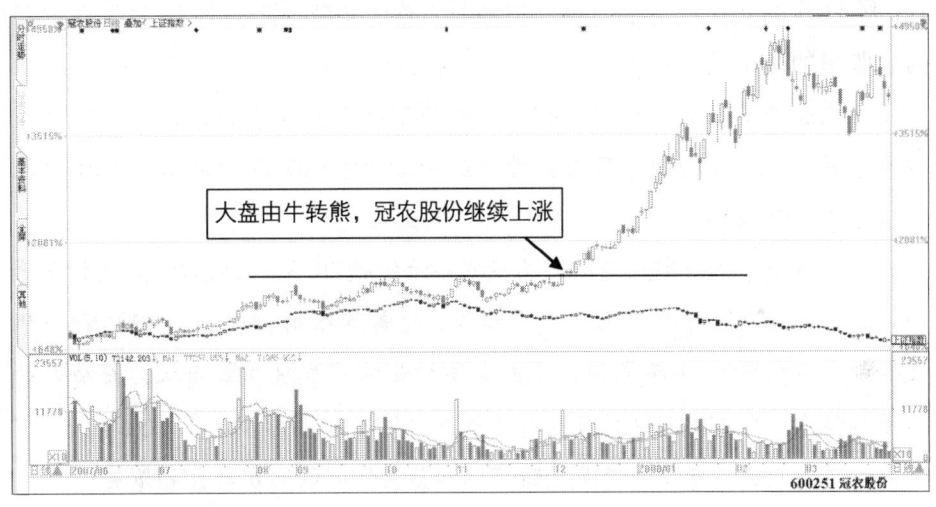

图 1-5

冠农股份（600251）是一家从事果业种植、仓储、加工及销售；马鹿养殖；鹿产品的加工及销售；纸箱、网套等果品包装物的生产与销售的公司。公司是经新疆维吾尔自治区人民政府批准，由新疆生产建设兵团农业建设第二师二十八团、二十九团、三十团为主要发起人以 1999 年 10 月 31 日为评估基准日，将其所有的挂果香梨林、马鹿及相关的经营性资产经评估确认后折股投入股份有限公司，按 69.68% 的比例分别折股 2870.9 万股、3238.01 万股、1863.21 万股，其他发起人新疆库尔勒农垦供销合作总公司、新疆农垦库尔勒物资总公司分别以现金 20 万元出资并按同一比例分别折股 13.94 万股，公司设立时总股本 8000 万元。2003 年 6 月，冠农股份登陆上海交易所，发行 4000 万股，募集资金 2.3 亿元。

图 1-5 所示的是冠农股份和上证指数自 2007 年 6 月至 2008 年 3 月这段时间的日 K 线叠加图。从图中可以看到，2007 年 12 月大盘继续向下调整，由牛市转为熊市，而冠农股份则勇创新高，走出了独立的行情走势，随后更是进入控盘拉升，缩量上涨。正是由于冠农股份在之前的牛市中吸筹充分，且股价上涨不大，主力庄家的大幅拉升段还没有进行大盘便由牛转熊了，因此，对于这样的股票，有实力的庄家一般会在熊市初期大幅拉升。

当然，冠农股份能够逆势上涨，与其基本面的亮点息息相关。

下面我们就来看中金公司分析师时雪松于 2007 年 12 月 13 日发布的对冠农股份的调研简报：

冠农股份是一家新疆建设兵团农二师下属农业加工企业，今年以来通过资产置换和业务转型，目前主营糖业和工业酒精等农产品加工，盈利状况已经有明显改善。

冠农股份最大的亮点是拥有国投罗布泊钾肥 20.3% 的股权。国内钾肥资源紧缺，未来价格将维持稳步上涨趋势。随着罗布泊钾肥一期 120 万吨/年硫酸钾项目在 2008 年年底投产，未来罗钾业绩将呈爆发式增长，而公司的集团新疆建设兵团将保证冠农拥有的股权比例不被摊薄，冠农的业绩将和罗钾同步高速成长。罗钾的资源禀赋可以和盐湖钾肥的察尔汗盐湖媲美。

罗布泊目前探明的钾资源储量在 3 亿吨左右，而由于部分地区仍未勘探，远景储量能达到 5 亿吨以上。随着基础设施的改善，国投罗钾公司的长期产能规划将达到 300 万～500 万吨。由于管理层经验和国家对钾肥项目的重视，预计项目能够顺利按时达产。

未来 5 年国际钾肥供应仍然偏紧，价格有上涨空间。由于生物能源的发展和全球粮食库存的进一步下降，全球钾肥需求的增长仍将超过产能增长，钾肥价格仍有上涨趋势。

首次关注，给予"推荐"投资评级。2007—2010 年 EPS 预测分别为 0.14 元、0.26 元、2.2 元和 3.16 元，复合增长率达到 98%，业绩主要来自于罗钾的投资收益。

我们认为公司受益于罗钾股权的持续增值和长期增长潜力，未来3～5年业绩将实现快速持续增长，我们给予公司2009年22倍的一年期目标市盈率，目标价48元，给予"推荐"评级。

短期的风险：罗钾120万吨项目投产日期慢于预期，或者由于基础设施等原因导致的运输不畅等将影响公司2009年的业绩，但不影响公司的长期价值。

透过这份研究简报，我们发现冠农股份的业绩长期增长预期非常确定，冠农股份的基本面状况正在逐渐转好，具备了投资的价值，对于这种基本面优异的股票，在庄家牛市未充分拉升的前提下，在大盘由牛转熊的初期给投资者带来了获利的良机。

案例二。

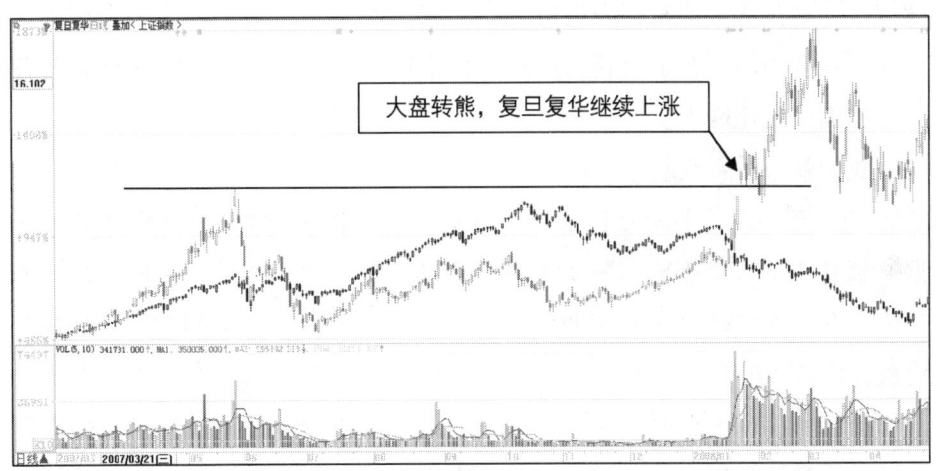

图1-6

复旦复华（600624）是一家从事计算机应用软件的开发和软件专家服务体系的拓展、生物医药制品的研发、制造和销售、教育产业以及园区房地产业的推进的公司。公司由复旦大学科技开发总公司改制而成，于1992年7月正式成立，是中国高科技产业中第一家股票上市公司。公司发挥特有人才、科技资金优势，在UPS工业、新能源工业、EMS能量管理系统开发、生物技术和市场营销上均取得了长足的进步，效益自1991年起已连续3年出现了翻番。1993年1月，复旦复华登陆上海交易所，发行150万股，融资7500万元。

图1-6所示的是复旦复华与上证指数自2007年3月至2008年4月的日K线叠加图。从图中可以看出，自2007年5月复旦复华形成高点之后，虽然2007年10月上证指数勇创新高，但是复旦复华却依然没有突破2007年5月的高点，一直处于震荡格局之中，前期股价走势落后于大盘。2008年1月中旬，伴随着上证指数的反弹，复旦复华依据放量突破了2007年5月形成的上一年牛市的高点，虽然此后大盘继续下挫，但是复旦复华只是跟随大盘做了短暂的调整之后，再次进入上升浪，进入缩量上涨之中。虽然复旦复华的缩量情况并不是非常明显，但是其股价随后继续上涨了50%，在大盘由牛市转为熊市的过程中股价表现非常优秀。对于复旦复华这种在牛市中爆发不充分的股票，庄家在大盘由牛转熊的初期极有可能继续拉升，给投资者带来买入良机。

复旦复华能够在牛市转为熊市过程中迎来快速上涨，当然也有着其背后基本面的催化因素。

我们就来看看其基本面的亮点。

2008年1月，上海复旦复华药业有限公司围绕2008年目标预算，开展"抓住机遇，再创佳绩"等一系列活动，全体员工全身心地投入，产销又创新高，1月完成的销售收入同比增长达56.6%，实现销售方面的新突破。

为了提高员工专业技术能力和干部业务管理水平，公司在2008年提出跨入非常培训年，通过加强员工的质量、安全、技能培训，确保销售政策的有效执行和生产操作流程的严格执行，保持生产现场监管的严肃性，为公司的可持续发展奠定了基础。

该公司还精心组织生产，利用有限的厂房设备，通过填平补齐，解决产能瓶颈问题。产、供、销密切协作，提倡严谨的工作态度，在公司内创造公平、竞争的环境，使每个员工在自己的职责范围内接受挑战；各部门之间，在分工的前提下，保持良好的合作关系，营造和谐的工作环境。

该公司密切关注聚焦产品，发挥自身专业产品的优势，挖掘潜力，努力提高重点产品市场份额，使之做大、做强。

正是由于复旦复华在2008年1月产销业绩创新高的大背景下，庄家才敢于在大盘由牛市转熊市初期大幅拉升。

案例三。

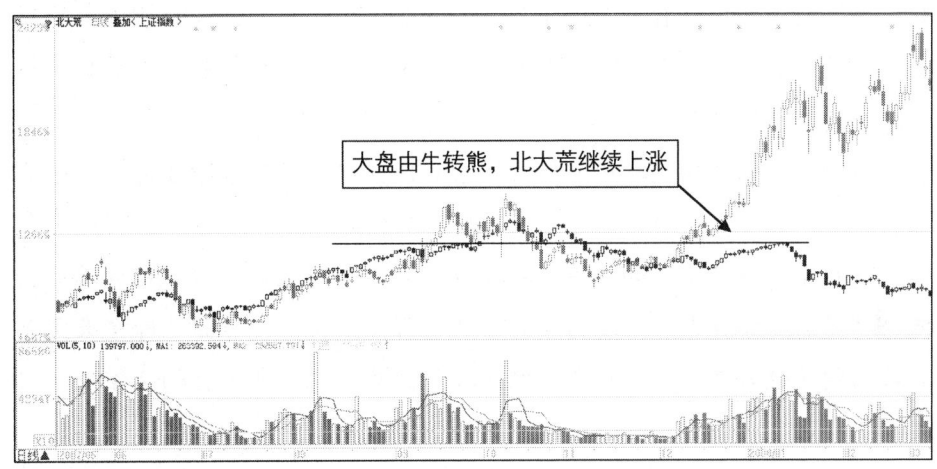

图1-7

北大荒（600598）是一家从事水稻、大豆、小麦、玉米等粮食作物的生产、销售，以及尿素的生产与销售的公司。本公司是经国家经贸委批准，由黑龙江北大荒农垦集团总公司作为独家发起人，以发起设立方式设立的股份有限公司。公司于1998年11月27日在黑龙江省工商行政管理局注册成立。2002年3月，北大荒登陆上海交易所，发行3亿股，募集资金16.14亿元。

图1-7是北大荒与上证指数自2007年5月至2008年3月的日K线叠加图。从图中我们可以清楚地看到，2007年10月北大荒跟随大盘创出了牛市的新高，随后，大盘进入调整期，北大荒也紧跟大盘调整的步伐。2008年1月大盘虽然反弹至阶段高点，但是没有创出新高，基本确定了熊市的格局，而北大荒则缩量再创新高，随后又继续上涨了50%以上。正是由于北大荒股价在前期吸筹充分，庄家拉升意犹未尽，才使得其股价在大盘由牛转熊初期继续上演爆发式上涨行情。

当然，北大荒能有如此表现，与其基本面情况息息相关，接下来我们来看看北大荒的基本面亮点。

我们先来看看2007年8月8日，银河证券分析师吴旭对于北大荒的简要点评：

有专家指出，继珠三角、长三角、京津冀之后，东北有可能成为中国经济增长的第四极。我们可以预期，国家会有一系列政策支持东北地区建设"四基地一保障区"，包括投资倾斜，财政和税收政策等，东北地区经济将会迎来快速增长。

我们注意到国务院指出要努力将东北地区建设成国家重要的商品粮和农牧业生产基地，支持农产品加工以及粮食主产区、国有林区的经济转型，这几点都与农业密切相关。东北地区主要的农业类上市公司包括北大荒、獐子岛和吉林森工。我们认为北大荒将是最大的受益者，除了北大荒本身的质地较好之外，规划中跟农业有关的政策都和北大荒的主营业务直接相关。

公司是我国目前规模最大、现代化水平最高的农业类上市公司和优质商品粮生产基地，具有明显的规模、资源、技术、管理、绿色产品等优势。公司拥有耕地62万多公顷，另有可垦荒地约24万多公顷，主要分布在世界上土质最肥沃的三大黑土带之一的三江平原上，是一个举世闻名的"天然粮仓"。随着农产品涨价，我们认为公司的资源优势有望体现到业绩上面，公司的价值也会得到重估。同时，公司依托自身的成本、资源和区域优势，近年来努力延伸产业链，如生产上游的尿素、甲醇，向下游发展大米加工、麦芽、造纸等产业，产生了良好的效益。我们对公司积极围绕主业延伸产业链、开拓新的利润增长点表示赞同，并且看好这些业务未来的发展潜力，如造纸业务体现了充分利用公司廉价副产品的思路，将来可能大有可为。

我们预计公司今年每股收益0.35元，2008年0.42元，市盈率2007年33倍、2008年25倍，而国内类似公司的2007年动态市盈率在40倍以上。我们认为以北大荒的龙头地位以及巨大的资源优势，公司至少应该给予40倍的市盈率，给予短期目标价14元，维持长期推荐的投资评级。

通过吴旭的简要评价，我们知道，北大荒有极大可能直接受益于东北振兴计划，这将给公司的发展带来巨大的机遇，同时，相对于同行业公司，北大荒也具备良好的估值优势，这是北大荒的两大基本面亮点。

当然，北大荒的基本面亮点还不仅于此，我们再来看看2007年11月12日国泰君安分析师秦军发布的对北大荒的调研简报，内容如下：

北大荒1～3季度实现营收37.51亿元，营业利润4.14亿元，分别增长4.4%、5.8%。净利润4.14亿元，每股收益0.25元，同比增长4.3%。销售费用增长30.8%，公司季报中对此的解释是：国家从4月份开始对从东北经铁路入关的粮食征收铁路建设基金，标准是0.012元/吨公里。此举导致米业公司运输费用增加。我们也确实看到了销售费用率上升到4.4%，同比上升0.9个百分点。不过，发改委9月30日发文从10月10日起，将该项铁路建设基金征收标准调整为18元/吨，使得实际征收标准有所降低。

在农林牧渔四大类农产品中，2007年主要是畜牧业产品（猪肉、鸡蛋等）涨价，粮食价格的上涨幅度非常温和。我们维持对明年粮价的基本判断：无论从国际农产品价格，还是从国内供求、库存来看，2008年的粮价都值得看好。

北大荒拥有大面积优质耕地的承包权，其收入、净利润通过承包费与粮价间接挂钩，未来1～2年的业绩在粮价看好的背景下值得乐观。

抵御通胀成了通胀背景下的热门主题之一，北大荒的收入与粮价挂钩，利润的弹性则更大一些。另外，北大荒在股改中做出高分红承诺，2006年年报分红率高达85%，派息时的股息率达到3.1%。我们认为这些要素使得北大荒具备了抵御通胀的特性，我们维持对其2007—2009年EPS预测分别为0.37元、0.42元、0.46元，目标价按2008年30倍PE为12.6元，"增持"评级。

在这份简要报告中，秦军着重强调了北大荒作为典型的非周期性行业的防御性特点，指出了其突出的抗通胀能力，这也是我们一直强调在牛市结束后，创新高的股票大多数是防御性类型的股票的重要原因。

北大荒同时具备政策、抗通胀和比同行业公司估值更加低廉的三大优势，因此，即使在大盘由牛市转为熊市的初期，庄家仍然敢于大幅拉升其股价。

案例四。

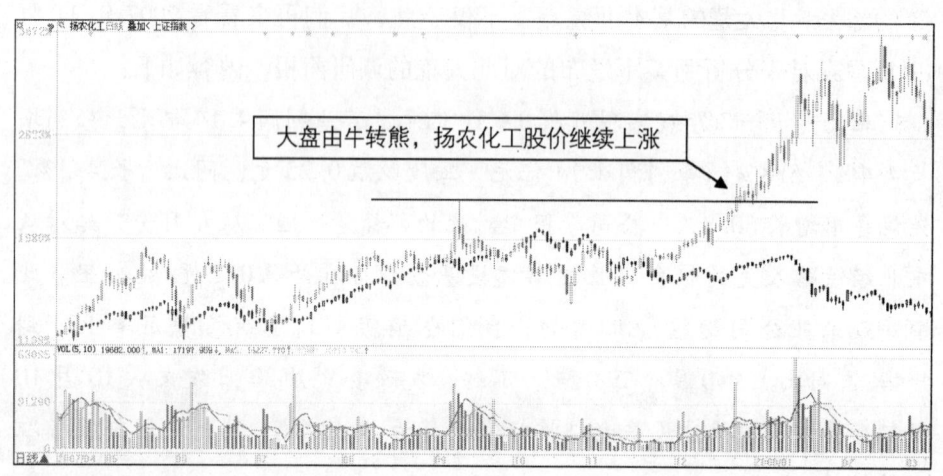

图1-8

扬农化工（600486）是一家从事拟除虫菊酯农药的生产、销售的公司。该公司是经江苏省人民政府批准，以江苏扬农化工集团有限公司作为主要发起人，联合扬州福源化工科技有限公司、扬州市电力中心、扬州产业投资经营公司、南京大学表面和界面化学工程技术研究中心、江苏亚星客车集团有限公司和扬州市农业投资公司等六家单位共同发起设立的股份有限公司。扬农化工于2002年4月在上海证券交易所上市，发行3000万股，募集资金2.025亿元。

图1-8所示的是扬农化工与上证指数自2007年4月至2008年3月这段时间的日K线图。从图中我们可以看到，扬农化工在2007年9月创下上一轮牛市的新高点，此后便提前进入大盘调整之中。2008年12月末，扬农化工跟随上证指数进入反弹行情，不同的是，上证指数没有再次创下新高，逐步进入熊市格局，而扬农化工则一举越过了2005—2007年牛市创下的最高点，并且是缩量突破，进入缩量控盘拉升行情，随后，扬农化工累计上升了53%。对于在2007年5月之后便滞涨的扬农化工来说，庄家在牛市转熊市初期进行拉升是对于前期的补涨。

当然，扬农化工股价能有如此表现，与其基本面息息相关，下面我们就来看看扬农化工的基本面亮点。

一是农用菊酯销售收入高速增长。农用菊酯是扬农化工2007年上半年的增长亮点。该产品当期实现销售收入23587万元，较上年同期大幅增长56%；毛利率达到14.6%，较上年同期提高近5个百分点。卫生用菊酯2007年上半年实现主营业务收入44419万元，较上年同期仅增长6%。卫生用菊酯这一缓慢的销售收入增长速度与2005年、2006年全年41%和32%的年度销售收入增长速度差异极大。

二是定向增发项目投产将推动短期增长。公司于2007年7月20日通过非公开发行股票募集资金净额25020.3万元。用于对控股子公司江苏优士化学有限公司增资，投入5个项目建设。目前5个项目进展顺利，其中：高效氯氟氰菊酯项目、2400吨/年贲亭酸甲酯项目、1000吨/年麦草畏项目已于2007年第三季度内竣工。预计2008年年初5个项目均可完成并投产。根据公司增发项目的公开披露信息，预计5个募集资金项目达产后，公司每年将新增销售收入4亿元以上，税前利润0.5亿元。

三是新项目奠定2008年高增长基础。公司于2003年自主研发草甘膦项目，投资建设的1000吨/年中试设备已投产，公司产品生产采用IDA工艺路线，产品品质良好，达到了欧盟有关机构的要求。另建1.5万吨/年草甘膦项目计划将于2008年3月建成投产。

公司2005年投资建设的1万吨/年双甘膦项目已于2007年下半年投产，计划2007年下半年生产双甘膦约0.4万吨，实现销售收入8000万元；2008年生产草甘膦1万~1.5万吨，实现销售收入2亿~3亿元。

根据东海证券的预计，扬农化工2007—2009年每股收益分别为0.54元、0.77元和1.09元。综合市盈率和市销率相对估值数据，扬农化工在农药行业上市公司中估值较低，在具备技术含量的化工股中也属于最低估值状况，维持"买入"评级。

扬农化工是化工行业上市公司中少有的具备自主创新能力的企业，且销售收入70%来源于消费品属性的卫生用菊酯，成长性和盈利能力在化工行业中均属于稳定性最高的公司之一。随着公司定向增发和新项目的逐渐启动，未来公司的业绩有望稳步发展。

在这样相对安全的基本面情况下,庄家才敢于在 2008 年熊市初期继续对扬农化工进行拉升。

2. 抢反弹的短线庄家

在熊市中,不仅投资者会有抢反弹的心态,还有一些庄家同样具备这样的心态,他们往往在一轮下跌浪的末端就开始建仓,大盘一反弹便迅速拉升,速战速决。

下面我们来看几个案例。

案例一。

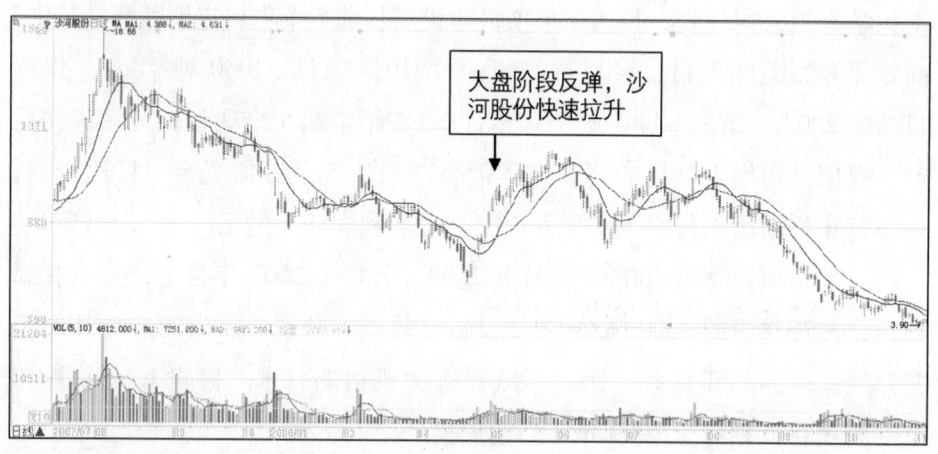

图 1-9

图 1-9 所示的是沙河股份(000014)自 2007 年 7 月至 2008 年 11 月这段时间的日 K 线图。2008 年 4 月,大盘进入熊市的阶段反弹行情,沙河股份庄家在大盘反弹初期便以涨停板快速拉升,至大盘反弹后走弱,沙河股份已完成一波 99% 的反弹拉升,对于这样的股票,我们一定要在大盘一反弹就敢于介入,在大盘和其个股的走势一走弱便及早清仓,以免被庄家在之后的快速砸盘中套牢。

我们继续来看案例二。

图 1-10 所示的是中牧股份(600195)自 2008 年 1 月至 2008 年 12 月这段时间的日 K 线图。2008 年 4 月,大盘进入熊市的阶段反弹行情,中牧股份庄家在大盘反弹初期便以涨停板快速拉升,至大盘反弹后走弱,中牧

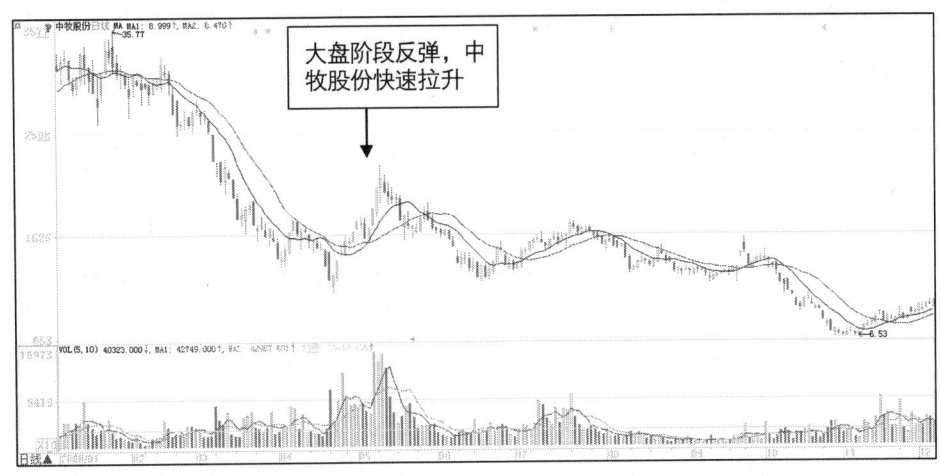

图 1-10

股份已完成一波80%的反弹拉升，之后，股价便开始快速下跌。对于这样的股票，投资者一定要在大盘一反弹就敢于介入，在大盘或者其个股走势一走弱便及早清仓，以免被庄家在之后的快速砸盘中套牢。

三、震荡市场的庄股操盘

在震荡市场，坐庄类型最多的恐怕要数那些短庄和中线庄家了，他们在震荡市场的某一阶段建仓，然后选择在震荡市场的反弹阶段拉升，非常不错地利用了大盘震荡行情的走势。当然，震荡市场中也有一些敢于逆市上涨的庄股，但是他们也并不是盲目逆市，总有他们敢于逆市的重要理由。

1. 震荡市场的中短线庄股

这类庄家非常聪明，他们知道震荡市场的环境不会给散户们造成恐慌情绪，他们往往选择在震荡市场震荡下跌的阶段去吸筹，而在震荡市场阶段上涨的阶段拉升派发，他们的坐庄周期也许不长，但是他们往往会获得非常不错的收获。

下面我们来看几个案例。

案例一。

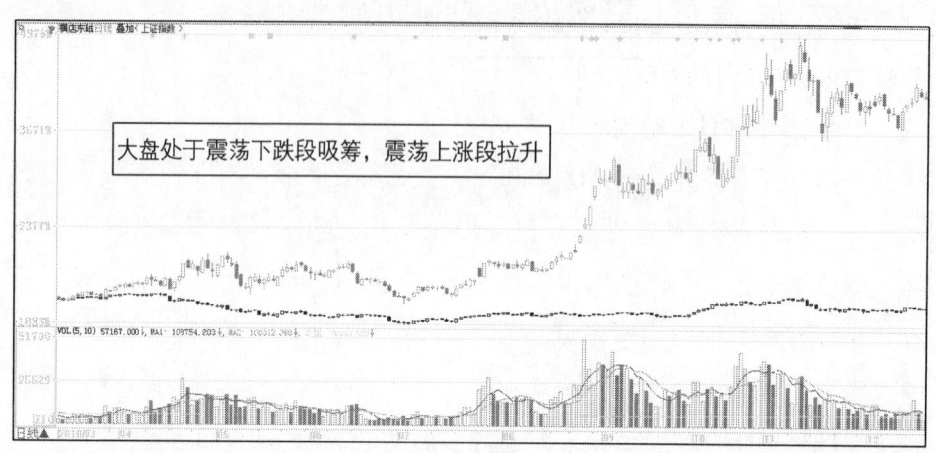

图 1-11

横店东磁（002056）是一家从事永磁铁氧体、软磁铁氧体、其他磁性材料及电池的生产和销售的公司。该公司原名"横店集团高科技产业股份有限公司"，是经浙江省人民政府浙政发〔1999〕38 号文批准，由横店集团公司（现更名为"南华发展集团有限公司"）作为主要发起人，联合浙江省东阳市化纤纺织厂、东阳市抗生素有限公司（现更名为"浙江康裕生物制药有限公司"）、东阳市有机合成化工九厂和东阳市荆江化工厂等四家法人单位，采用发起设立方式设立。于1999年3月30日在浙江省工商行政管理局登记注册，2002年3月公司变更为现名。2006年8月，公司股票登陆深圳交易所，发行6000万股，募集资金6.104亿元。

图 1-11 所示的是横店东磁与上证指数自2010年3月至2010年12月的日K线图叠加图。2010年4～7月，上证指数处于震荡市场阶段下跌行情，我们观察到，在这段时间，横店东磁股价出现异动，股价放量上涨，逐步吸筹，但是此后，横店东磁庄家将股价逐步打压，使得横店东磁股价与大盘走势同步下跌状态。2010年7月之后，大盘逐步企稳，进入震荡市场的上涨段，此时的横店东磁股价逐步跟随大盘上涨，直到确认大盘进入震荡市场上涨段后，庄家对横店东磁股价进行了快速拉升。从庄家对横店东磁的操盘情况来看，该庄家是一个非常善于利用大盘来操盘的庄家，当然，对于横店东磁的操作，也让其获利丰厚，同时，也给投资者带来了获

利机会。

当然，横店东磁股价有如此表现，离不开其基本面的刺激，我们来看看横店东磁在当时的基本面亮点。

(1) 磁性材料下游需求旺盛。

公司主营业务为软磁铁氧体和永磁铁氧体，产能达到8.9万吨，是国内唯一一家两种磁体都超过万吨的行业龙头。软磁铁氧体包括镁锌铁氧体、锰锌铁氧体、镍锌铁氧体及铁粉芯，镁锌主要应用于CRT显示器，锰锌和镍锌材料主要应用于液晶显示器（LCD）；永磁铁氧体主要应用于音响、微波炉和电机。

磁性材料业务在浙江省节能减排力度加大下超出预期。浙江省未能完成中央政府的节能减排任务，对小火电加大关停力度，大量中小企业包括中小磁性材料企业无法获得足够的电力供应。横店东磁作为金华的重点企业，受冲击很小，反而订单更为饱满，售价更为坚挺。

受全球经济复苏，电子市场回暖等因素的影响，公司永磁地铁氧体和软产铁氧体系列产品的销售收入均比去年同期增长了50%以上。

公司研发力量雄厚，技术紧跟国际知名公司，在国内外同行中保持领先地位。

公司近3年获授或申请的发明专利有11项，实用新型专利有硬质合金贴片成型模具等112项。永磁材料方面，公司积极开发节能电机市场和汽车电机市场。目前主要客户已涵盖博世、法雷奥、西门子等全球知名汽车电机大厂，未来供货还将持续增长。另外，公司极有可能拓展到钕铁硼磁性材料领域。

软磁材料方面，在产能不变的情况下，公司应用于CRT显示器的软磁材料占比逐步减少，而应用于LCD显示器的磁性材料占比逐步增加。

(2) 太阳能电池片投产增厚业绩。

2010年7月26日，公司公告投资8.7亿元，年产300MW的晶体硅电池片和50MW组件项目。

此次太阳能电池片与组件项目总投资8.73亿元，其中新增建设资产投资7.07亿元，铺底流动资金1.66亿元。项目自6月开始组织实施，于

2012年5月建成。全部投产后将可达到年产300MW太阳能电池片（包括200MW多晶硅电池片和100MW单晶硅电池片）及50MW电池组件的生产能力，每年实现销售收入31亿元，利润总额3.04亿元。

公司于2009年10月投资2.62亿元建设100MW晶体硅太阳能电池片生产线，3月投资3.16亿元建设100MW太阳能单晶硅片项目。目前100MW电池片项目的前两条线已建成投产，并完成销售收入8800万元，利润总额超1000万元。此次大幅扩张产能，反映出公司太阳能业务拓展顺利。

公司目前已进入第5条太阳能电池晶片的建设阶段，对应总生产能力已达到125MW。预计2010年末，太阳能电池晶片生产线可能达到10条。2011年末，太阳能电池晶片生产线可能达到15条。2010年第二季度，公司太阳能业务营收预计为8800万元，对应利润总额为1200万元。我们初步预计，公司太阳能业务10年营收将大幅超越预期。

2010年以来，全球光伏市场持续升温。iSuppli预计2010年全球光伏新增装机容量达13.6GW，增长89%。目前，全球已有部分地区光伏发电成本已接近常规发电成本，或者说在无政府补贴的情况下已具有竞争力。我们看好该产业未来的发展空间。

此次扩产将使公司进一步完善光伏产业链，提升规模效应，得以享受光伏产业光明的市场前景。EPIA统计的2009年全球10大太阳能电池厂商产量，常州天合以399MW位居全球第8，国内第4。若不考虑其他厂商未来产量增长，公司扩产至400MW后产量可跻身全球前列。

（3）领先同行的高端磁性材料投资项目。

2010年7月26日，公司同时公告软磁铁氧体项目总投资1.38亿元，其中固定资产投资0.93亿元，流动资金0.45亿元。项目计划自7月底启动，于2011年12月竣工投产。全部投产后实现年产6000吨锰锌软磁铁氧体和8000吨粉料的生产能力（一个锰锌工厂和两条湿法制粉线），其中8000吨粉料是为满足6000吨锰锌铁氧体生产的原材料所需，每年实现销售收入1.38亿元，利润总额0.34亿元。

中国目前大量产品性能在PC40左右，氮窑大批量生产合格的PC44材料还有困难。2009年40%的工厂开始进行产品结构调整,高性能PC44以上性能的功率软磁铁氧体,2007年在国内总产量中约占10%,2009年增至25%左右。

目前公司已经具备氮窑大批量生产合格的PC44以上产品的能力,市场需求也是每年有20%以上的增速。自2009年6月以来,公司产品一直供不应求。该项目将使公司提高产品竞争力,进一步做大做强软磁铁氧体产业。

(4) 磷酸铁锂正极材料有望成为新增长点。

公司磷酸铁锂正极材料已解决粉体结构一致性问题,相关技术指标稳定性也获得改善,公司目前已向国内外20多家锂电池厂商送样测试。2009年公司"磷酸铁锂电池极片及其制作方法"到美国和欧洲各国申请专利。公司在汽车行业已具有一定影响力,这将有助于未来磷酸铁锂实现量产后的销售拓展。

伴随着主营业务磁性材料需求量的回升和产品价格的提高,以及多个项目正逐步进入收获期,横店东磁的业绩表现也是逐步提升。2010年上半年,实现每股收益0.31元,并且1～9月业绩也是大幅预增,伴随着稀土价格的大幅飙升,横店东磁的业绩进入快速增长期。因此,横店东磁的基本面非常符合我们的基本面选股思路。

对于业绩大幅预增的横店东磁来说,庄家按照顺应大盘操盘法操作,对其驾轻就熟,成功获利出局。当然,投资者如果也能看透这样的操盘技巧,在其股价上涨初期介入,那么即使在震荡市场,投资者想获取高额收益也是有机会的。

案例二。

华新水泥(600801)是一家主营水泥技术服务、水泥设备的研究、制造及安装修理、水泥进出口贸易的专业化公司。该公司是由原华新水泥厂经股份制改组而设立的社会募集式股份有限公司。华新水泥厂前身是由"华中、昆明"两家水泥公司于1943年合并而成立的华新水泥股份有限公司投资兴建的大冶水泥厂。该厂1949年正式投产。1953年,华新水泥股份有限公司与天大冶水泥厂合并改名为华新水泥厂。1994年1月,公司登

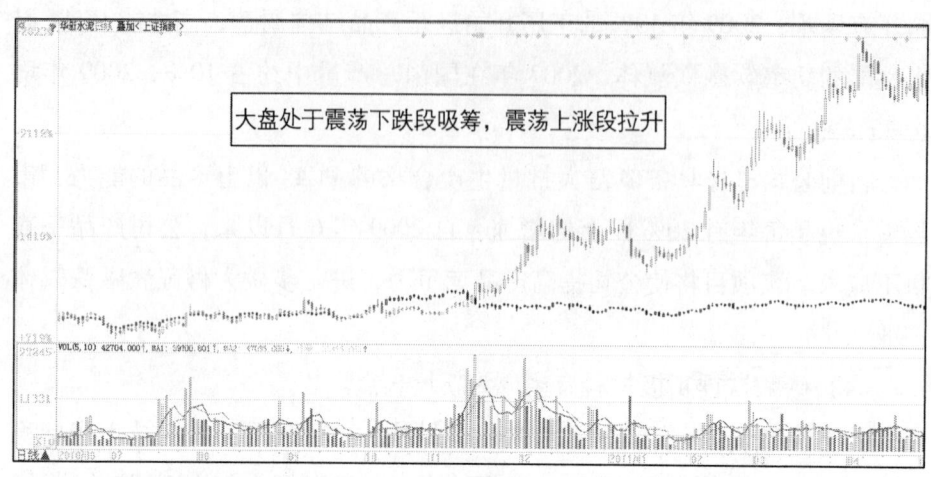

图1-12

陆上海交易所，发行6772.76万股，融资1.52亿元。

图1-12所示的是华新水泥自2010年6月至2011年4月这段时间的日K线图。进入到2010年11月之后，大盘逐步进入震荡市场的调整段，逐步回调，但是此时，华新水泥庄家却利用大盘下跌行情，开始放量吸筹，在短暂的吸筹过后，华新水泥庄家开始逐步打压股价，使股价与大盘呈同步下跌走势，然后等待机会。2011年1月之后，大盘逐步进入震荡市场阶段上涨行情，此时，华新水泥的股价跟随大盘同步上涨，2011年2月初，庄家对华新水泥股价进行了快速拉升。在2011年1~4月这段时间，华新水泥的庄家完成了一波119%的拉升段，可见，华新水泥的庄家同样深谙股价拉升与大盘的配合之道。

当然，华新水泥在大盘处于震荡区间能有如此表现，与其基本面状况有着重大关系，接下来，我们再来看看华新水泥的基本面的情况。

以下是2010年12月9日，长江证券分析师邹戈和刘元瑞对华新水泥的调研简报：

第一，湖北市场拐点提前出现。

湖北省是华新水泥最重要的市场，公司超过一半的收入来自该市场。

湖北市场供给出现拐点：2009年湖北区域新增水泥生产线17条，对应水泥产能约2400万吨，是除四川省外第二大水泥投放最多的省份，区域水泥产能集中释放导致2010年以来行业利润率大幅下降，2010年前三个季度湖北地区全行业亏损，销售利润率仅次于贵州和重庆，排在全国倒数第三位。

但是我们也看到，自2010年以来，湖北地区水泥固定资产投资同比大幅下降，前10个月累计下降-36%，是2010年水泥投资降幅最大的省份，也是全国最早出现大幅下滑的地区。新投产生产线6条，对应产能约1100万吨，主要在第三季度前都已经投产；截至目前，已经没有新开工产能，这意味着明年湖北地区没有新增产能，随着之前新投产能消化完，湖北市场供给拐点比其他地区更早地来临！未来3年将是建设高峰期：2010年以来，湖北地区固定资产投资增速维持高位，仅次于天津、海南、黑龙江、甘肃和宁夏，12万亿元投资政策的推动、《湖北长江经济带开放开发总体规划（2009—2020）》的出台、武汉"1+8城市圈"建设的持续进行预计至少在未来3年内将维持湖北地区水泥需求的较高增长。

公司布局合理，2011年、2012年重点整合湖北市场：将湖北省分为东、中、西部三个地区，从产能分布来看，鄂东南地区（黄石、黄冈、武汉）和鄂西的宜昌地区较为密集，这些地区也是湖北省内需求最旺盛的地区；鄂东南主要是华新、亚东和葛洲坝，水泥产能超过2000万吨，宜昌地区主要是华新和葛洲坝，水泥产能约900万吨。今年的新投产生产线也多集中于鄂东，如：雷山、亚东都在此有新线投产。我们认为随着新增产能消化完、中小企业整合淘汰，该区域大企业有望实现协同效应。

截至2009年年底，公司在湖北省水泥产能约为2300万吨，针对地区产能分布情况，公司2009年、2010年在湖北市场新建线非常少（2009年在襄樊、宜昌新建了两条线，有效避开了过于激烈的鄂东南竞争），希望通过收购来整合市场，以形成更好的区域控制力。在直接收购京兰水泥失败后，公司在2010年行业低迷期做了大量努力，年末收购了房县钻石和京兰三源两家水泥企业，在市场整合上迈出了重要的一步。我们预期未来湖北市场的整合将加快步伐。

第二，云南是公司未来重点发展的区域。

截至2010年第三季度，公司在云南地区只有一条生产线贡献盈利，

2009年公司在云南的市场占有率也仅有3.1%，但受益于云南地区较高的价格和公司的布局优势，云南地区在2008年、2009年均是公司的重要利润来源，占比分别约为21.2%和26.1%。

供需形势仍较好，2011年市场将保持高位稳态：从供给的因素看，38号文件的出台，云南新建线得到了有效控制，当地仍有相当部分的落后产能，约2400万吨。由于执行力度问题，过去几年淘汰速度较慢，但2010年起淘汰力度已大大加强，2010年约淘汰789万吨，预计未来几年也将维持较高的淘汰水平。

从需求方面看，云南省是和东盟接触的桥头堡，水泥需求主要来自于基础设施建设投资，铁路、公路、机场等，基础设施建设对水泥产量增速的影响最大，未来几年仍是区域基建大发展时期。同时由于云南高原特殊的地质条件，公路干线具有桥梁多、桥墩粗、隧道多且长等特点，因此，修建1公里公路平均消耗的水泥量是平原地区的3倍。基建对水泥的需求量在今后几年内将保持持续增长的态势，将有力地拉动水泥的需求和生产。

公司产能布局金边银角，盈利能维持高位：从云南地区的产能分布情况来看，主要企业是拉法基瑞安、昆钢、红河滇西和华新水泥4家。截至2009年年末，公司仅有昭通1条线，水泥产能为160万吨左右，却已为公司带来超过20%的利润，主要是由于公司生产线远离主要竞争点，需求受到周边水电站建设的持续拉动，且处于两省边际地带，能有效沟通两省市场。2010年，公司又有3条线将投产，其中东川生产线已于10月投产，其余2条将在年底投产。我们看到与昭通一样，迪庆和景洪2条生产线同样是布局水力资源丰富的地区，有较强的辐射能力。随着这3条线在明年实现有效供给，公司将拥有约443万吨的水泥生产能力，2011年云南地区所贡献的利润将更大。云南地区是公司未来重点发展的地区，在整合好湖北市场后，将重点整合云南市场。

第三，混凝土产业和垃圾处理将形成未来新的业绩增长点。

混凝土业务是公司积极培育的产业之一，也是实现水泥产业纵向拓展的方向之一，近几年公司陆续加大混凝土投资力度，截至2009年年底已实现 420 万方的产能。根据公司规划 2010—2013 年公司将新增 3050 万方产能，根据目前销售价格，若产能按时建成并完成 50% 的产能销售计划，有望每年贡献 40 亿元以上的收入。

2007 年华新水泥正式设立环保事业管理部，并明确环保业务为华新四大产业支柱之一。事业部主要包括可替代原燃料和矿物原料两大类业务。

可替代原燃料（AFR）：核心技术是自豪瑞公司引进的协同处置（co-processing），即在水泥生产过程中，从废物中回收资源并部分代替传统燃料和原料，并由此衍生出涵盖市政垃圾、市政污泥、危险废物、一般废物等全面系统的废物管理服务。

矿物原料（MIC，Mineralcomponents）：根据公司的水泥基地建设布局，同步开发当地混合材资源，与国内五大电力集团华能、大唐、华电、国电和中电投旗下的电力企业建立了稳定的战略合作关系，以直供模式，实现粉煤灰、矿渣等 MIC 资源跨区域整合。与武汉钢铁（集团）公司、鄂城钢铁有限公司、湖北宜化集团有限责任公司等国内知名企业合作，将合作方产生的工业废渣进行综合利用，探索和谐共赢的合作模式。旗下工厂还可利用化工厂副产品磷渣生产改性磷石膏增强球，经加工后可完全替代天然石膏，每年可消耗磷石膏渣 60 万吨，缓解了当地政府环保压力；加工后产品可供应邻近水泥基地使用，降低工厂的采购成本。

目前，武穴水泥窑协同处理环保预处理工程的扩建工程即将完成，可形成处置垃圾能力 10 万吨/年，成为国内首个采用第三代技术的预处理市政垃圾工厂。

虽然混凝土产业和垃圾处理业务还处在战略布局期，但是我们认为水泥公司发展混凝土行业能更好地控制市场和提升盈利，是大势所趋，同时垃圾处理未来发展空间巨大，而公司大股东 Holcim 在这两块业务上有着丰富的经验，随着布局结束、规模效应的显现，预计在 1~2 年后将形成重要的业绩增长点。

第四，我们上调公司盈利预测，为"推荐"评级。

根据公司产能的投放进度和所在市场状况，我们上调公司 2010—2012 年 EPS 分别为 0.944 元、2.092 元、3.046 元（按照非公开增发后全年摊薄的股份），对应的 PE 分别为 28.67 元、12.94 元、8.88 元；我们认为该公司所在湖北区域在水泥行业中提前见底，公司未来业绩下行风险很小；由于公司的每股产量在行业内公司中最大，意味着公司业绩对提价最为敏感，业绩向上的弹性巨大；目前该公司处在底部拐点上，未来 2 年内价格将处在上行通道；公司未来收购和业绩都存在持续超预期可能，我们将其上调为"推荐"评级。

通过上面的研究报告，我们可以判断华新水泥的业绩拐点已经到来，至少在未来的一年内，该公司净利润大幅增长是大概率事件，这样的基本面状况也激发了庄家对于华新水泥的做盘热情。3 个多月以来，华新水泥股价上涨了 119%，也给投资者带来了快速获利的机会。

2. 震荡市场的逆势庄股

在震荡市场中有些基本面优异，具有防御性的股票，在震荡市场阶段被那些逆势庄股挖掘，还有一些在震荡行情中基本面获得重大的改变的股票，他们也同样被逆势庄股挖掘，成为震荡行情的宠儿。

下面我们来看几个案例。

案例一。

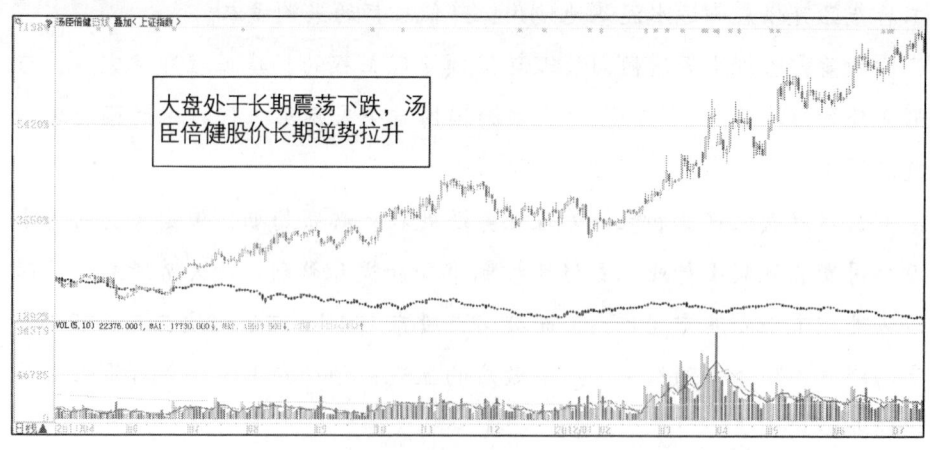

图 1-13

汤臣倍健（300146）是一家从事膳食营养补充剂的研发、生产和销售的公司。2008 年 8 月 1 日，经股东会决议，珠海海狮龙保健食品有限公司以截至2008年6月30日经正中珠江审计的账面净资产值32873399.44元按1.0958：1的比例折为3000万股，整体变更为股份有限公司。2008年8月27日，正中珠江对申请设立股份公司的注册资本实收情况进行了审验，并出具了广会所验字〔2008〕第0702810040号验资报告。2008年10月15日，公司在珠海市工商行政管理局完成变更登记，注册资本为3000万元，公司名称变更为"广东汤臣倍健生物科技股份有限公司"。2010年12月，公司股票登录创业板，发行1368万股，募集资金14.2525亿元。

图1-13所示的是汤臣倍健自2011年4月至2012年7月这段时间的日K线图。2011年4月之后，大盘进入较长期的震荡市场下跌行情，直到2012年7月这段时间，虽然大盘中途有过几次小的阶段反弹，但是难改其下跌趋势。在这样的环境下，汤臣倍健的股价敢于逆市而为，自2011年5月末之后，汤臣倍健股价一直处于上涨趋势。在2011年11月至2012年1月经历了短暂调整之后，汤臣倍健股价继续原先的上涨趋势，在2011年5月底至2012年7月这段时间，大盘累计下跌了22%，而汤臣倍健股价在庄家的逆势做盘下累计上涨了219%，涨幅惊人。

当然，在大盘处于震荡下跌段，汤臣倍健的庄家敢于发动这样的大行情，与其基本面有着重要关系，下面我们就来看看其基本面的状况。

我们先来看看2011年5月13日兴业证券发布的对汤臣倍健的调研报告，简要内容如下：

投资要点：

近期，我们参加了汤臣倍健的2010年年度股东大会，并与公司管理层就公司经营情况、发展战略及膳食营养补充剂行业动态等进行了交流。

调研要点：

品牌宣传投入继续加大：公司2011年第一季报显示，其用于品牌宣传的费用达1870万元，占营业收入的比例进一步增加至14%，较2010年同期有明显上升。这一方面是由于2010年经营中考虑到下半年要推出新的品牌形象代言人，所以在2010年上半年大幅压缩了品牌推广费；另一方面则是公司希望在资金充裕的情况下适度加大品牌推广力度，为品牌的长远发展奠定基础。我们预计公司2011年后三季度宣传费用仍将与Q1持平，虽然这在短期内将在一定程度上压缩利润空间，但长期来看却有助于企业打造其核心品牌竞争力。

终端扩张速度快于预期：公司上市时曾提出计划在2012年底其销售终端数量要增至20000家。截至去年年底，公司销售终端数量已达13000多个，较2009年底增加了5700多个，公司计划2011年将这一数目增至18000家，进一步巩固其强势渠道品牌地位。考虑到部分连锁商超由于政策因素限制了产品入店的进度（新的保健食品管理条例预计年内公布，目前有关部门收紧了保健食品销售资格的认证），公司在销售终端扩张方面的潜力仍然较大。

非直销市场大有可为，专卖店模式凿空开路：目前中国膳食营养补充剂的销售途径仍以直销为主（以安利中国区为代表，去年销售额超过200亿元人民币），占比超过80%，而美国及日本市场对应比例仅为20%和36%，我们预计，随着公众对膳食营养补充剂认知的深入和市场规模的扩大，公司所处的非直销领域将逐步成为与直销领域并驾齐驱的业务模式。目前公司除了通过连锁商超（约占近20%销售额）和传统经销商（约占80%销售额）模式继续巩固其在非直销领域的市场强势地位，还积极拓展以连锁营养中心为代表的专卖店销售模式，截至2010年年底专卖店数目已达223家。我们认为，作为公司的新型业态，连锁营养中心占公司销售额比例虽然较低，但却有可能成为公司面向未来的销售模式（美国专卖店销售占膳食营养补充剂销售总额的38%），而连锁营养中心也将为公司品牌形象的提升、支持网络的健全以及商超布局的完善发挥重要作用，"阻击"NBTY、GNC等国际巨头在非直销领域的扩张。

募投项目进展顺利：公司募投项目进展顺利，新的生产基地即将封顶，预计今年年底有望投产，届时产能将提高4倍左右，满足公司未来几年的发展需求，公司IPO超募资金高达12亿元，未来无论将超募资金投入品牌宣传和渠道扩张，或通过收购方式进一步实现纵向一体化，都将加速公司发展，帮助"汤臣倍健"品牌从渠道性强势品牌向大众知名品牌过渡。

盈利预测：我们维持此前做出的盈利预测，预计公司2011—2013年

EPS 分别为 2.75 元、3.90 元和 5.05 元。作为国内行业龙头，公司将继续受益于行业的高增长和业内集中度的提高，其"品牌+渠道"的战略有望使其成为民族品牌中为数不多的可与外资保健品向抗衡的企业，继续维持其'推荐'评级。

透过上面的报告，我们看到随着汤臣倍健的品牌建设提出和终端的快速发展，汤臣倍健的业绩将进入快速稳步发展期。

时间将近过去一年，我们再来看看汤臣倍健基本面亮点：

（1）品牌渠道建设效果显现，业绩超预期。

公司业绩快速增长的主要原因有：

品牌及渠道建设带来的销售收入增长。主要是以姚明为核心品牌推广效应在终端逐步显现；以百强医药连锁为重点的渠道深度经营取得明显进展；前期新开网点销售逐步提升；新网点的拓展按销售增长计划推进等。2012 年第一季度的销售费用率相对较低，但预计 2012 年全年的销售费用率将与过去 3 年的销售费用率保持基本稳定；2011 年第四季度部分销售收入未确认。

公司品牌是公司的核心竞争力，公司持续增加品牌建设投入，2011 年公司品牌建设投入 8432 万元，品牌建设费用率由 2007 年的 2.82% 提升至 2011 年的 12.82%，显示公司正在不断地构筑品牌壁垒。公司 2010 年 12 月上市后成为保健品行业第一家上市公司，渠道品牌力快速上升，吸引优质代理商，致终端扩张速度迅速提升。截至 2011 年 12 月，共有 330 多家经销商，终端数量 21000 多家，主要形式是药店及商超。公司计划 2012 年终端扩展至 30000 家，维持扩张态势。我们分析认为，考虑到约 36 万间药店终端数量，公司尚有巨大的终端扩张潜力，预计 2012 年终端数量可达到 30000 家，同比增长 43%，渠道扩张的驱动因素仍在，但增速将有所下降。

（2）加速连锁营养中心建设，提升品牌力、渠道力与服务力。

连锁营养中心是公司营销网络建设的重大创新，目前国内膳食营养补充剂领域尚无品牌连锁中心。连锁经营模式是国际膳食营养补充剂领先企业采取的主流经营模式之一。截至目前，GNC 在整个美国和 50 个国际市场的特许经营业务拥有超过7000家零售店（其中包括超过1000家特许经营的商店和1200家零售店中店）。根据GNC2008年年报显示，2008年GNC公司全年收益合计16.56亿美元，其中专卖店收益为14.77亿美元，占89.19%。从未来的发展来看，连锁经营模式也将是中国膳食营养补充剂未来发展的主流渠道模式之一。我们认为公司大力布局连锁营销中心有助于公司威慑渠道、提升品牌力与服务力，使公司自主营销与渠道销售相得益彰。

2011年公司已有438家连锁店，公司计划至2013年扩张至1163家。通过以下几种方式构建：

①建设连锁运营管理中心，构建现代连锁经营管理体系。

②投资商业店铺开设旗舰店，以示范效应规范带动联营、加盟连锁营养中心发展。

③省会城市和重点市场建立直营店。

④利用现有渠道资源，重点发展联营店。

⑤尝试建立加盟体系，加快连锁营养中心拓展速度。

（3）持续的研发投入，加强公司产品力。

2011年公司研发投入2317万元，销售收入占比3.52%。截至2011年12月31日，公司已拥有、在审批及拟申请项国家食品药品监督管理局批准的营养素补充剂和保健食品批准证书的数量分别是41个、17个及30个，证书数量在同业中处于领先地位。考虑到国内批准证书需要2年时间，公司已建立一定的产品证书壁垒。另外，公司始终坚持"取自全球，健康全家"的品牌理念，2011年度公司从国外采购主要原料的比例达到73.35%，我们认为优质原料使公司产品力得到持续提升，利好公司长远发展。

根据华创证券的预测，公司2012—2013年EPS分别为1.28元、1.90元及2.81元（送转前原为2.4元、3.2元及4.2元），对应PE分别为37X\25X\17X。维持推荐评级，目标价51.2～57.6元。

通过为期2年的对汤臣倍健的基本面追踪，我们发现，汤臣倍健的业绩确实保持着稳定的增长，同时公司的基本面有着十足的安全边际，对于这样的股票，难怪庄家敢于逆势发动上涨行情，同时，也给投资者提供了跟庄获利的机会。

案例二。

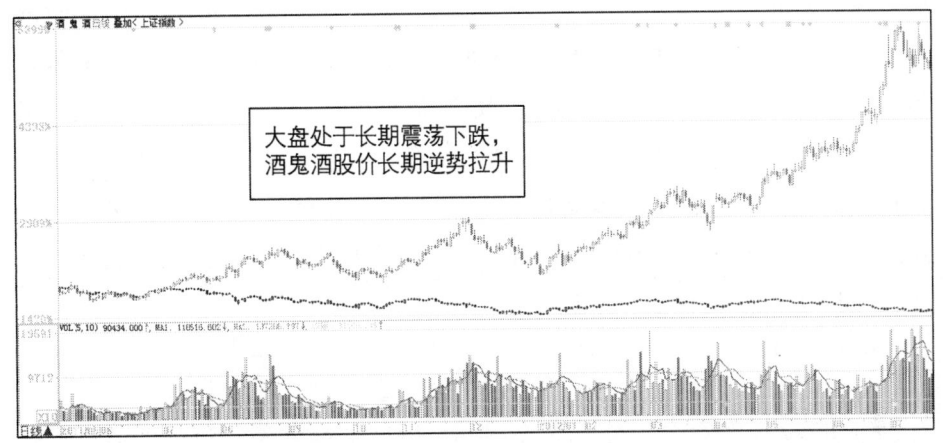

图1-14

酒鬼酒（000799）是一家从事生产、销售曲酒系列产品、陶瓷包装物、纸箱的公司。公司发起人前身自治州吉首酒厂，成立于1956年。1991年12月更名为"湖南省湘西湘泉酒总厂"；1995年3月，被列为全省建立现代企业制度试点单位，1996年2月7日，改组为国有独资企业，同时更名为湖南湘泉集团有限公司。1997年4月28日独家发起设立湖南酒鬼酒股份有限公司。1997年7月，公司股票登录深圳交易所，发行5500万股，募集资金4.2405亿元。

图1-14所示的是酒鬼酒自2011年5月至2012年7月这段时间的日K线图。2011年4月之后，大盘进入较长期的震荡市场下跌行情，直到2012年7月这段时间，虽然大盘中途有过几次小的阶段反弹，但是难改其下跌趋势。在这样的环境下，酒鬼酒的股价逆市而为，自2011年5月末之后，酒鬼酒股价一直处于上涨趋势，在2011年5月底至2012年7月这段时间，大盘累计下跌了22%，而酒鬼酒股价在庄家的逆势做盘下累计上涨了239%，涨幅惊人。

当然，在大盘处于震荡下跌段，酒鬼酒的庄家敢于发动这样的大行情，与其基本面有着重要关系，我们来看看2011年8月中信证券对于酒鬼酒的调研简报，内容如下：

投资要点：

定增方案获批，预计募集资金4.43亿元，仍需通过询价确定增发价格，预计完成定增仍需半个月左右的时间。2010年11月27日，公司股东大会决议通过了定向增发不超过3838万股（现总股本30305万股，增发接近13%，即摊薄EPS约12%），发行价不低于11.55元/股（即发行底价是11.55元）。增发项目为公司拟分5年，投资3.1亿元（包括增发募集的1.2亿元）在央视及各大媒体打广告重塑品牌；拟投5054万元，以湖南为中心，在全国建100个营销网点，省内网点布到县一级，且要建立计算机物流网络系统跟踪销售情况。

定增一旦完成，有望为公司加大营销投入提供资金，加快公司复兴步伐。公司货币资金为1.85亿元，资产负债率36%，资金偏紧。一旦定向增发获批，公司有望加大广告投入，重新唤醒消费者的记忆（酒鬼酒前身在1998年曾排名白酒行业利税第二），加速公司复兴。在渠道建设上，增发落实也有助于公司加快渠道下沉，通过计算机物流网络系统使产销存环节衔接更紧密，加强终端掌控力度。

定增一旦完成，公司业绩释放动力有望加强。由于大股东积极参与定向增发，承诺以现金认购576万股，但不参与发行定价的市场询价过程，承诺接受市场询价结果并与其他投资者以相同价格认购。一旦公司定增方案落实，则公司业绩释放动力将大大加强。

公司基本面向好，省内持续发力值得期待。上半年公司省外收入2.28亿元（+60%），实现了高增长，但持续开拓难度较大。而省内收入1.7亿元左右（+81.97%）。但我们认为，湖南省内白酒市场容量至少在70亿元+，巨大潜力有待公司集中精力充分挖掘。在品牌运作及产品组合上，上半年公司基本理顺内参（1000+，收入占比30%）、封坛、酒鬼酒（300+，合计占比约30%）、湘泉（200-，不含贴牌则约10%）3条产品线，封坛15年单品贡献收入已超过10%，有望成为主力产品。从公司上半年高档酒毛利率提高3.21%，达85.31%来看，预示着此前公司在省内较为混乱的价格体系得到了一定的整肃，为持续发力奠定了基础。

定增获批利好兑现，复兴进程有待跟踪。我们预测2011年、2012年、2013年收入分别为9亿元、12亿元、17亿元，增速分别为58%、45%、

38%；EPS0.41 元、0.72 元、1.13 元，增速 58%、75%、57%。基于公司巨大的复兴潜力，我们维持"强烈推荐"评级，但利好兑现后，股价短期不确定性加大。

根据酒鬼酒在 2011 年 7 月底公布的半年度报告，酒鬼酒 2011 年 1～6 月每股收益 0.2008 元，净利润同比增长 23.41%。

我们感觉到伴随着定向增发和业绩增长的预期，我们购买酒鬼酒股票的日期越来越近了，鉴于当时大盘仍处于下跌趋势，我们并没有直接下单购买酒鬼酒，而是耐心地持续地关注它。

为了更加清楚地了解酒鬼酒的基本面状况，我们再看看 2012 年 3 月天相投资发布的对于酒鬼酒的调研简报：

2011 年 1～12 月，公司实现营业收入 9.62 亿元，同比增长 71.61%；实现营业利润 1.88 亿元，同比增长 151.26%；实现归属母公司净利润 1.92 亿元，同比增长 142.54%；实现基本每股收益 0.628 元。

品牌体系得以梳理，公司实现业绩高增长。公司拥有内参、酒鬼、湘泉以及经销商贴牌产品在内的 100 个左右的子品牌。

长期以来，品牌种类繁多、核心品牌不够突出是公司面临的主要问题。2011 年，公司加大力度对旗下各个品牌进行了有效梳理，不断完善了主导品牌梯次结构，确立了以洞藏系列为尖端产品、内参为超高端产品、酒鬼酒为高端产品、湘泉为中低端产品的"三高一低"的品牌架构。公司积极打造酒鬼品牌核心价值，明确了"馥郁"香型作为公司品牌核心资源的位置，并将其作为广告传播的核心价值诉求，确立了"品质（优秀卓越）、品类（馥郁香型）、品位（无上妙品）"三位一体的品牌建设战略。整体来看，2011 年品牌战略成果显著，收入和净利润增速均超过市场预期。其中，酒鬼系列产品实现收入 7.34 亿元，同比增长 69.78%；收入占比为 76.51%；毛利率为 85.29%，同比提升 2.95 个百分点。

全国多个片区业务均获得新的突破。公司坚持"精耕湖南、做透亮点，拓展全国、突出重点，加大促销、活跃终端，整合资源、抢占高端"的营销思路，稳步拓展营销市场，产品质量和产品风格日益完善。从公司所在地的湖南省来看，市场地位得以巩固，产品基本实现省内市场无缝覆盖，酒鬼酒品牌价值稳步回归，湘酒第一品牌地位得以逐步确立。从全国

市场来看，全国重点市场布局基本完成：以长沙为基地的湖南营销中心、广州为基地的南方营销中心、石家庄为基地的北方营销中心三足鼎立之势已经形成。2011年，全国多个业务片区均获得了新的突破：以长沙为基地的华中地区实现收入4.42亿元，同比增长67.67%；以广州为基地的华南地区实现收入1.37亿元，同比增长75.16%；以石家庄为基地的华北地区实现收入2.0亿元，同比增长83.80%。

品牌的传播和推广力度逐步增加。公司以央视、湖南卫视主流媒体为重点，辅以户外广告、报纸杂志，精心运作全国糖酒会、全国经销商大会等大型活动，使得主导品牌影响力大幅提升，在"华尊杯"品牌价值评选中，"酒鬼"品牌价值较去年提升10亿元。

定向增发顺利完成，投建项目将有效提升公司的综合竞争力。2011年11月，公司完成定向增发，以20.1元的价格发行2187万股A股，募集资金4.23亿元。其中5483万元将投入到"馥郁香型"优质基酒酿造技改工程项目，1.99亿元将投入到基酒分级储存及包装中心技改工程项目。项目若能顺利实施，将进一步推动公司科技进步、促进"馥郁香型"酒鬼酒产业升级、改善公司的资产结构和财务结构、提升公司的规模效益和综合竞争力。

盈利预测与评级。我们认为，公司作为处于复兴过程中的老牌名酒，已经逐步进入业绩快速增长阶段。我们上调公司的盈利预测，预计公司2012—2014年的EPS分别是0.94元、1.44元、2.06元，以2012年2月29日收盘价28.56元计算，对应的动态PE分别为30X、20X和14X，维持公司"增持"的投资评级。

通过这两份研究报告，我们得出如下结论：随着定向增发的完成和各个品牌推广逐渐成效，酒鬼酒的基本面转变已成定局。2011年每股0.628元的收益就是铁证，而且酒鬼酒的高增长还将持续，我们可以预见，酒鬼酒的业绩进入高增长的通道。

通过以上的分析，我们知道，酒鬼酒不但具有十足的安全边际，而且业绩也迎来了爆发式增长的时期，在这样的基本面利好刺激下，才使得庄家敢于逆势发动如此行情。

第二章

庄股的标的股选择

第一节　庄家选择标的股的思路

庄家要想坐庄获利，必须要选择操盘的标的股，这是庄家在分析了大盘环境之后需要做的最重要的事情，如果没有标的股，庄家的一切策略都无法实施。

一般来说，庄家选择标的股的思路会因为其自身的实力和获利目标而有所不同，但是，无论如何，选择自身更加容易控制的中小盘股是庄家们的一致选择。当然，庄家会根据自身资金实力的大小来选择坐庄目标股的类型和盈利方式，一句话，庄家选择目标股与庄家的实力和获利目标有着重要的关系。

从庄家实力来看，资金实力大的庄家选择目标股的范围更加宽泛，并且维持坐庄的时间可以比资金实力较弱的庄家更长，抗风险能力更加强大，资金实力较弱的庄家往往会选择那些流通盘很小的低价股票做短期投资。

从获利目标来看，庄家的选股思路有基本面反转型、价值型、题材型和套利型等。

下面我们就来总结一下庄家一般的选股思路。

一般来说，庄家的选股主要从以下几方面来考虑：一是基本面，二是技术面，三是题材面，四是操作面。

一、基本面分析

首先，庄家综合考虑宏观经济环境，市场人气，公司情况等方面因素。其次庄家会着重分析个股的下面情况：

（1）募股配股资金产生效益的质量与时间。

（2）未分配利润及资本公积金，净资产值。

(3) 有无送股历史、流通股比例。
(4) 基本面有无改观潜力。

那些基本面优异，受到国家产业政策扶持的市场热点股票，由于市场前景看好，价格不菲，容易导致筹码分散，庄家难以吸到货；但那些基本面差，人人避之不及的股票，若是能通过潜在题材使基本面得到改观，就会成为庄家青睐的对象。

二、技术面分析

一是看流通盘的大小是否合适，盘小，易于达到控盘的目的。被选中的流通盘必须是有利于炒作的，即流通盘的大小要与操作者本身资金量相配合，若庄家控制某股流通筹码50%以上，股价自然可由庄家说了算，因而小盘股被庄家追求的可能性大增。

流通盘是评估和决定股票投资价值及二级市场中股价很重要的参与指标。上市公司行业好，成长性佳，业绩优良，分配能力强，流通盘较小，股本扩张潜力大，经过不断的分红送配，股本扩张，以良性循环的方式来推动股票价格的上涨，这是庄家一种非常理想的运作模式。

二是看筹码分布是否合适。所谓筹码分布，是指筹码在不同价位、不同投资者手中的分布。从筹码分布中可以看出上方套牢区主要集中在什么部位、在哪一类投资者手中。

三是看个股走势。看个股是已经初步探底完成，还是处在下跌的途中，逆个股走势而为往往很难有成效。

四是看个股价格。股价一般指的是绝对概念，由于我们市场目前做空机制并不完善，买进股票之后拉高出货获利仍然是庄家们的重头戏，虽然有时庄家也会通过低抛高吸、故意打压而洗筹或降低成本，但主要的获利手段还是高位了结。因此，从这个意义上说，介入的个股价格越低越好，以后拉升的空间也就越来越大，当然获利的空间也随之较大。一般来说，大致有下面一些对应关系：大盘低价股5元以下；中低价亏损股5元以下；成长性较好的科技股15元以上；刚上市的新股10～15元。

三、题材面分析

题材和概念的运用是我国证券市场的一大特色。我们几乎天天都可以在各个媒体上看到或是听到各种各样的题材和概念，这些都是庄家利用出货的借口。在庄家的操作步骤中，出货是最为关键的一点，因此，题材的选用也就十分重要了。

四、操作面分析

在操作面上，庄家应在资金使用效率上高要求，少失误。许多庄家选股时偏好那些股性活跃，包袱较轻的个股，以求稳定。特别在股价处于高位或是低位时，庄家会坚决地逆反操作。

庄家在选择股市标的股时，首先考虑的是该股是否有炒作价值，而不是根据该股是否有投资价值来决定取舍。何谓"炒作价值"一般主要有以下几点：

（1）盘小，易于达到控盘目的。若庄家控制某股流通筹码 50% 以上，股价自然可由庄家说了算，因而小盘股被庄家追求的可能性大增。近年上市的新股流通盘日渐趋大，老股中流通盘在 2000～3000 的个股逐渐成为"珍稀动物"，屡被各路庄家反复炒作，这个庄家前脚刚走别的庄家后脚已挤进来。

（2）基本面有改观潜力。只有基本面差，人人避之不及，才能给庄家人弃我取的机会。若基本面优异，市价自然不菲，且市场都看好其前景，进而"长线投资"，筹码分散，庄家难以吸到货，自然难以走强。

（3）股价低。庄家最喜欢让股市"贫农"翻身，不喜欢再给高价股戴高帽。我国股市散户多，财力有限，只能拣些便宜货，庄家若将 50 元的股票炒至 100 元，害得众多散户倾其全部积蓄亦买不起一手，极为不智，而将 5 元的股票炒至 10 元亦可"薄利多销"。由此可理解集市场上万千宠爱于一身的清华紫光，为何未得到庄家青睐，一些 ST 甚至 PT 倒成了庄家手中的宝贝。浦发银行基本面优秀，具投资价值，市场上有人热烈憧憬能让普通大众"发"一回，但大家量量其"腰围"：上市后总市值600多亿元，流通市值亦达100亿元，可见，其只适宜"投资"，不适宜庄家"炒作"；一些低价股虽然业绩一般，但往往成为庄家们热炒的对象，例如因海南国际旅游岛概念而被大幅炒作的罗顿发展。

第二节　各类庄家选择标的股的技巧与运用

在本章第一节，我们讲述了庄家选股的一般思路，在本节中我们主要分析各种庄家特殊的选择标的股的技巧以及运用。

在本书的第一章，我们对庄家进行了分类，根据操作周期可分为短线庄、中线庄和长线庄；根据走势和幅度可分为强庄和弱庄；根据股票走势和大盘的关系可分为顺势庄和逆市庄；根据庄家坐盘顺利与否可分为获利庄和被套庄。

在本节，我们主要介绍那些强势庄家和弱势庄家以及长、中、短线庄家的标的股选择思路与技巧，并且通过案例来启发我们的投资。由于长庄股往往与强势股具有重合点，弱势股也往往因为其实力有限而与短线庄家有重合点，所以我们就不一一介绍了，我们主要分析长、中、短庄股的标的股选择。

一、强势长庄股的标的股选择技巧

对于那些资金实力雄厚的强势长庄股，他们绝对不会轻易地就选择标的股，他们选择的标的股往往是那些基本面持续优异或者基本面正在逐步改善的品种。也就是说，业绩在较长一段时间有保障或者逐步转好是长庄股最重要的标准，与此同时，强势长庄股对于流通股本和股价并没有类似于弱庄股那样苛刻的要求，一些中盘的股票也在他们的考虑范围之内。同样地，对于股价，只要相对于业绩来说估值不是太高，强势长庄股都能够接受。

由于强势长庄股的实力雄厚，他们往往会把坐庄时间维持在1年甚至更长的时间，这样就给那些能够跟庄的投资者带来获取丰厚收益的机会。

下面我们就来看看一些实际的案例。

案例一。

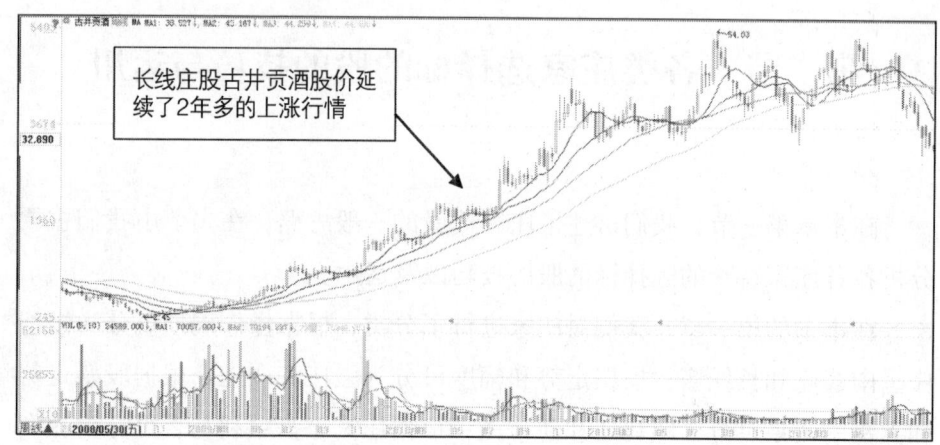

图2-1

古井贡酒（000596）是一家从事古井、古井贡、老八大和野太阳品牌及其系列酒的生产和销售的公司。公司前身亳州古井酒厂成立于1958年，1986年改名为亳州古井酒厂。1993年进行股份制规范化试点，1996年2月8日，实行股份制改造；同年3月5日公司正式成立。1996年3月28日，发行境内上市外资股（B股）6000万股，同年8月21日至9月11日，发行A股2000万股（含公司职工股200万股）。

图2-1所示的是古井贡酒2008年5月至2012年9月的周K线图。2008年10月底之后，上证指数逐步见底企稳，走入新一轮的上涨行情中。我们注意到，2008年10月至2009年11月这段时间，古井贡酒股价一直处于温和放量上涨状态，可见长线庄家对古井贡酒延续了1年多时间的长期吸筹。2009年11月之后，古井贡酒股价开始走入庄家控盘上涨的状态，直到2011年8月，古井贡酒股价才开始逐步走入下跌趋势，对于这种长线庄家控盘的长线强势庄股，只要我们在确定其基本面安全的前提下，一旦

其股价回调，我们便可以大胆介入，享受长线庄家持续拉升所带来的丰厚利润。

当然，古井贡酒股价能够维持2年多的上涨行情，与其基本面有着重大关系，接下来我们来看看其基本面的状况。

我们来看看2010年3月招商证券分析师朱卫华、董广阳和黄珺发布的对于古井贡酒的调研报告：

糖酒会上我们对公司高管与经销商做了访谈，更肯定了我们的看法，这是一家蒸蒸日上的公司，它的5年发展规划与我们在前期报告中提到至少能看清5年的观点不谋而合。我们预计公司2009—2011年的EPS分别为0.55元、1.10元、1.65元，预计2014年市值有望达到目前的3倍，维持"强烈推荐–A"投资评级。

公司提出5年大发展的规划：在2009年营收15亿元（含税）基础上，到2014年实现50亿元收入，年复合增长率为27.2%。目前苏鲁豫皖四省占收入70%、安徽占50%，如果5年后保持这一比例，四省收入达35亿元，安徽20亿～25亿元水平，我们认为这是在现有产品架构下可以实现的，安徽市场则是达到相对饱和状态。如果收入要进一步突破，必须利用公司老八大的底蕴在更高端的价位上实现发展。

我们测算公司2009年起算的未来5年利润年复合增长率58.5%，如果2010年利润翻番基础上，后续4年利润年增长仍达49.5%。我们认为公司销售净利率将从10%逐步提高到30%，2014年将实现净利润13亿元，EPS5.5元；按20～25倍PE，市值将达到260亿～325亿元，是目前市值的3～3.8倍，所以目前给予预测40倍PE不过分。

利润率的提高得益于一是规模效应，二是产品结构提升。30%的利润率是比对目前洋河股份的水平，而古井贡酒的产品结构正逐步向洋河股份目前格局靠齐，古井贡酒年份原浆2009年占收入比重是23%，未来这一比重要逐步提高到70%。

我们建议公司管理层与市国资委或集团二股东签订对赌协议。如果5年达到经营目标，由市国资委或集团二股东对管理团队实施股权激励，此举将首创A股食品饮料公司之先河，一旦成功将实现多方共赢。公司高管

对此未表态,提到现在机制比体制的问题更重要。集团二股东上海浦创投资公司介入的直接成本较低,折合每股8元(外加投资2亿元以上人民币发展集团旗下瑞福祥食品的农副产品深加工项目)。

公司产品结构不断提升,可改善的空间还很大。①年份原浆16年换了红装,春节前推出终端指导价800元的年份原浆26年,现在年份原浆酒与太平猴魁并列为安徽省的名片。②由于企业资源都投放到年份原浆身上,第二梯队的古井淡雅没有广告支持,我们担心没有广告支持会难敌竞品,公司称古井淡雅是成熟产品,随着年份原浆的热卖,古井淡雅也会被带动。不过我们认为金种子酒在100元以上市场拼不过古井贡酒,而在50~80元价位的市场有先发优势加资源投入,前景较好,而且该价位刚好在安徽的市场空间很大。③"中国名酒·古井贡酒"如何定位?按理古井贡牌酒价格应该高于古井牌酒,但古井贡酒部分系列产品价格低于古井淡雅,公司也试图提升档次,推出金奖古井贡酒等产品,但老的不去,新的也起不来,公司表示当年份原浆酒将公司收入业绩撑起来后,老古井贡酒的问题就容易解决了。

营销投入继续加大。公司2009年投入1.3亿元,2010年计划增加投入4000万元,媒体做了调整,增加了央视投入,由原先的两个时段调整为全年播出,加强了与安徽卫视的战略合作,增加了凤凰卫视的投入,减少了河南卫视、山东卫视的投入,因三大媒体基本可完成覆盖。此次糖酒会与洋河、酒鬼三家联合布展,人气很旺。

销售队伍不断扩充。目前八九百人的销售队伍,2010年计划扩到1500人,最近已经招了100名大学生。

渠道严格管控。增加经销商押金,累积到20万元滚动留存。对窜货处罚很严厉,2009年罚掉一两百万元,2010年第一季度罚掉40万元,其中最大的一笔是27万元(保证金+其他激励)。

无锡经销商新模式。无锡6个经销商,按团购、餐饮、流通(商超)三块形成利益共同体,用这种模式切入了洋河的势力范围,足见古井贡酒的潜力。公司表示,这种模式也需要因地制宜、找到合适的经销商伙伴,不是其他地区能随便复制的。

精益管理模式。公司将2009年定位为"营销与转型"年,重在思维模式、产权制度的改革,将2010年定位为"高效运营与深度营销"年,主要是精益管理。这个管理体现在很多环节,比如生产上。白酒生产季节性强,旺季时往往原材料供应不上、产品出不来,公司通过精益管理平滑生产波动,使旺季时缺货现象得到缓解,不过2010年春节因旺销仍然有缺货。

以上的研报比较详细地介绍了古井贡酒的基本面状况,我们可以了解到,在公司产品结构扩张、营销投入加大和管理模式不断改善的基础上,不仅公司过往的业绩具有十足的安全边际,而且在未来5年内业绩仍有望保持高速增长,在如此靓丽的基本面情况下,古井贡酒的股价长期牛市的行情也是意料之中的事情,对于普通投资者来说,一旦认定了古井贡酒为强势长庄股,在上涨趋势没有被破坏的前提下,一旦其股价回调,便为投资者带来了买入良机。

案例二。

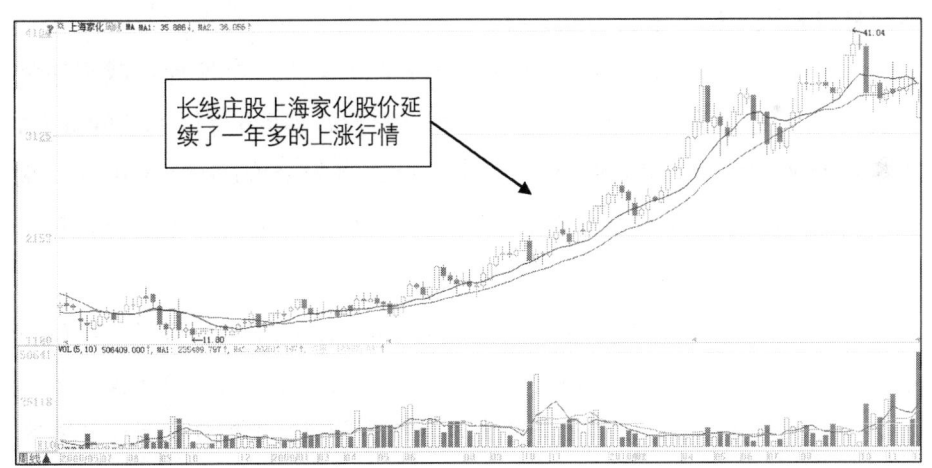

图2-2

上海家化(600315)是一家自行开发、生产、销售,与日本狮王公司共同合作开发并自行生产、销售狮王、妈妈、力克品牌系列家庭保护用品,各种化妆品生产与管理的技术服务的公司。公司经上海家化(集团)有限公司、上实日用化学品控股有限公司、上海工业投资(集团)有限公司、福建恒安（集团）有限公司、上海广虹（集团）公司和上海惠盛实业有限公司等六家公司将原上海家化有限公司整体变更为股份有限公司。公司的总股本按同比例进行调整为19000万元。2001年3月，公司股票登录上海交易所，发行8000万股，募集资金7.344亿元。

图2-2所示的是上海家化2008年5月至2010年12月这段时间的周K线图。2008年10月底之后，上证指数逐步见底企稳，走入新一轮的上涨行情中。我们注意到，自2008年9月至2009年12月这段时间，上海家化股价一直处于温和放量上涨态势，可见长线庄家对上海家化的吸筹延续了1年多之久。2009年12月之后，上海家化股价开始走入庄家控盘上涨的态势，直到2010年9月，上海家化股价才开始逐步步入调整区间，对于这种长线庄家控盘的长线强势庄股，只要投资者在确定其基本面安全的前提下，一旦其股价回调，投资者便可以大胆介入，享受长线庄家持续拉升所带来的丰厚利润。

当然，上海家化庄家能够将上海家化维持1年多的上涨行情，与其基本面息息相关，接下来我们就来看看上海家化的基本面亮点。

（1）战略转型以来，公司盈利能力逐年提升：公司2004年战略转型（定位为中高端化妆品生产企业）以来，综合盈利能力得以大幅的提升，2005—2008年的毛利率分别为39.51%、42.32%、45.71%和51.43%，呈现出明显的递增态势；归属母公司净利润2005—2008年间的复合增长率则达到了68%。

（2）股权激励为公司的增长保驾护航。限制性股票激励计划的激励对象范围包括：公司董事长、副董事长；公司高级管理人员；公司及子公司的中层管理人员；经公司董事会薪酬与考核委员会认定的营销骨干、技术骨干和管理骨干。

股权激励的落实，有助于提高核心团队的稳定性：公司股权激励计划已于2008年3月实施，包括公司高管、中层管理人员以及骨干员工等175人以8.94元/股的价格对公司增资530万股；自激励实施近2年以来，激励对象中仅有2人主动离职，核心团队的稳定性得以大幅度提高，这对公司业绩的平稳快速增长起到了十分积极的作用。

（3）行业的稳定增长为公司的市场拓展奠定了良好的基础。从2003—2008年的数据来看，中国国内的日化市场保持了稳定、高速的增长。2009年的增长受金融危机影响预计略微回落，预计2010年起将会保持10%左右稳定的增长。

（4）佰草集正处于增长的高峰区域。公司创立佰草集已经10年时间，2005年开始盈利，自2006年起开始进入高速增长期。2009年的销售收入仅为5亿元，作为多品种系列的化妆品规模还相对较小，未来3～5年处于品牌增长收获期。

（5）"双妹"品牌将于2010年推出。我们应该看到的是公司多年的品牌运营经验已经使得公司对于品牌的理解更深了一个层次。"双妹"品牌的推出不仅可以充实产品链，同时培育期过后可以接替"佰草集"品牌成为另一个高速增长的引擎。

（6）各项财务指标良好。公司在销售规模扩大的同时，现金流反而越来越充裕。存货和应收账款规模也保持稳定，负债率降低，同时由于毛利水平高的佰草集产品增长迅速、盈利的毛利率、净利率以及净资产收益率等指标也均改善。

根据国元证券的预测，上海家化2009年、2010年和2011年的每股收益分别为0.75元、1.02元和1.20元。

通过上面的分析，我们知道，公司自2004年战略转型以来，业绩一直保持持续的增长，而且在未来几年，公司业绩同样保持高速增长的趋势，在这样的基本面背景下，上海家化股价在长线庄家的操盘下能够维持1年多时间的上涨是意料之中的事情。对于投资者来说，只要我们在其股价未进入下跌趋势的调整时介入，都能获得不错的收益。

案例三。

上图是长春高新（000661）自2008年3月至2009年2月的日K线图。该公司是一家以生物制药、中成药生产及销售、房地产开发为主导产业，辅以开发区基础设施建设、物业管理等为主营业务的公司。该公司由长春高新技术产业发展总公司独家发起，于1993年6月10日在长春市注册成立。1996年11月1日更名为"长春高新技术产业（集团）股份有限公

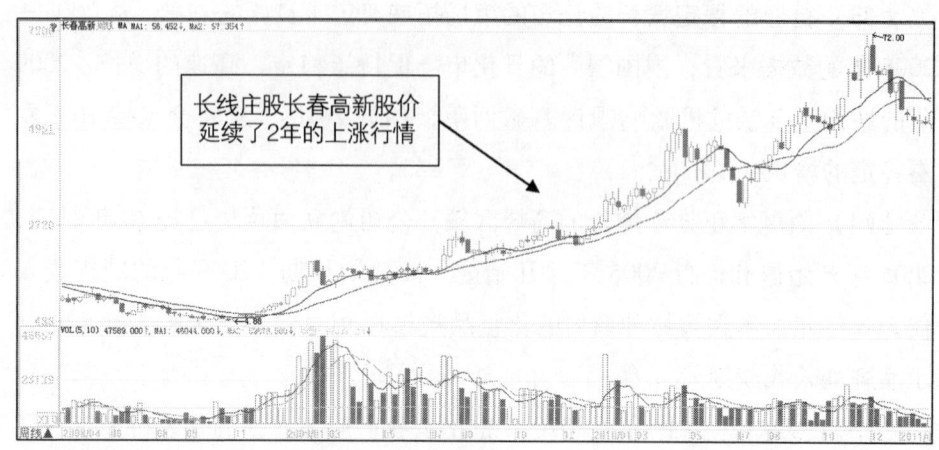

图 2-3

司"并重新进行工商注册登记。1996年12月18日,长春高新登录深圳交易所,发行1900万股,募集资金1.2亿元。

图2-3所示的是长春高新自2008年4月至2011年1月这段时间的周K线图。2008年10月底之后,上证指数逐步见底企稳,走入新一轮的上涨行情中。我们注意到,自2008年11月至2009年9月这段时间,长春高新股价一直处于放量上涨状态,可见长线庄家对长春高新的吸筹延续了10个月之久,2009年9月之后,长春高新股价开始走入庄家控盘上涨的状态,直到2011年12月,长春高新股价才开始逐步走入下跌趋势。对于这种长线庄家控盘的长线强势庄股,只要投资者在确定其基本面安全的前提下,一旦其股价回调,便可以大胆介入,享受长线庄家持续拉升所带来的丰厚利润。

当然,长春高新庄家敢于对长春高新发动为期2年的上涨行情,与其基本面有着重要的关系,下面我们就来看看长春高新的基本面亮点。

以下是2009年1月20日,海通证券分析师王友红调研长春高新之后出局的调研简报:

主要结论:长春高新旗下生物医药产业进入快速增长期。金赛药业经过调整重新进入快速增长期,百克生物进入收获期。

未来几年在原有产品快速增长以及新产品不断投放市场的情况下,公司业绩将进入快速增长期。公司业绩主要来自于生物制药,估值水平将明显提升。我们首次给予公司股票"增持"的投资评级，并将长期对公司发展情况进行跟踪。

2009年1月14日，我们对长春高新进行了实地调研，与公司领导就公司经营情况进行了深入的交流。主要情况和分析如下：金赛药业利润将快速恢复，快速增长将持续。2008年由于奥运期间停产、计提损失以及国内市场开拓费用较高等因素，其业绩出现大幅下滑，但公司的生长素收入仍然取得增长，国内市场份额保持在40%以上。生长激素已于2008年被卫生部纳入儿童B类医保。国内儿童矮小症的病人较多，而接受治疗的比例较小，在进入医保的情况下生长素的市场空间巨大。

公司的生长素水针剂属于国内独家，利润率较高；长效生长素属于全球首家，III期临床总结报告已于2008年第三季度提交药监局，预计2009年年内可以获得新药证书以及生产批文，2010年上市销售。公司是唯一拥有生长素全系列产品的企业，领先的产品决定了公司较强的盈利能力。2008年治疗烧伤的生物制剂"金扶宁"上市，2009年处于市场推广期，预计收入将达到2000万元，我们预测该产品将成为公司又一个过亿的品种。公司是生物制药企业中首家获得"国家重大新药创制"科技专项资金的企业，一期资金达到1000万元，这将使企业的新药研发获得较大支持。公司在研的产品较多，胸腺素和促卵泡生成素处于III期临床，其他在研产品如抗肿瘤药物等也在顺利推进，公司未来持续推出新产品的能力毋庸置疑。金赛药业的持续快速增长值得期待。

百克生物——又一个疫苗新秀。百克生物2008年获得水痘疫苗生成批文，第三季度开始投放市场，一举打开市场，分食了上生所和祁健生物的市场份额。全年批签发400万人份，占1/3批签发量，2008年收入的销量约为200万人份。2008年全年水痘疫苗市场约为1000万人份，预计2009年将达到1400万人份。2009年水痘疫苗生产企业将增加，公司采取降价的形式占据市场份额，我们判断公司的市场份额将超过25%，全年销售超过450万人份，收入达到1.8亿元。迈丰生物的狂犬疫苗进入批签发阶段，预计2009年全年销售100万人份，收入达到9000万元。另外在研的产品包括甲肝疫苗，艾滋病疫苗等。2008年百克生物上半年亏损1734

万元，下半年疫苗上市后全年已经扭亏，2009年业绩将大幅提升。

中药稳定增长。华康药业的收入和利润保持稳步增长，主打产品血栓心脉宁的市场需求较好。公司产品较多，心脑血管用药是公司的主打品种。血栓心脉宁的片剂属于独家品种，近年来增长速度较好。公司销售模式采取大包形式，毛利率较高但净利率较低。预计2008年净利润在1300万元左右，2009年增长20%左右。

房地产2008年贡献利润增加。公司房地产业务2008年受益房价上涨，利润大幅增长，预计全年利润超过2000万元。

根据房地产信息网数据，销售均价达到3800元以上，同比上涨约20%。进入第四季度，房地产迅速降温。公司存量房在10万平方米左右，以住宅为主，2009年公司将采取降价的形式进行促销，预计利润将下滑到1000万元左右。

亏损企业不会恶化。晨光药业由于资产规模过大，产品缺乏导致连年亏损，公司将采取剥离的方式进行处理，但时间尚不确定。百克药业属于项目公司，短期研发投入没有大幅增长的可能，亏损幅度不会大幅扩大。由于艾滋病疫苗研发难度大，国际上失败的案例较多，研发进度较慢。

母公司亏损幅度将减少。2008年母公司投资收益大幅增长，导致亏损大幅度减少。2009年母公司的负债将下降，另外贷款利率也出现大幅度降低，财务费用将大幅下降，母公司的亏损额将减少。

业绩预测与投资建议：根据公司经营情况，2008年虽然金赛药业的业绩大幅下滑，但房地产业绩快速增长，百克生物扭亏以及母公司投资收益大幅增长导致公司合并利润同比大幅增长200%左右，每股收益约为0.15元。基于我们对公司2009年主要产业分析，预测2009年每股收益为0.42元，对应的动态市盈率分别为90.45倍和32.49倍，相对估值与国内生物制品上市公司相当，但考虑到公司良好的成长性，给予公司股票"增持"的投资评级。

通过上面的报告，我们可以判断出长春高新医药行业正在加速发展，进入快速增长期，2009年长春高新的业绩即将得到释放，而且在未来几年仍将保持高速增长的趋势。在这样的基本面背景下，长春高新股价维持了

2年的上涨行情是情理之中的事情,对于投资者来说,在长春高新股价仍处于上涨趋势中时,一旦其股价出现回调,便是投资者介入的好时机。

案例四。

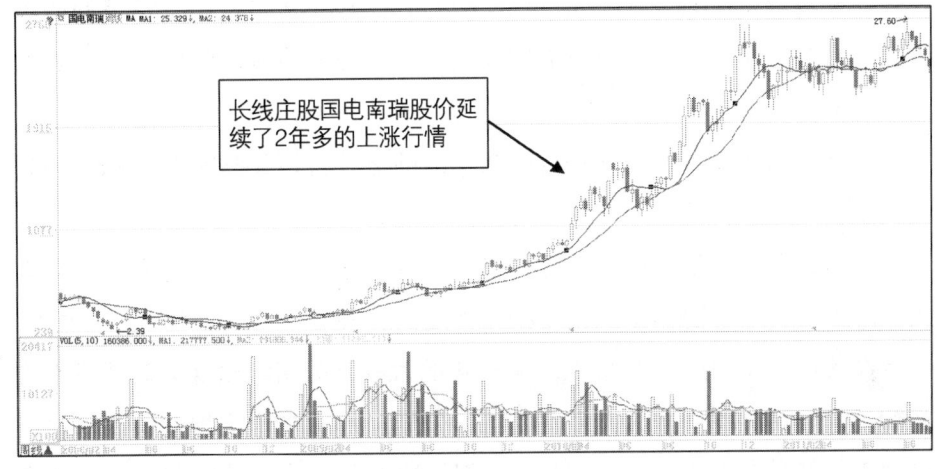

图2-4

国电南瑞(600406)是一家从事电网调度自动化、变电站自动化、火电厂及工业控制自动化产品的研究开发、生产、销售、服务以及与之相关的系统集成的公司。公司是经国家经贸委批准,由主发起人南京南瑞集团公司以其下属的电网控制分公司和系统控制分公司的生产经营性净资产,以及位于南京市浦口区沿江镇高新技术产业开发区的1848.8平方米的土地使用权和4586.9平方米房产作为出资,国电电力发展股份有限公司以现金收购南京南瑞集团公司工业控制分公司的经营性净资产作为出资,联合南京京瑞科电力设备有限公司、江苏省电力公司、云南电力集团有限公司、黑龙江省电力有限公司、广东华电实业有限公司、济南英大国际信托投资有限责任公司等6家法人单位以现金出资,共同发起设立的股份有限公司。公司注册资本6900万元。2003年10月,公司股票登陆上海交易所,发行4000万股,募集资金3.9639亿元。

图2-4所示的是国电南瑞2008年2月至2011年8月这段时间的周K线图。2008年10月底之后,上证指数逐步见底企稳,走入新一轮的上涨行情,我们注意到,2008年11月至2009年10月这段时间,国电南瑞股

价一直处于放量上涨态势，可见长线庄家对国电南瑞的吸筹延续了近1年时间之久，2009年11月之后，国电南瑞股价开始步入庄家控盘上涨的态势，直到2011年8月，国电南瑞股价才开始逐步走入下跌趋势。对于这种长线庄家控盘的长线强势庄股，只要投资者在确定其基本面安全的前提下，一旦其股价回调，便可以大胆介入，享受长线庄家持续拉升所带来的丰厚利润。

当然，国电南瑞股价能够维持2年多的上涨行情，与其基本面有着重大关系。

这只股票也是笔者曾经跟踪投资多年的股票，下面我们就来介绍一下当时笔者对其基本面的跟踪以及投资情况。

在我们公司的股票池当中，2007年的时候，国电南瑞这只股票我们曾经赋予过较高收益预期，并多次赴江苏公司总部所在地实地调研。每次调研回来的结论都是两个字：心动。当时这只股票尤其符合笔者的投资理念：股本不大：总股本25506万股，流通股本17492万股；2007年初的股价徘徊在25～30元之间，流通市值50亿元左右（笔者的投资理念是流动市值不超过100亿元）；从2005年以来，股价累计涨幅不大，2005年最低9.43元，2007年初最高32元，涨幅2倍多一点。而这期间，在牛市的大环境下，很多股票已经超过5倍甚至10倍以上的涨幅。

在这些符合笔者的投资理念的前提下，笔者开始深挖公司基本面，寻找股价上涨的催化剂。经过多次实地走访调研之后，2007年4月，在股价26元左右开始逐步分批买入，还没有配置到笔者计划的持仓比例，股价一个星期突然涨到30元之上了，笔者只好暂时持股底仓观望。5月，国电南瑞的股价进一步被推高，下旬最高到了38.50元。这个历史新高也成了5年多的历史顶峰。市场经历2007年6月的调整，从7月开始，牛市步伐继续拾级而上，但此时此刻，国电南瑞的股价却背道而行，2007年笔者投资国电南瑞无疑是失败的。

分析基本面原因有二：

（1）公司业绩释放不出来，2006年度公司每股收益有0.542元，2007年释放出0.558元，基本持平；2008年只有0.491元，每股收益都低于投行和笔者的预期。

(2) 电网投资低于预期,尤其是2008年的全国电网投资都不足国家计划的50%。

2007年10月开始到2008年10月的熊市,国电南瑞自然随波逐流下跌。2008年4月股价最低为15.18元,这个时候,大熊市才走到半山腰,上证指数从2008年4月的一个反弹高点3700点一线继续下跌到2008年10月的1664点的时候,国电南瑞却没有再创新低,这在当时的市场环境下,是凤毛麟角的股票了。

虽然笔者2007年在国电南瑞投资上有过失败的经历,但笔者并没有放弃它,因为这只股票太符合笔者的投资理念,所以笔者底仓也就一直没有出来,相反,2009年开始笔者继续开始实地的调研。

这个时候,国电南瑞的转机来了,笔者预计股价会得到市场的认可和机构的深度挖掘,原因有三:

(1) 行业龙头:该公司是国内电力自动化领域的技术领先企业和市场龙头企业,在高端电力二次设备市场占有率高达50%以上,大股东南瑞集团注入农电自动化业务资产,完善公司高低端电力自动化业务。该公司电网相关产品销售于国家电网,有一定程度的垄断性。

(2) 轨道交通:我国规划至2015年建成2400公里轨道交通,是世界最大城市轨道交通市场。该公司全资子公司国电南瑞(北京)控制系统有限公司是专门从事轨道交通电气化项目的产业化和市场化工作,全资子公司中德保护控制系统有限公司是西门子最大代理商。该公司曾成功参与运作德黑兰地铁、广州地铁二号线等项目,目前正在参与北京轨道项目、广州地铁三号线、南京地铁一号线、重庆轻轨、武汉轻轨等项目。2008年度显示,公司轨道交通电气及保护业务同比增长17.42%,占总收入的21.6%,成为公司重要的利润来源。

(3) 数字化变电站:2008年度公司在广东电网变电站技改批量项目招标中中标15座变电站的数字化改造工程,随着未来数字化变电站在全国推广,这将成为公司新的盈利点。

同时,控股股东有增持公司股份的强烈愿望。

很快，国电南瑞（600406）2009年5月14日公告称，公司控股股东南京南瑞集团公司5月13日以29元/股的价格增持公司股份2892240股，占公司总股本的1.134%。增持后，南瑞集团持有公司股份92551680股，占公司总股本的36.286%。南瑞集团为此出资83874960元。公告显示，南瑞集团拟自2009年5月13日起的未来12个月内，继续增持公司股份，增持比例合计不超过公司总股本的2%。受此消息影响，2009年5月14日早盘，国电南瑞在大幅高开后被资金快速拉高，盘中成交量出现快速放大，截至早盘9点35分，国电南瑞报30.80元，上涨8.37%。

同时，2008年电网投资明显低于预期的局面，受到中央高层的重视，因此，2009年为落实国家"十一五"规划、扩大内需保增长的关键之年，电力行业和城市轨道交通行业作为国民经济可持续发展的重要物质基础，有望迎来行业的春天。国电南瑞（600406）作为国内电力自动化领域的技术领先企业和市场龙头企业，背靠实力雄厚、拥有强大的行业背景资源和具有大量优质资产的控股股东，同时享受电网建设和轨道交通建设双高峰的空前机遇，未来业绩将有比较明显的释放。

针对国家"4万亿刺激经济计划"，国网公司和南网公司2008年11月宣布了最新投资计划。与原有规划相比，国家电网公司计划未来2~3年内电网投资规模达到1.16万亿元，新增投资6100亿元。南网公司在原规划1100亿元基础上每年增加300亿元投资。当时，我们预计，在未来两三年内，我国电网投资将迎来爆发式增长期。

在电网投资加大的情况下，公司作为国内三大高端开关研发和制造基地之一，产品受益最大。同时，公司产能释放适逢其时，未来几年业绩增长有充分保障。

公司基本面的改善和行业机会的转机，催化了国电南瑞股价的上涨，2009年5月，也就是在控股股东增持公司股份当月，股价就创出历史新高。随后几个月，股价出现小幅波动。

2009年7月16日，国电南瑞（600406）发布公告，公司拟收购南瑞集团城乡电网自动化、电气控制及成套设备加工业务相关资产（含债务）。交易标的账面净值为23965.38万元，评估值为40260万元，购买价格为

40261万元。再一次兑现股改承诺。

城乡电网自动化业务相关资产：即城乡电网分公司，主要业务集中在中低压继电保护领域，包括为电力系统的110KV以下电压等级变电站、各种容量发电厂和电力系统外石油石化、钢铁等市场的客户提供保护、监控一体化产品和系统集成、技术咨询、工程调试等服务。

电气控制业务资产：即电气控制分公司，主要应用于电力系统中发电设备运行与控制自动化、电力系统电力电子技术应用领域，主要产品为发电机励磁系统系列产品。南瑞集团的发电机励磁专业长期保持国内的龙头地位。

成套设备加工业务相关资产：即成套设备厂/分公司，主要应用于电子产品生产工艺研究及加工制造；电气设备各种类型机械载体的工艺研究、产品开发与生产制造；电网自动化、电厂自动化、工业自动化电气设备、电气控制设备的成套生产、系统调试和服务支持等，是国内业界最大的电力系统自动化设备生产制造基地之一，拥有国际先进的以表面贴装（SMT）设备为主的电子工艺及生产加工系统；以自动和半自动调试环境为主的产品电性能测试及生产调试系统。

购买了这三块资产对公司有何影响呢？拟购买的三块资产除将增加公司业绩外，对公司的影响还包括减少同业竞争、增强整体竞争力；有利于加快风电控制系统研发和产业化进程；有利于完善公司上下游产业链，减少关联交易等。

同时，我们对公司做出的盈利预测是：不考虑本次收购资产及电网公司加快智能电网建设的影响，我们之前预测公司2009—2011年EPS分别为0.65元、0.77元、0.84元；我们预测拟收购资产2009—2011年EPS分别为0.222元、0.277元、0.302元；收购资产后2009—2011年EPS分别为0.872元、1.044元、1.143元。

我们的投资评级是：本次完成收购后，南瑞集团尚有稳定技术分公司、水情水调环境监测分公司、大坝工程监测分公司、信息系统分公司、通信系统分公司及对南瑞继保、深圳南瑞、南瑞自控的股权没有进入国电南瑞，未来还有资产注入的空间。智能电网建设公司亦将会大大受益。我们维持"买入-B"投资评级，目标价位为50元。

2009年7月22日，国电南瑞晚间发布2009年半年报，由于新签合同同比大幅增加，公司上半年净利润增长40%。

期间公司实现销售收入6.04亿元，同比增长31.65%；净利润0.76亿元，同比增长42.24%。实现每股收益0.2996元，同比增长42.26%。

公司表示，净利润增长主要是由于新签合同较上年同期大幅增长使得营业收入增加，同时加大费用控制力度所致。

国电南瑞的内外兼修，使之前我们一直担心公司的业绩方面也得不到很好的释放。

2009年10月16日，公司公布第三季报，实现每股收益达0.67元。公司亮丽的第三季报主要源于稳定内生性增长以及外延资产注入带来的业绩增厚，同时公司成本费用控制能力有所提高。

作为国内电力二次设备龙头，公司具有较强的技术优势和市场优势，不断注入资产的预期更使得公司作为未来智能电网领导者的行业地位凸显。原有业务盈利增速明显，体现公司稳定的内生性增长。2009年前三个季度，公司原有业务实现净利润1.27亿元，对应每股收益为0.50元，同比增长57%，其中第三季度实现净利润5090万元，同比增长85.93%，继续延续第二季度良好的增长势头。

外延资产注入增厚公司业绩，持续注入仍旧值得期待。在报告期内，公司基本完成对控股股东南京南瑞集团公司城乡电网自动化、电气控制和成套加工业务相关资产的收购。从业绩披露看，前三个季度收购资产实现归属母公司净利润4321.49万元，贡献EPS0.17元，同比增长20%。前两个季度分别实现净利润1370万元和2468万元，第三季度净利润下滑明显，为484万元，预计全年可以实现7500万元左右的净利润。

公司费用控制能力有所提高。前三个季度，公司费用得到有效控制，对盈利增长起到积极作用，期间费用率仅为19.13%，较上年同期下滑3.5个百分点，其中管理费用下滑将近两个百分点。

综合这些基本面因素，国电南瑞2009年下半年到2010年年报公告期间，股价不断上涨，我们在30元之下增加的仓位也获得了较大的投资收益。

2010年1月28日，国电南瑞率先公布年报，业绩符合预期，并有10送10的分配方案。

国电南瑞发布2009年年报显示，实现销售收入17.78亿元，同比增长29.2%，实现归属于母公司净利润2.5亿元，同比增长44.5%，每股收益0.98元。符合之前我们的预期。拟每10股送红股10股并派发现金红利1.5元（含税）。

各项业务情况：电网调度自动化收入增长21.9%，毛利率下降5.2个百分点；变电站自动化收入增长26.7%，毛利率上升0.5个百分点；轨道交通自动化收入增长53.6%，毛利率下降2.4个百分点；火电及工业自动化收入下降39.2%，毛利率上升28.8个百分点；城农网自动化收入增长62%，毛利率持平；电气控制自动化收入下降2.1%，毛利率增长4.7个百分点。用电自动化收入5.9万元，但毛利率高达83.2%。我们预计2010年轨道交通、城农网仍会高增长、新增加的用电自动化业务收入规模将迅速扩大。

2010年经营计划比较保守：2009年度公司新签合同26.5亿元，同比增长39.47%；2010年，公司计划新签合同33亿元，计划实现销售收入22.3亿元、归属于上市公司普通股东的净利润3.24亿元。不考虑新业务的增长，公司计划和我们之前预期非常吻合，考虑新业务智能用电的收入和利润规模迅速扩大，我们预计公司2010年属于母公司净利润将增长50%。

资产并购预期明确：在年报中，公司明确2010年要内涵式发展与外延式扩张并重，完成非公开增发股票，募集发展资金，加速实现公司在智能电网、轨道交通自动化产业扩张。

巩固传统产业优势，培育新增长点，通过并购、合作新建等资本运作方式，扩大经济规模。

针对2010年的公司情况，我们暂时不调整公司的盈利预测，不考虑增发摊薄，2010年、2011年EPS分别为1.30元、1.71元。之前公司采用现金收购方式从国网电科院进行了多次资产收购，国网电科院还有许多资产没有进入国电南瑞，未来还有资产注入的空间。维持"买入–A"投资评级。

通过对国电南瑞进行了为期4年的长期跟踪,我们发现国电南瑞的业绩逐步进入爆发期,同时基本面具有十足的安全边际,在这样的基本面背景下,国电南瑞的股价能够被长线强势机构庄家挖掘,维持两年多的上涨行情是意料之中的事情。对于投资者来说,只要在其股价处于上涨趋势中的回调中介入,就能获得非常不错的收益。

二、中线庄股的标的股选择技巧

中线庄家由于实力不如强势长庄股,所以其操盘战线并不能拉太长,因此,中线庄家往往会选择那些在未来一段时间会成为热门题材类的股票,或者那些业绩改善可以维持一段时间的股票作为投资标的股。

在价格和流通盘方面,中线庄股往往会选择那些价格不高,流通盘属于小盘的股票作为投资对象。

虽然中线庄股的实力不如长庄股,但是在大盘处于震荡阶段的时候,中线庄股往往也能给我们带来可观的收益。

下面我们来看几个案例。

案例一。

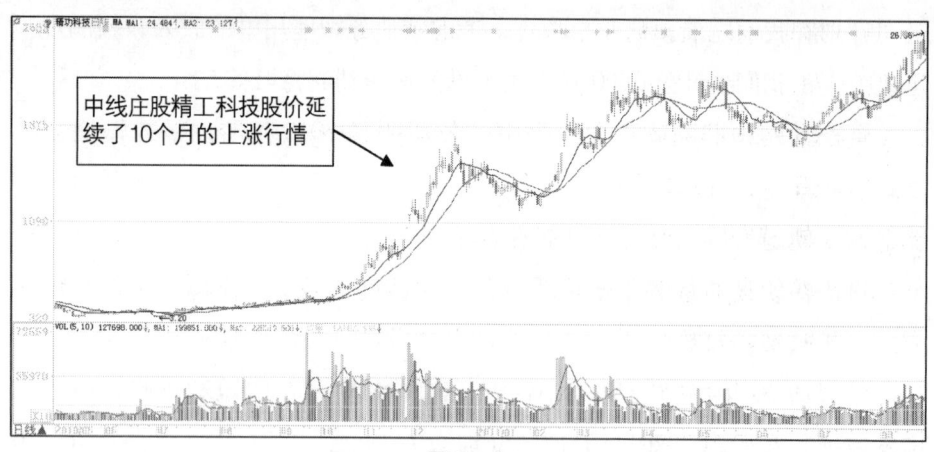

图2-5

精功科技(002006)是一家从事机电一体化的建筑、建材专用设备及轻纺专用设备,从事高新技术产品的研制开发、生产制造、经营销售和技术服务的公司。2000年8月29日，经浙江省人民政府企业上市工作领导小组批准，由浙江精工集团有限公司（后于2002年12月26日更名为精功集团有限公司），自然人孙建江、邵志明，中国科技开发院浙江分院，浙江省科技开发中心为股东的绍兴精工科技有限公司由有限责任公司依法整体变更为股份有限公司；原绍兴精工科技有限公司2000年7月31日经审计后的净资产5000万元，按1∶1折为投入股份公司股本，各股东持股比例不变。2000年9月10日在浙江省工商行政管理局领取了"企业法人营业执照"，注册资本为5000万元。2004年6月，精功科技登陆深圳交易所，发行3000万股，融资2.316亿元。

图2-5所示的是精功科技2010年5月至2011年8月这段时间的日K线图。2010年7~11月，上证指数处于震荡市场上涨行情，在这样的大盘环境下，2010年7~10月，精工科技股价逐步放量上涨，中线庄家吸筹动作明显，终于在2010年10月，公司股价迎来了爆发。借助大盘的上涨环境，精工科技的庄家对其进行快速拉升，此后，大盘经历了几次震荡市场的调整，精工科技在几次调整之后，股价不断创出新高，股价维持了10个月左右的上涨格局。在震荡市场，对于这样的中线庄股，投资者要在其吸筹后、股价爆发初期介入，这样是比较安全的投资策略。

当然，精工科技的庄家敢于在震荡市场发动如此行情，与其基本面的催化不无关系，下面我们就来看看精功科技的基本面情况。

我们先来看看2010年10月29日光大证券对精功科技的调研简报，以下是内容要点：

光伏装备业绩爆发，单季利润呈几何位数增长。

公司今日公告，其前三个季报净利润2155万元，其中第三季度单季净利1108万元，超过前两季季度之和。根据公司业绩预告，第四季度主营净利润2193万~2693万元，超过前三个季度之和。自年中以来，单季利润环比呈几何级数增长。

公司进入光伏设备市场3年，品牌得到大厂认可，多晶铸锭炉产品销量开始爆发。我们看好2011年光伏设备市场，同时看好公司进口替代的步伐。预计2011年、2012年业绩为1.14元、1.68元。公司合理价格为29

元，对应2011年25倍市盈率，建议买入。

公司业绩拐点已到，未来5年光伏业务复合增长超50%。

根据业绩预告，我们估计今年公司多晶铸锭炉的销售收入大幅增长。预计2011年国内硅片扩产13GW，需多晶铸锭炉2000台，较2010年的市场容量增长100%左右。随着公司市场占有率的提升，其明年的铸锭炉业务大幅增长可期。公司近期公告，将增大明年多晶铸锭炉扩产规模，这同样反映了公司对明年订单的较高预期。

考虑公司的铸锭炉业务大幅增长，硅片产能提升，其2011年业绩将继续大幅好转。今后5年我们认为全球光伏市场应可持续40%增长，光伏设备国产化比例的提升，同时公司在光伏设备领域延伸其产品线，预计公司光伏设备业务将会维持5年50%以上的复合增长。

铸锭炉市场5年10倍，精功科技代表的国内厂家将成最大受益者。

2010年国内多晶铸锭炉安装量约1000台。按照2010年15GW新增装机，光伏市场未来5年保持40%的复合增速，组件产量/安装量之比维持1.5倍，则2015年铸锭炉市场需求将为10000台，市场总量300亿元，复合增速60%。

随着技术水平的提高，国内大厂对设备定制化需求强烈。原本占据市场主流的进口厂商，难以提供深入客户的定制化服务。而以精功科技为代表的新进国内厂，经过3年以上的实践检验，产品质量为大厂接受，迅速挤占市场。2010年10月，中能52台（产能250MW）大单签给精功科技，表明这一趋势已经开始。若公司能在5年后获得30%的市场份额，则仅此业务贡献收入将是2009年全年销售收入的14倍。

光大证券认为精功科技是国内光伏产业的龙头企业，业绩拐点已到。

2010年11月28日，光大证券再次发布了跟踪精功科技的调研简报，以下是主要内容：

历史性大单，见证国内光伏设备龙头崛起。

公司25日公告，于当日与江苏协鑫硅材料科技发展有限公司签约，拟于明年6月30日前，提供150台（套）多晶硅铸锭炉，供其铸锭项目扩产所需。合同总价4.02亿元。此次大单进账，加上前期公告的订单，公司公告的在手订单242台，且全部缴纳了20%的预付款，几无违约风险。预计这些订单全部在明年结算，锁定公司业绩的强劲爆发。

公司进入光伏设备市场3年，终于崭露头角，成为多晶铸锭炉市场龙头。我们看好2011年光伏设备市场，同时看好公司进口替代的步伐。预计2011年、2012年业绩1.51元、2.34元。公司合理价格为53元，对应2011年35倍市盈率，建议买入。

公司业绩拐点已到，未来5年光伏业务复合增长超50%。

公司25日公告，于当日与江苏协鑫硅材料科技发展有限公司签约，拟于2011年6月30日前，提供150台（套）多晶硅铸锭炉，供其铸锭项目扩产所需。合同总价4.02亿元。此次大单进账，加上前期公告的订单，公司公告的在手订单242台，且全部缴纳了20%的预付款，几无违约风险。预计这些订单全部在明年结算，锁定公司业绩的强劲爆发。

在两个月内公司接连接到大订单，公司业绩在未来大幅增长是大概率事件。在这样的业绩暴增的基本面预期下，精工科技的庄家乘势拉升，完成了一波中级拉升行情，这对于投资者来说，在其股价拉升初期介入是非常明智的选择。

案例二。

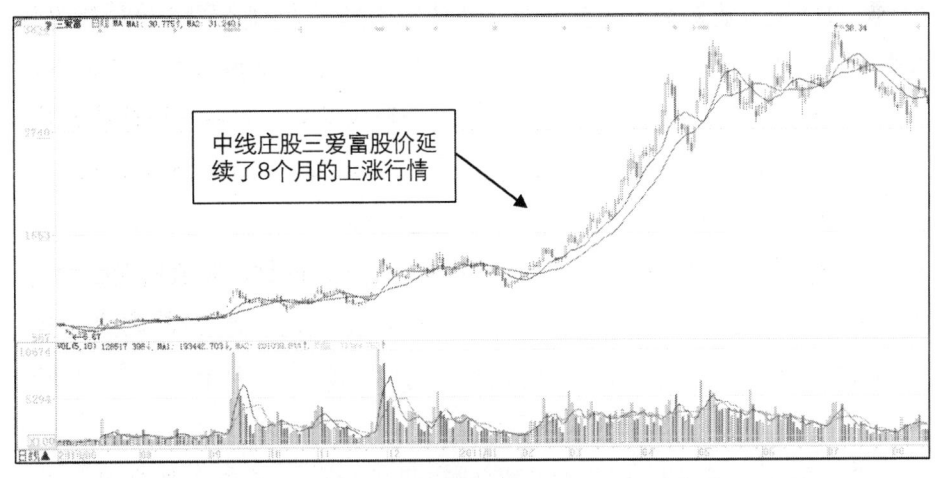

图2-6

三爱富（600636）是一家从事有机氟材料及其制品、化工产品所需的原辅材料及设备,在国内外开展技术咨询、转让、服务、培训、维修,有机氟材料分析测试、委托试制、储运、经营本企业自产产品的出口业务等业务的公司。公司由上海有机氟材料研究所发起,并以相关资产改制而成;1992年(沪科〔92〕第125号文)批准成立。公司主要从事含氟材料的科研、生产销售及其他化工产品、化工设备的制造与贸易。其科研水平、产品在国内处于领先地位。1993年3月,公司股票登陆上海交易所。

图2-6所示的是三爱富2010年6月至2011年8月这段时间的日K线图。2010年7~11月,上证指数处于震荡市场上涨行情,在这样的大盘环境下,2010年7~10月,三爱富股价逐步放量上涨,中线庄家吸筹动作明显,2011年1月,大盘在经历了调整后,再次进入震荡市场上升段行情,2010年1月末,三爱富股价迎来了爆发,庄家对其进行快速拉升,3个月股价上涨了200%。在震荡市场,对于这样的中线庄股,投资者要在其吸筹后、股价爆发初期介入,享受中线拉升所带来的利润。

三爱富的庄家敢于在震荡市场发动中线拉升行情,与其基本面有着重要的关系,下面我们来看看三爱富当时的基本面亮点。

(1) 该公司是国内技术领先的氟化工企业。

该公司是我国氟工业领域的发源地,一直致力于有机氟化工技术研发,经过在氟工业领域几十年的技术积累,构筑了行业领先的研发实力,堪称我国氟化工领域的"黄埔军校"。该公司产业链完整,主要产品包括CFC、CFC替代品、含氟聚合物以及含氟精细化学品等80多个产品。

(2) PVDF是该公司新增利润点。

随着制冷剂的更新换代进程加快,该公司CFC替代品的技术和规模优势将逐渐显现。在PTFE方面,该公司尚未有扩产计划,主要是加大对高性能PTFE树脂的研发,以缩小同杜邦等跨国企业产品质量上的差距。PVDF盈利较好,随着新增产能的投产,将是该公司一个重要的新增利润点。

(3) 2011年是氟化工迈向"黄金产业"的元年。

经过多年的发展,我国氟化工产业沉淀了一定的研发实力,目前正处于由单纯依靠产品性价比优势实现进口替代,向密切跟踪、模仿国外最新的研发进展、成果的过程转换。我国丰富的萤石资源构成了氟化工深加工发展的坚实后盾，政府的产业政策也逐渐地向氟化工倾斜，为改善我国氟化工产业大而不强，低附加值产品产能过剩的局面，工信部2010年11月24日发布《氟化氢行业准入条件（征求意见稿）》。业内人士表示，这将是把氟化工产业打造成"黄金产业"的第一步，从资源强制整合的角度出发，三爱富等公司有可能成为"类稀土"公司。在国际上，由于产品具有高性能、高附加值，氟化工产业被称为黄金产业，但我国氟化工产业的盈利状况却一直比较惨淡，对此"征求意见稿"明确规定，新建生产企业的氟化氢总规模不得低于5万吨/年，新建氟化氢生产装置单套生产能力不得低于2万吨/年（资源综合利用方式生产氟化氢的除外）。此外，工信部还在节能、环保等方面做出诸多要求。在"十二五"规划中，氟化工将单列一个专项规划，拟进行强制性资源整合，使相关企业重点发展为锂离子电池配套的电解质六氟磷酸锂、为医药农药新品种配套的新型含氟中间体等产品，实现产业转型升级。

　　国家发文明确支持氟化工产业的发展，这样的细分行业利好消息并不多见。

　　一旦某项政策针对的企业家数非常少，对于投资者来说，就越有可能形成人气，从而成为政策支持的大牛股。相反，如果某政策针对的公司数目众多，那些公司的股票就越难有上好的表现。

　　(4) 另外，进入2011年第一季度，公司产品供不应求，价格水涨船高，第一季度业绩可能将大幅增长。

　　公司PVDF、R125等产能的扩张，加上内蒙古万豪并表、CDM项目收入的确认以及氟化工产业的景气行情，2011年业绩将出现爆发式增长。

　　根据2011年3月下旬东海证券的预测，公司2011年、2012年、2013年EPS分别为1.09元、1.37元、1.69元；考虑到国家政策逐渐向氟化工产业倾斜，公司也有望参与到萤石资源整合的进程中，在制冷剂更新换代、杜邦R410A专利到期的情形下，公司新型制冷剂产品将受益颇大。

　　根据上面的分析，三爱富的基本面相当优异，具有十足的安全边际。这样的基本面为三爱富股价的中线拉升提供了强力的支撑。

案例三。

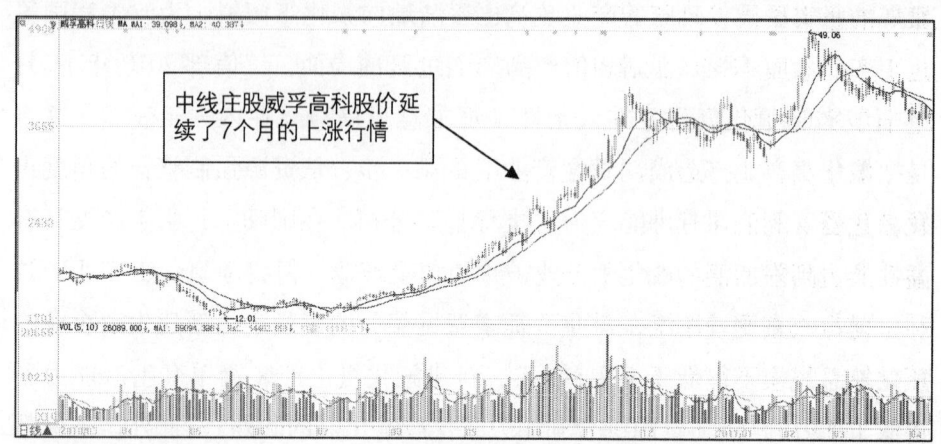

图 2-7

威孚高科（000581）是一家从事内燃机燃油系统产品、燃油系统测试仪器和设备制造的公司。公司前身及发起人无锡油泵油嘴厂成立于1958年。1988年4月，公司更名为无锡油泵油嘴集团公司。1992年改组为股份有限公司，1994年，无锡威孚集团有限公司成立。1998年9月，威孚高科登录深圳交易所，发行1.2亿股，募集资金5.856亿元。

图2-7所示的是威孚高科2010年3月至2011年4月这段时间的日K线图。2010年7～11月，上证指数处于震荡市场上涨行情，在这样的大盘环境下，2010年5～9月，威孚高科股价温和放量上涨，中线庄家吸筹动作明显，终于在2010年9月，公司股价迎来了爆发，借助大盘的上涨环境，威孚高科的庄家对其进行快速拉升，股价维持了7个月左右的上涨格局。在震荡市场，对于这样的中线庄股，投资者要在其吸筹后、股价爆发初期介入，这样是比较安全的投资策略。

当然，威孚高科庄家敢于对其发动中线拉升行情，离不开其基本面因素的催化，下面我们来看看威孚高科当时的基本面情况：经研究分析，我们发现威孚高科具有以下基本面亮点。

（1）旗下控股子公司的重卡柴油机配套产品及电控VE泵等产品销量大幅增长。

2010年1～6月我国重卡销售58.4万辆，同比增长112.7%，其中半挂牵引车销量20.2万辆，同比增长227.5%。公司PW2000主要为EGR国Ⅲ标准重卡柴油发动机配套，上半年销量约为14万套，比去年同期翻了近3番。参股31.5%的RBCD主要为高压共轨国Ⅲ标准柴油发动机配套，上半年实现投资收益1.16亿元（2009年同期亏损）。

威孚高科生产为商用车配套的柴油燃油喷射系统产品及乘用车尾气催化净化器。利润主要来源于参股公司博世汽柴及中联电子贡献的投资收益，共占到净利润的51%，其中博世汽柴占36%。

博世汽柴受益于上半年重卡爆发性增长，销量翻番。博世汽柴生产高压共轨系统主要配套重卡，业绩随重卡行业变化。2010年上半年我国共销售重卡58.4万辆，同比增长113%。上半年博世汽柴净利润为3.68亿元（去年同期-0.17亿元），为公司贡献投资收益1.16亿元。预计2010年全年博世汽柴可贡献投资收益3亿元。博世汽柴在高压共轨领域技术领先，随着市场对高压共轨的认同不断提高，博世汽柴后期有望持续稳健增长。

中联电子贡献投资收益稳定，跟随乘用车市场增长。旗下合资公司联合电子占到国内电控市场40%的市场份额，优势难以改变，但进一步增加市场份额也显得更加困难，未来联合电子的增长主要依赖于整个乘用车市场的增长。上半年受益于乘用车高速增长，业绩高速增长，2010年上半年净利润2.4亿元，贡献投资收益0.48亿元。未来增速将同步于乘用车行业增速。

威孚金宁为高端轻型车、皮卡、SUV、MPV国三标准柴油发动机配套的电控VE泵上半年销量超过8万套，比2009年同期翻了近两番。该产品在市场具有垄断地位，预计产品毛利率超过30%。威孚金宁未来还将受益于轻型商用车排放升级。VE泵可以升级到国四标准，公司正在进行开发与试生产。

（2）收购宁波天力，增压器将成利润新增长点。

宁波天力目前主要产品为中小型柴油机增压器，汽油机增压器项目已有技术及产品的储备。汽油机涡轮增压器成本低，可以提高燃油经济性5%~10%。目前国内市场装机率低，公司看好未来增压器行业的发展前景及宁波天力的技术研发能力，结合自身渠道的优势，有望开辟另一个盈利点。

（3）国Ⅳ排放法规实施时间表出台将进一步提升公司竞争力。

公司相关技术研发一直走在同行前列，2012年国Ⅳ可能正式实施，公司有望在竞争中占得先机，成长空间值得期待。

根据国都证券的预测，公司2010—2012年每股收益为1.23元、1.55元、1.78元，对应2010—2012年动态市盈率分别为14倍、11倍和10倍。

我们看到，威孚高科受益于子公司进入收获期，业绩率先呈爆发式增长，同时公司的技术在同行业领先，核心竞争优势非常明显，同时公司的业绩非常优秀，市盈率低，具有十足的安全边际。在如此优异的基本面状况刺激下，威孚高科庄家敢于对其发动中线上涨行情是我们意料之中的事情，对于投资者来说，只要在其股价发动中线上涨行情初期介入，便可以获得非常不错的收益。

三、短线庄股的标的股选择技巧

短线庄家由于实力比较弱小，又称弱庄，短线庄家可能会在大盘处于不错的环境下选择那些短期可能有重大利好公布的股票作为投资标的股，又或者那些严重超跌股的股票。总之，短线庄家由于实力有限，他们的行动非常快捷、迅猛，以求快速达到既定目标，一旦计划失败，他们会不惜一切代价止损出局。

如果把握得当，投资者也能够通过这些短庄股获利。

下面我们来看一些案例。

案例一。

浙江东日（600113）是一家从事房地产销售、租赁以及物业管理等业务的公司。公司由浙江东方集团公司独家发起，以集团公司下属全资企业管道公司、东方灯具大市场为主体进行股份制改组，拟采用募集方式设立的股份公司。1997年6月获浙江省工商行政管理局企业名称预先核准通知书，公司发起人于1974年成立，1989年2月经批准集团成立。1997年10月，公司股票登录上海交易所，发行4000万股，募集资金2.228亿元。

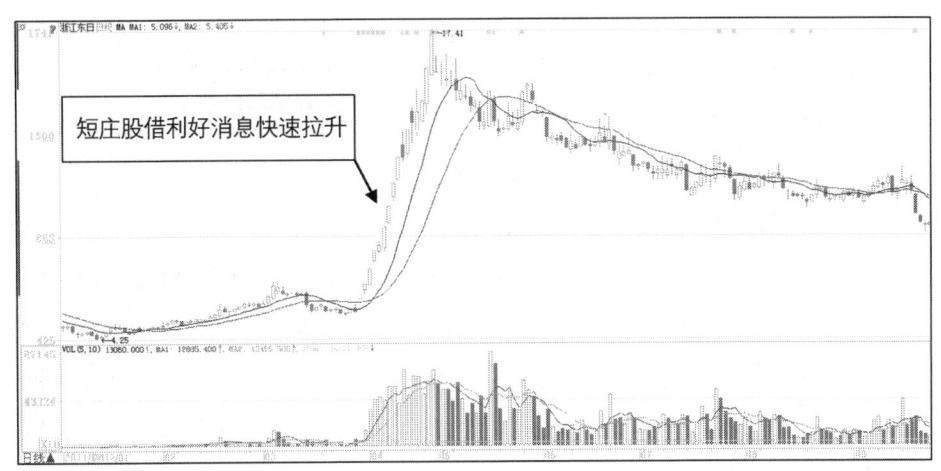

图 2-8

图 2-8 所示的是浙江东日自 2011 年 12 月至 2012 年 9 月这段时间的日 K 线图。伴随着近几年国家对房地产的调控政策，浙江东日这只股票几乎一直处于下降通道中，表现平平，几乎淡出了人们的视线。然而，一则金改政策打破了浙江东日的平静。2012 年 3 月 28 日，国务院常务会议决定设立温州金融综合改革试验区，批准实施温州市金融综合改革试验区总体方案，确定金改任务包括制定民间融资管理办法、发展新型金融组织、开展个人境外直投试点等共计 12 项。

在此项政策刺激下，短线庄家利用此消息对浙江东日进行了疯狂的拉升，2012 年 3 月 29 日，浙江东日封于一字涨停板，随后股价一路狂飙，短短 16 个交易日股价上涨了 219%。短线庄家往往都是采取快速拉升，利用上涨势头吸引跟风盘，对于这样的短线庄股，投资者如果能在其上涨初期介入，一旦其上涨势头变弱时及时卖出，同样可以获取一定的利润。

案例二。

中原特钢（002423）是一家从事工业专用装备及大型特殊钢精锻件的研发、生产、销售和服务的公司。2004 年 12 月 29 日，在原河南中原特殊钢厂基础上变更成立河南中原特殊钢集团有限责任公司，2007 年 6 月 25 日，河南中原特殊钢集团有限责任公司通过股东会决议，决定整体变更为股份有限公司。2010 年 6 月，公司股票登录深圳交易所，发行 7900 万股，

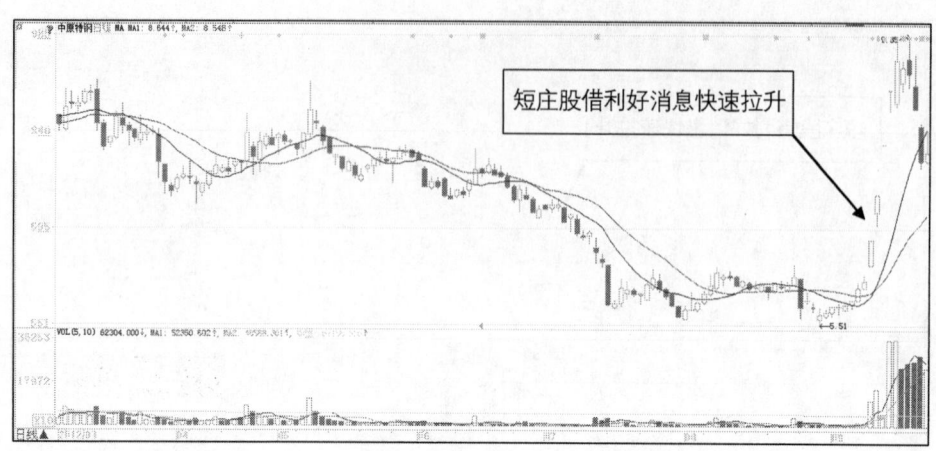

图 2-9

募集资金 7.11 亿元。

图 2-9 所示的是中原特钢自 2012 年 3～9 月这段时间的日 K 线图。2012 年 9 月中旬，中日钓鱼岛事件升级，日本政府单方面宣布购买钓鱼岛，一时间，军工板块异军突起，庄家借助这样的事件，对军工板块的中原特钢股价进行快速拉升。对于这样的股票，如果投资者能够在股价上涨前期介入最好，如果在其股价上涨前期未介入，那么笔者的建议就是可以持续观望，没有必要在高位介入，这样是非常不明智的选择。

第三章

试 盘

第一节 庄家试盘概述

一、试盘简介

1. 试盘的概念

庄家在吸筹、洗盘、拉升、派发时一般都需要试盘，但是各个阶段庄家试盘的方法不一样，作为主力也应该了解和掌握多空力量的悬殊，以及市场对该股股价的认同程度和其他投资者的持筹意愿。这个时候就要在合适的时机用小部分资金拉抬和打压价，以探明市场对该股的反应和其他投资者对该股的持筹意愿，根据市场和其他投资者不同的表现，采取相对应的策略，进一步运作股价，这个过程就叫"试盘"。

2. 试盘的K线特征

大阴大阳线、小阳伴大阴、小阴伴大阳、上下长影线、跳空缺口等。庄家们试图通过各种夸张的方式，得出他们想要获得的信息。

3. 试盘时间

主力风格不同时间不同，短中长线主力试盘时间长短不同，短的几分钟，长的几周；不同的市场不同；不同的阶段不同。

4. 试盘空间

试盘只不过是庄家在进行下一步行动之前的探测，所以庄家是不会花大力气拉升股价的，因此试盘的空间一般只有5%～15%。

二、试盘的类型

我们都知道，庄家坐盘的流程是吸筹、洗盘、拉升和派发，因此，庄家在实施每一步流程之前，都要先弄清楚所操作的标的股的情况，只有标的股的情况与他们接下来的行动目标相吻合时，庄家们才会采取下一步的行动。

因此，根据庄家不同的操盘流程，我们可以把试盘分为吸筹试盘、洗盘试盘、拉升试盘和派发试盘这几种类型。

吸筹试盘是庄家在选择标的和是否可以对此标的进行建仓的侦查。

洗盘试盘是探测目前股票是否浮动筹码太多，如果浮筹太多，会影响拉升的力度。

拉升试盘与洗盘试盘类似，是探测股票浮动筹码是否已经成功被清楚了，一旦股票的浮动筹码大幅清仓，对股票的拉升会有很大的帮助。

派发试盘是庄家在派发前进行的侦查，如果当前大盘环境非常不错，但是个股的上涨动力明显不足，此时可能是庄家在进行试盘确定跟风盘不足之后，提前进入派发周期。

在以上几种试盘类型中，拉升试盘是对投资者跟庄操作帮助最大的试盘形式，关于各种试盘的情况我们会在本章后面介绍，在此暂不详述。

第二节　庄家试盘的目的

庄家的试盘是指庄家采取特殊的手法，造成股价比较明显的异动，以此来试探市场对该股的反应，从中获取一些有用的信息，据此来分析、判断，以便更好地调整或决定自己下一步和下一个阶段的操作策略。

庄家通过漫长的耐心等待以后，在各种市场环境初步准备发动行情的条件下，通过制订严密的资金运作计划准备坐庄，对某目标股只进行价量

的控制,将本身不能确定的股价走势在确定的时间和价格范围内进行控制,以达到自己操纵股价、获取较大利润的目的。正如打仗,知己知彼才能百战百胜一样。在真正进入该股之前,庄家必须对它的基本情况进行正确的了解,这就是庄家进庄前展开的试探动作——试盘。

通过试盘动作庄家可以了解到以下内容:

(1) 该只股票是否有别的庄家已经潜伏在内。在操作过程中,经常两个主力几乎在同时介入,持仓比例都差不多,吸货阶段都十分吃力。常常到最后这只股不错,但就是不涨,上下震荡,成交量时大时小。这是几个主力碰了头,彼此相互制约的结果。

由于大主力之间进行合作比较困难.所以该股上下震荡,不能顺利上攻,成了一块"鸡肋",食之无味,弃之可惜,所以必须"试盘"。

如果有别的庄家已经潜伏在内,则该股的筹码吐纳将体现出非散户持有的特色。新进庄家必须采取较为稳妥的办法进行解决:换庄、抢庄、联庄、助庄、服庄或放弃。

(2) 该只股票的筹码分布情况。在该试盘价格范围内,根据上档筹码抛压的轻重、下档买盘的支撑力度,明确将可能有多少筹码会吐出,有多少能够被吸纳,以便制订正确的建仓计划,以及采用的具体后续建仓措施。

(3) 庄家通过试盘买进的部分筹码可以用于今后正式建仓时做空打压股价,以便在较低的价位买进建仓需要的更多的廉价筹码,这也就是试盘时K线图表上表现出成交量突然放大的根本原因。

(4) 庄家通过仔细的试探,最后确定是按原计划真正进庄控制操纵该股,还是放弃对该股坐庄,以便回避盲目勉强进庄带来的因不可控制因素而造成资金的巨大风险。

庄家试盘的目的就是要搞清楚目标股中是否有其他的庄家存在,以免出现不必要的麻烦,扰乱自己的操作行为;观察盘中筹码锁定的程度,外面浮筹的情况;测试市场对该股的追涨杀跌的程度,以便决定运用何种方式拉升,如快速拉升、缓慢抬升、震荡上扬等。

第三节　庄家试盘手法

一般来说，标准主力一般将资金划分为两大用途。用资金比重的70%左右作为战略建仓部分，剩余30%左右低吸高抛作为滚动拉抬股价之用。

庄家经过前期种种努力的运作，基本上已经完成战略建仓的过程。下一步就是要选择适当的时机，进行拉抬股价，促使股价脱离成本区域。

在两军作战之前，为了做到知己知彼，百战不殆，军队一般都要派出一股先遣的小组，进行交战前的侦查工作，以探明敌我双方的力量悬殊，现在部队上称作"侦察兵"，古时候称作"探子"。

在股市上也一样。作为主力，在准备大幅拉抬股价之前，也应该了解和掌握多空力量的悬殊，以及市场对该股股价的认同程度和其他投资者的持筹意愿。这时候，就要选择在合适的时机，用小部分资金拉抬和打压股价，以探明市场对该股的反应和其他投资者对该股的持筹意愿。根据市场和其他投资者不同的表现，再采取相对应的策略，进一步运作股价。这个过程，就叫作"试盘"。

当然，不是运作每只股票都要试盘的。这就像在用兵打仗上一样，在敌我力量悬殊极大的情况下，比如敌方只有一个班，而我军有一个团或者一个师，那就不用大费周章，对方肯定不堪一击。在股市上，如果主力掌握流通盘绝大多数筹码，市场上只存在一定意义上的流通筹码的话，则试盘就失去了其真正的意义。试盘的主要目的也就是为了更好地掌握主动，利用技巧造市，尽可能有效地降低主力运作成本，从而起到火借风威的良好效果。庄家试盘一般有以下几种手法：

（1）稚莺初啼：主力经过长期的历史低位横盘吸筹后，筹码达到资金预先部署的部分时，主力便开始了试盘的动作。用小部分资金买进股票，但由于股价长期处于历史低位，对散户投资者形成了习惯性的思维定式。股价稍一上涨，浮码立即涌动。由于主力还没有培养出跟风盘，所以在日

K线上便落下长长的上影线。

在历史低位，主力经过长期横盘吸筹后，在日K线上留下放量的长上影线，往往露出了主力试盘的痕迹，表明了主力蠢蠢欲动的心理，随后股价稍做整理，清洗浮筹后，一波行情就会呼之欲出。该方法往往预示着拉升之前，上档仍然存在着一定的浮动筹码。作为主力，应该在随后的日子里彻底清洗这些浮动筹码，以免在日后的拉升过程中成为绊脚石，增加运作成本。

（2）金针探底：此试盘方法和稚莺初啼则完全相反。稚莺初啼是向上拉升，测试上档压力和抛盘，而金针探底则恰恰相反，是利用手中的筹码向下打压股价，测试下档的承接力和原投资者持有筹码的稳定性。由于采用稚莺初啼的方法试盘很容易引起投资者的注意和跟风，当日后展开拉升行情的时候，容易造成低位跟风盘过多，获利者竞相出逃的局面，造成主力拉升被动。而金针探底则回避了上述的风险，采取向下打压的措施，反而在上升之前捡拾到一批恐慌性廉价筹码。这样既测试了筹码的稳定性，又捡到好处。

（3）双针探底：该方法与金针探底大同小异。顾名思义，就是在间隔的一段时间内出现两次金针探底，并且量能都有效放出，并且双针探底的位置能够保持平行，更能证明原投资者持有筹码的稳定性和下档的踊跃的承接力。双针探底比起金针探底给人的感觉更为牢固、稳健和踏实。

（4）多针探底：主力吸足筹码后，在股价历史低位或相对低位，为了测试筹码的稳定性和下档的承接力而采取多次控盘打压，在阶段时间内的日K线上形成了多次金针探底的形态。此方法比起双针探底更显稳固可靠。

（5）探底阳线：稚莺初啼的试盘方法容易吸引短线跟风盘，造成短线获利者众，容易制约主力拉升，造成主力运作成本提高。而采取金针探底和双针探底，又极易遭遇其他机构和猎庄者突然袭击，造成打压过程中主力筹码流失。因此，新的试盘方法就应运而生——探底阳线。

探底阳线既回避了稚莺初啼和金针探底及双针探底的短处，又吸收了它们的优点，可谓扬长而避短——即顺手牵羊捡拾恐慌性廉价筹码，又不至于流失筹码和吸引跟风盘，还能顺利测试到筹码的稳定性和承接力，可谓一石三鸟。

（6）二阳开泰：所谓二阳开泰，也就是探底阳线的翻版，和双针探底有异曲同工之妙。即在相对低位出现两次或多次历史低位平行阳线。

（7）高开阴线：由于有的散户抱定亏本不卖的理念，采取金针、双针、多针探底或低开阳线反而对之无效，所以迫使主力必须往上做。而稚鹰初啼的方法反而会增加其观望的态度，所以只好采取高开阴线的方法进行试盘，以测试这种处于犹豫和彷徨边缘的散户之态度。这种试盘的方法包含有换手洗盘的味道。

（8）实力主力的最后一踹：该方法和低开阳线的区别在于时间和空间上。从时间跨度上来说最后一踹的方法要比低开阳线的时间跨度长得多，也可能是几天甚至十几天。从空间上来说也要大于低开阳线，可能是百分之十几，甚至有的达到30%。从主力的魄力上来看也明显大于其他试盘方法。这种试盘方法资金实力较小和无魄力者禁用，否则会弄巧成拙。必须具备有统吃筹码魄力的主力方可采用，此方法包含最后一次诱骗筹码的含义。

这种试盘方法，在大黑马股中使用比较普遍，并且也很能迷惑局外人。大凡经历过这种试盘方法测试过关的投资者，绝大多数成为主力的铁杆追随者，此方法是技术派人士的天敌。因为绝大多数技术人士往往会在最后一踹中抱着宁舍三池而不愿亡国的态度止损出局，这种方法可谓阴险毒辣。

以上介绍的是主力惯用的试盘手法，庄家的试盘方法也会根据不同的大盘环境和基本面状况而改变。

在大盘处于强势时庄家基本上已经完成了建仓任务，准备开始股价的拉升行情。K线形态上为小阴小阳的方式缓慢上涨，成交量呈缓和放大，股价有脱离底部的明显特征。庄家会常常采用不参与的手法，听任股价随意波动，以此来试探中小散户的抛盘和接盘情况。

在平衡市中，当股价相对较低的位置区域，并且行情较为平淡的交易，庄家往往会对目标股进行突然的大幅拉升或大幅打压，收出一根中长阳线或阴线，以此来观察筹码的锁定状况和市场对该股关注和参与的热情。

在弱势中，庄家一般都喜欢借题发挥，也就是借助于大势的偏弱，乘机更加夸张的造成股价大跌，使得市场持股者恐慌加剧，极大地动摇他们持股的信心。走势上表现为中长阴线、无量下跌、短期均线呈空头排列。

除了利用各种大势背景试盘的方式以外，庄家还有其他一些试盘的方式。例如：利用消息试盘，这包括市场消息和上市公司的消息，也包括利多和利空消息，操作上庄家有时夸张地扩大消息的作用；有时与消息的效果反向行动，使得绝大多数投资者云里雾里摸不着头脑，失去判断能力而操作失误。还有利用板块联动的方式来试盘，这点也包括正反两方面的战术和故意不作为的方式。当然，偏好技术分析的人士，也可以非常普遍地看到庄家利用技术特征方式的试盘，如高开阴线、低开阳线、射击之星等。

对于我们普通投资者来说，应当根据不同的大盘环境和股票所处的位置来仔细分析主力采取何种试盘手段，并且揣测主力当前做盘的意图，为我们的投资服务。

第四节　利用庄家试盘获利

在本章第一节，根据庄家的操盘流程，我们把庄家试盘分为吸筹试盘、洗盘试盘、拉升试盘和派发试盘这几种类型。而在这几种试盘类型中，拉升试盘无疑是投资者跟庄的一大法宝，一旦我们能够看懂庄家在拉升前的试盘动作，投资者就非常有可能跟庄获取非常不错的收益。

在本节我们就来主要介绍股票拉升前的试盘以及如何利用庄家的这种信息为投资者的投资添加获胜的砝码。

主力吸货完毕之后，并不是马上进入拉升状态。虽然此时提升的心情十分急切，但还要最后一次对盘口进行全面的试验，称作"试盘"。

一般主力持有的基本筹码占流通盘的45%～50%，剩余的50%～55%在市场中。在较长的吸货阶段，主力并不能肯定在此期间没有其他的主力介入，通常集中的"非盘"如果在10%～15%以上，就会给主力造成不小的麻烦。在操作过程中这种情况十分常见。经常两个主力几乎在同时介入，持仓比例都差不多，吸货阶段都十分吃力。常常到最后这只股不错，但就是不涨，上下震荡，成交量时大时小。这类股多半是几个主力碰了头，彼此相互制约。如1998年2月两个主力同时看好南京某只股票，当时该股只有3000万股的流通盘，双方在吸货之后，都已持仓近千万股，这可进退两难了。由于大主力之间进行"合作"几乎不可能，所以该股上下震荡至今，不能顺利上攻，成了一块"鸡肋"，食之无味，弃之可惜。所以必须"试盘"。

试盘的方法一般是主力用几笔大买单，把股价推高，看看市场的反应。主力将大买单放在买二或买三上，推动股价上扬，此时看看有没有人在买一上抢货，如果无人抢盘，就说明盘面较轻，但股性较差；如果有人抢盘，而且盘子较轻，就成功了一半。紧接着主力在拉升到一定的价位时，忽然撤掉下面托盘的买单，股价突然地回落。而后，主力再在卖一上压下一张大卖单，这时股价轻易下挫，说明无其他主力吃货。在推升过程中，盘中有较大的抛压，这时主力大多先将买盘托至阻力价位之前，然后忽然撤掉托盘买单，使股价下挫。如此往复，高点不断降低，该股的持有者会以为反弹即将结束。突然主力打出一个新高之后，又急转直下，此时比前期高点高，眼看很快要跌回原地，非盘再不敢不减仓了，于是集中的抛单被拆散了。

例如：某大户的持股成本在10元/股左右（与主力的成本相近），共15万股，主力在11元/股左右开始试盘，连续几日从11元多下触10元，有一天突然破位下行到9.8元，此时大户减磅3万股，紧接着又猛地拉起到10.80元，大户认为应该拿回筹码，于是买回1万股。而后股价又拉至11.80元，大户还未来得及高兴，就又跌到10元。大户感到抛压太大，又减磅4万股，至此，大户持仓是15－3＋1－4＝9万股的筹码，而且平均成本比过去高多了。这样在11元/股的抛盘由15万股变成了零。

接下来我们就来看看主力在拉升前几种比较常用的试盘策略。

一、涨停试盘

（1）主力通过涨停板，观察盘中抛盘量与跟风资金量的对比情况，分析和判断筹码的稳定性。

（2）当天涨停之后，次日往往会展开放量震荡。

（3）涨停之后的第三天，股价展开下跌，或者横盘整理。

（4）涨停试盘，一方面可以测试盘中抛压，测试跟风者的热情，另一方面还可以出现在排行榜中吸引眼球，为后续操盘打下基础，可谓一石三鸟。

下面我们来看几个案例。

案例一。

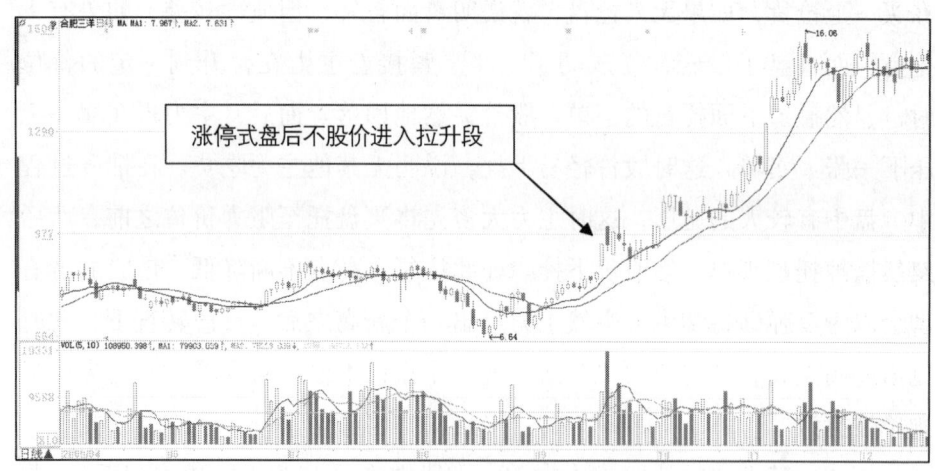

图 3-1

合肥三洋（600983）是一家主要从事全自动洗衣机、电子程控器、离合器、微波炉及其他相关产品的生产、销售和服务的公司。本公司是由有限责任公司依法变更设立的股份有限公司，前身为中外合资合肥三洋洗衣机有限公司，系1994年3月16日经合肥市对外经济贸易委员会合外经字〔94〕第0059号文批准成立的中日合资有限责任公司。1997年3月，更名为合肥三洋荣事达电器有限公司。2000年1月，变更为外商投资股份有限公司，同时更名为合肥荣事达三洋电器股份有限公司，公司于2000年3月30日在合肥市工商行政管理局正式办理了变更登记，注册资本为18000万元。2001年6月，公司进行注册资本调整，调整后注册资本为24800万元。2004年7月，公司股票登录上海交易所，发行8500万股，募集资金2.0091亿元。

图3-1所示的是合肥三洋2009年4～12月这段时间的日K线图。2009年9月后，大盘逐步企稳，合肥三洋股价也逐步上涨，2009年9月17日，合肥三洋股价以涨停收盘，随后几天经历了放量震荡，随后股价又步入调整，可见庄家以涨停试盘的意向明显。随后不久，合肥三洋股价逐步进入上涨浪，这对于投资者来说，在其股价试盘后再次进入上涨浪初期介入是非常不错的选择。

当然，合肥三洋股价在庄家试盘后能有如此表现，与其基本面有着重大关系，经研究，当时合肥三洋有以下基本面的亮点：

（1）销售屡超预期，"三三五"战略稳步推进。公司表示，第三季度销售回款近4亿元，较去年同期有较大的增幅，近期对第三季报的收入和利润预增70%和80%也相对保守，我们预计收入增幅在70%～75%之间的可能性偏大。第四季度的销售同样乐观，一方面洗衣机行业进入销售旺季，以旧换新等政策的落实进一步刺激消费；另一方面国庆节销售超出预期，仅滚筒洗衣机销量就达2万台左右，相当于2008年全年销量的一半，也相当于一、二级市场全年的水平。此外，公司预计2010年主营收入增长在50%左右，高增长速度将在销量达到200万～300万台时有所放缓。

（2）返销日本的订单下月实施，出口业务顺利开展。目前公司出口业务主要由三部分组成：①来自日本三洋返销本土的订单，2009年3月签订的5万台订单将在11月正式供货，但对全年的收入影响不大。②来自日本三洋销往其他地区的订单，数量为10万～15万台。③与伊莱克斯、惠而浦签订的OEM订单，数量为10万台左右。预计全年出口15万台，2010年实现40万台，增长150%以上。

（3）引领变频化潮流，生产一体化降低成本。2009年以来，洗衣机变频化已成为行业发展的趋势之一，变频洗衣机可实现节能约40%，降噪声30%~40%，因此各厂商纷纷加大了变频产品的研发和推广力度。目前变频产品占公司收入比重不高，主要集中在滚筒洗衣机上，2010年将尽快完成波轮洗衣机的变频化改造。为了增强差异化和成本领先的竞争优势，公司在2009年也加大了变频电机的生产力度，目前产量为20万台（10万波轮、10万滚筒）；2010年南岗工业园建成投产将增加电机产量100万台，在充分自供后计划2011年前后实现外销。此外，目前仅是公司和松下两家具有直流变频电机的技术，内资品牌基本缺失，电机自产可节约近1/3的成本。

（4）滚筒洗衣机比重上升，产品贴近市场需求。近几年洗衣机高端化趋势明显，滚筒洗衣机洗净度高、外观时尚，迎合了高端消费者的购买欲望，出现快速增长。公司2007年11月推出滚筒产品，2008年实现生产4.8万台，销售4万台，2009年计划销售10万台，从第三季度的销售情况来看，目标实现已经确定。目前滚筒洗衣机销量占比为19%左右，预计年底将达到25%，对公司毛利率的提升效果显著。此外，公司刚刚推出的小容量滚筒洗衣机深受市场欢迎，而斜式滚筒由于技术程度高（仅公司和松下具备），设计人性化（便利填取衣物），节水省电效果好，市场前景广阔，公司预计未来将占国内市场40%~50%的份额。

（5）微波炉的发展前景广阔。短期内公司此项业务的市场竞争力偏弱、业绩贡献率低，原因一方面是当初对市场和营销体系的判断出现失误，另一方面是采用大家电组织架构和模式进行经营的效果不佳。但公司的无转盘微波炉在行业内具备技术领先水平，凭借较为高端的定位、较好的品质以及连锁卖场的支持，中长期具备较好的前景。公司已成立专门的事业部进行管理，预计2009年微波炉销量20万台，2010年将达到50万台。此外，小家电是公司未来发展的一个方向，在微波炉基础上品类及规模均存在拓展空间。

（6）存在整合预期，水处理业务介入仍待时机。公司目前也不了解松下收购日本三洋的进展情况，但公司与日本三洋在相关业务上仍存在整合的预期，如小家电、冰箱、电池等，水处理业务也在洽谈阶段，公司认为此类业务国内普及率低，正处于导入期，毛利率超过100%，但渠道和市场条件尚不成熟，国家的支持力度也不明朗，在相关政策出台后将会有较好的发展。

根据国都证券的预测，公司2009年、2010年EPS分别为0.65元和0.88元，以10月20日收盘价17.15元/股计算，对应PE值为26倍和19倍，估值仍处于偏低的水平。

合肥三洋不仅具有众多的基本面亮点，其公司的估值水平也非常低，具有十足的安全边际，正是在这样的基本面环境下，庄家才敢于在涨停试盘后快速拉升。

案例二。

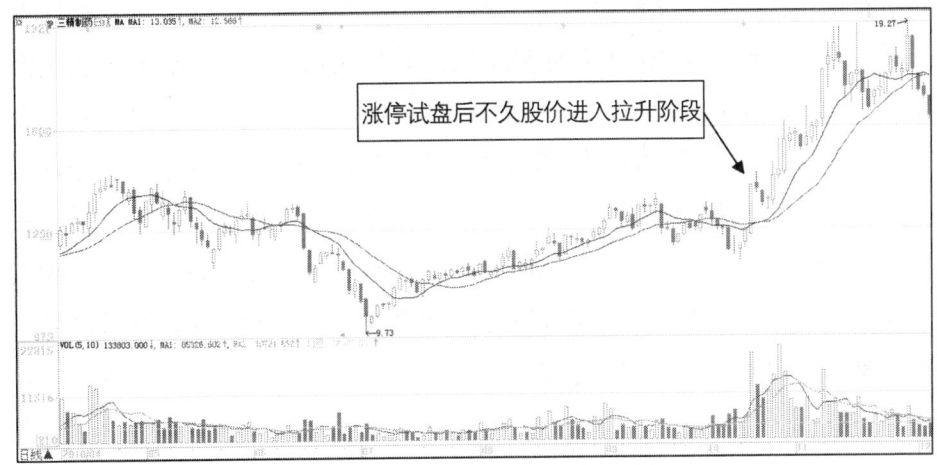

图3-2

三精制药（600829）是一家从事医药制造、医药经销，投资管理的公司。哈药集团三精制药股份有限公司（以下简称"公司"或"本公司"）原系哈尔滨天鹅实业股份有限公司（以下简称"天鹅股份"），是1993年8月15日经哈尔滨市经济体制改革委员会哈体改字〔1993〕214号文件批准，由哈尔滨建筑材料工业（集团）公司（以下简称建材集团）发起，对哈尔滨水泥厂的生产经营部分、哈尔滨新型建材房屋建设综合开发公司和哈尔滨市建材经贸公司进行改制而设立的股份有限公司，1994年2月24日在上海证券交易所上市。2004年9月30日，哈药集团股份有限公司

(以下简称"哈药股份")以受让建材集团持有天鹅股份29.80%股权的方式对天鹅股份实施重大资产重组。截至2005年7月,公司将水泥类资产全部转让,并分三次受让哈药集团三精制药有限公司(以下简称三精有限)100%股权,由公司对三精有限实施整体合并,将三精有限注销。2005年8月,公司更名为"哈药集团三精制药股份有限公司"。

图3-2所示的是三精制药自2010年4~12月这段时间的日K线图。2010年7~10月,大盘处于震荡市场上涨段行情,三精制药股价也逐步上涨;2010年10月20日,三精制药股价以涨停收盘,之后又进入震荡整理格局,可见庄家以涨停试盘的意向明显。随后不久,三精制药股价逐步进入上涨浪,12个交易日股价上涨了35%,这对于投资者来说,在其股价试盘后再次进入上涨浪初期介入是非常不错的选择。

当然,三精制药股价在庄家试盘后能有如此表现,与其基本面息息相关,下面我们就来看看当时三精制药的基本面情况。

据研究分析,当时的三精制药具有以下投资亮点:

(1) 业绩稳步增长。

2010年上半年,公司实现营业收入152843万元,同比增长26.21%;实现营业利润20199万元,同比增长23.39%。实现净利润17499万元,同比增长26.92%。每股收益为0.45元,每股经营性现金流为0.80元,净资产收益率为10.88%,同比提高1.13个百分点。

(2) 新产品研发取得进展,为公司后续发展提供动力。

2010年上半年公司获得消毒产品君安男性洗液的产品批复;通过了国家对盐酸罗沙替丁醋酸酯原料和冻干粉针的复议答辩;通过了国家药监局认证中心对甘油果糖注射液进行的品种批复前的现场核查。同时,公司生产技改也取得成果,在报告期内,公司完成多项技术改造,达到了降低成本、提高效率的目的,为公司下一步增产增量做好了准备。

(3) 保健品产品恢复性长涨,营业收入提高。

中药、西药和保健品三大主营业务都有不同程度的增长,增幅分别为5.06%、18.85%、185.93%,其中保健药品增幅最为显著。一方面是公司在市场中积极地进行推广及促销,另一方面是保健品产品恢复性增长。

2009年公司对渠道内存货较多、价格混乱进行了清理，像葡萄糖酸钙口服液、葡萄糖酸锌口服液这些高毛利的品种销售收入下降较大，现在公司对销售品种的结构进行调整，销售重心由中药转向保健品市场。我们认为甲流疫情减弱，市场对公司主打产品双黄连口服液的需求趋于稳定，但随着经济的复苏与人们生活方式对药品需求的改变，保健品市场将还会有更高的增长。

（4）品牌建设使OTC产品市场得到巩固。

医疗体制改革降低了基层医疗药品价格，部分药品的毛利率将面临下降。公司部分主打产品主攻OTC市场，受医改降价影响较小。其中葡萄糖酸钙口服液、葡萄糖酸锌口服液、双黄连口服液三个支柱性产品已做到行业细分领域占有率第一。

根据华泰证券的预计，三精制药2010—2012年EPS为0.91元、1.04元、1.16元，对应8月20日收盘价18.56元/股计算，对应的动态市盈率为44倍、32倍、23倍。

通过以上的分析，我们知道当时三精制药的基本面具有十足的安全边际，在这样的基本面环境下，庄家以涨停试盘后进入拉升阶段是意料之中的事情。

案例三。

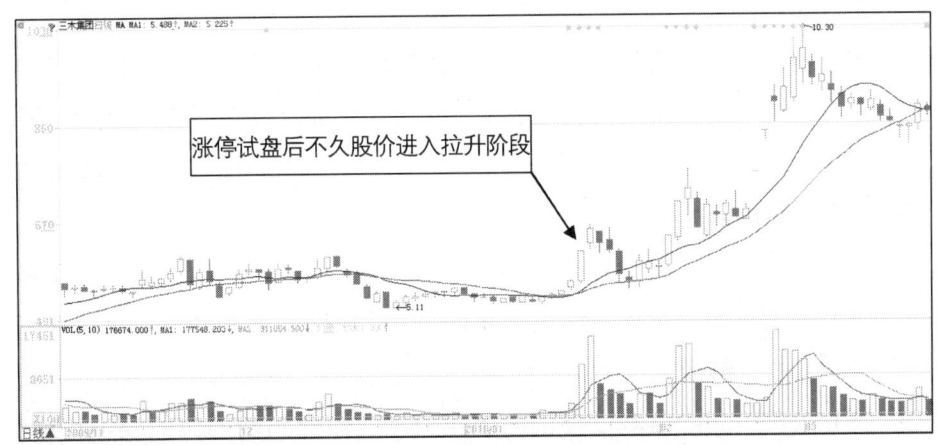

图3-3

　　三木集团（000632）是一家主营基础设施建设施工、土地连片开发、房地产开发与经营及国际贸易的上市公司。

　　图3-3所示的是三木集团自2009年11月至2010年3月这段时间的日K线图，2009年11月至2010年4月初，大盘处于弱势盘整格局，三木集团股价在2010年1月中旬后逐步上涨，2010年1月20日，三木集团股价以涨停收盘，第二天股价经历了放量震荡，随后股价又步入调整，可见庄家以涨停试盘的意向明显。随后不久，三木集团股价逐步进入上涨浪，18个交易日，股价上涨了70%，这对于投资者来说，在其股价试盘后再次进入上涨浪初期介入是非常不错的选择。

　　当然，三木集团这只业绩平平的股票在庄家试盘后能有如此表现，与其处于区域板块题材有关。

　　2009年5月4日，国务院常务会议讨论并原则通过《关于支持福建省加快建设海峡西岸经济区的若干意见》，这是国务院首次出台政策明确支持海峡西岸经济区建设。

　　2010年2月12～15日，胡锦涛总书记到福建省部分地区考察，并同广大群众共度新春佳节。经过此行实地了解当地经济社会发展情况，他指出，希望福建加快建设海峡西岸经济区，推动各项事业实现更大发展。自2009年年底以来，区域经济在政策利好的带动下发展势头迅猛。胡主席此行给无数人带来了海西板块的遐想。

　　在区域板块题材的刺激下，庄家在以涨停板试盘后对三木集团股价进行了大幅拉升，也给那些在涨停试盘后介入的投资者带来了获利的机会。

二、长上影线试盘

　　(1) 主力在当天盘中一度放量冲高，之后以回头展开调整，故而在当天形成较长的上影线。

　　(2) 这种方式主要测试盘中的抛压力度，以此判断筹码的稳定程度，同时也吸引市场跟风者的注意力，为后续操盘打下基础。

　　(3) 股价当天在盘中攻击时，以冲击型量峰为主，说明主力在短时间内快速投入资金拉升股价,当上涨至一定幅度后,盘中撤出买盘资金,观察卖盘抛压的状态,导致当天股价冲高回落。

下面我们来看几个案例。

案例一。

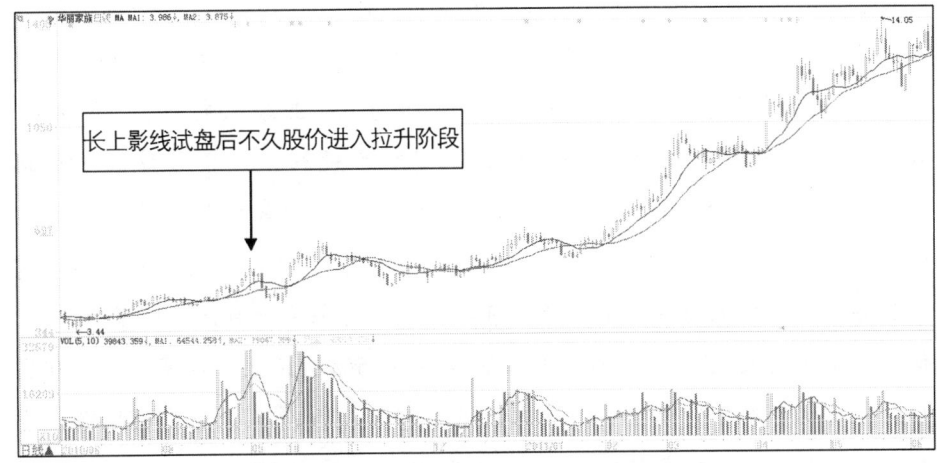

图3-4

华丽家族(600503)是一家从事房地产开发经营,房屋土地建设和房屋(附属内部装修设施)出售、租赁、物业管理、房屋设备、园林绿化、实业投资、投资管理的公司。本公司前身是福建省宏智科技发展有限公司。公司的前身是宏智发展,2008年7月,公司正式改名华丽家族。

图3-4所示的是华丽家族2010年6月至2011年6月的日K线图,2010年7~11月,大盘处于震荡市场上涨阶段。从图中可以看到,从2010年6月开始,华丽家族股价便开始逐步上涨,2010年9月15日,华丽家族股价在早盘下挫后,于下午被快速拉升至涨停板后,股价自然回落,可见庄家以长上影线试盘动作明显。随后,华丽家族股价在经历一段时间的洗盘之后,进入拉升浪,股价大幅上涨。这对于投资者来说,在华丽家族股价以长上影线试盘后股价再次进入拉升浪初期介入是非常不错的选择。

当然,华丽家族股价在庄家长上影线试盘后能有如此表现,离不开其基本面的因素,下面我们就来看看当时华丽家族的基本面情况。

东海证券分析师桂长远在2011年2月对于华丽家族的调研简报：

华丽家族公布了2010年报，公司年内取得营业收入4.57亿元，同比增长471%，结算面积2.2万平方米，实现营业外收入5.15亿元，归属于母公司的净利润5.19亿元，每股收益0.98元，基本符合我们的预期。公司宣告拟每10股送红股3.5股，派发现金红利5元（含税）。

评述：

公司实现净利润5.19亿元，股改承诺兑现，业绩主要来自于股权转让。2010年公司转让上海弘圣公司48.4761%股权，为公司带来净利润3.92亿元，兑现资产重组时2009—2010年度净利润合计不低于6亿元的承诺。

公司财务状况稳健，资本开支可控，未来财务风险有限。账面现金12亿元，同比增长45.7%；期末资产负债率66.5%，比上年提高了5.9个百分点；真实资产负债率59.0%，较上年下降了1.6个百分点；长期借款增加了14亿元，净负债率提升22.9个百分点，达到83.6%，但仍属可控范围。

公司资产质地优良，三个大型地产项目实为超级利润奶牛。"华丽家族·太上湖""上海新天地43街坊"和"汇景天地"清一色定位高端，其中上海新天地闻名世界，售价超10万元/米^2，汇景天地售价7.5万元/米^2，太上湖售价2万元/米^2（10年结算毛利率高达53%）。保守估计，三个项目可贡献净利润90亿元，以现有股本计，合计每股17元。

往后看，收购金叠公司剩余股权将助推2011—2012年业绩。考虑到公司土地储备数量偏薄弱的现状，大股东承诺，待条件成熟时，金叠公司49%的股权部分甚至全部转让给上市公司。该项目预计在2011年完全竣工，49%股权对应销售收入约50亿元，净利润不低于10亿元，收购将对公司2011—2012年的利润产生较大影响。

地产调控常态化，公司尝试培育第二主业。为有效平滑业绩波动，2010年公司收购华泰长城期货40%的股权，4个月便取得投资收益1000万元。2011年，公司将继续关注热门行业，选择在适当时候进行尝试性的投资。

以现有的股本计，预计公司2011年、2012年EPS分别为1.30元、1.82元，对应动态PE分别为13X、9X。保守估计公司NAV21.8元，公司目前股价相对折价23%，具有很好的安全边际。设定公司未来6个月目标价为每股20元，给予"买入"的投资评级。

为了全面地了解该股票的基本面情况，我们再来看一看天相投资分析师石磊于2011年2月对于华丽家族的调研简报，内容如下：

2010年公司实现营业收入4.58亿元，同比增长471.2%；归属于母公司净利润5.19亿元，同比增长447.9%；扣除非经常损益后的净利润9390万元，同比增长19.23%；基本每股收益为0.98元，每10股发现金5元（含税），送红股3.5股。

净利润主要来源于营业外收入：期内公司取得营业收入4.58亿元，主要为苏州太上湖项目销售面积2.17万平方米，取得销售收入4.05亿元；实现营业外收入5.15亿元，其中非流动资产处置损益2365万元，主要是出售上海常春藤房地产公司85%的权益；收到张江镇政府补贴的扶持资金1005万元；转让弘圣房地产48.4761%股权的合同收购权获得收益5.05亿元，确认净利润3.92亿元。

2011年业绩目标30亿元，目前预售款对业绩的锁定性较小：期内预售面积2.46亿平方米，预售收入6.92亿元，一是来源于苏州"华丽家族·太上湖"预售面积为1.41万平方米，取得预售收入1.6亿元；"汇景天地"项目预售面积1.05万平方米，取得预售收入5.33亿元。预售收入完成业绩目标的23%。

项目储备较少，但项目盈利能力很强：公司目前有"华丽家族·太上湖""上海新天地43街坊"和"汇景天地"三个大型项目，规划建筑面积122万平方米，权益建筑面积109万平方米。另外大股东持有金叠房产（主要开发汇景天地项目）49%的股权，承诺条件成熟时部分或全部转让给上市公司。这三个项目盈利能力均很强："汇景天地"项目可售面积约为10.09万平方米，预计全部销售后可实现销售收入约为人民币45亿元，产生的净利润约为人民币10亿元；太上湖项目为联排或独栋别墅，报告期结算毛利率53%；新天地项目未来毛利率也不低于50%。公司计划

2011年开工21万平方米，竣工29.6万平方米，按年均结算20万平方米计，项目储备可维持公司近5年平稳发展。

积极发展第二主业：为规避地产行业波动风险，公司利用上海华丽家族投资公司为平台，密切关注并积极投资生物医药、新能源、节能环保和金融等行业。期内收购广东华孚投资100%的股权，收购总价为5.55亿元；间接收购获得华泰长城期货40%的股权，初始投资成本2.4亿元，报告期产生损益1071万元。公司计划2011年实现不超过20亿元的股权投资计划。

维持"增持"的投资评级。我们预测公司2011年、2012年的每股收益分别为1.22元、1.69元，按公司最近收盘价为16.85元，对应的动态市盈率分别为14倍、10倍，故维持"增持"的投资评级。

通过以上两篇简报，我们基本了解了华丽家族的基本面的情况，两份研报都强调了华丽家族拥有非常高端的地产项目，能够为公司提供稳定的业绩支撑，同时，华丽家族也在逐步实施多元化战略，对冲房地产调控所带来的风险。两份研报预测的2011年的每股收益基本一致，都在1.2元以上，可见公司具有十足的安全边际。在这样的基本面环境下，华丽家族的庄家在经过了长上影线试盘后才敢于大幅拉升股价。

案例二。

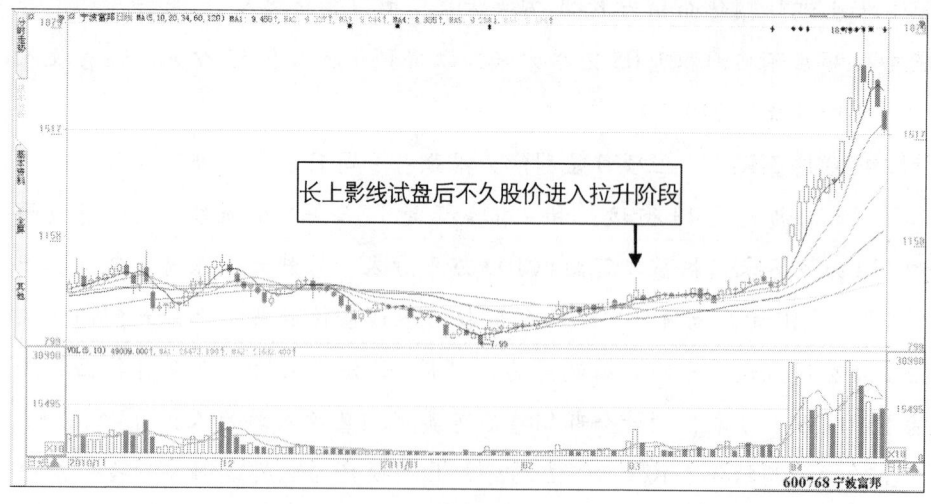

图3-5

宁波富邦（600768）是一家从事铝板材、铝带材、铝箔材；煤炭、金属材料、橡胶制品的批发、零售、代购代销；仓储；汽车修理等业务的公司。公司以宁波市第三运输公司为主体，联合深圳蓝天基金管理公司、宁波联合实业公司有限公司等九家法人共同发起，于1993年5月23日注册登记；股份总数为3800万股。公司原名称为宁波市华通运输股份有限公司，经公司第四次股东大会决议更名为宁波市华通股份有限公司。1996年11月，公司在上海交易所上市，发行1360万股，融资7072亿元。

图3-5所示的是宁波富邦2010年11月至2011年4月的日K线图。2011年1~4月，大盘处于震荡市场上涨阶段，从图中可以看到，从2010年1月开始，宁波富邦股价便开始逐步上涨，2010年3月2日，宁波富邦股价在早盘下挫后，于中午时分被快速拉升5%，之后股价自然回落，可见庄家以长上影线试盘动作明显。随后，宁波富邦股价在经历一段时间的横盘整理后，进入拉升浪，股价大幅上涨，这对于投资者来说，在宁波富邦股价以长上影线试盘后股价再次进入拉升浪初期介入是非常不错的选择。

当然，宁波富邦的股价在庄家以长上影线试盘后能有如此表现，与其基本面的因素息息相关。

2011年3月29日，宁波富邦公告称，2010年1~12月每股收益0.156元，每股净资产1.08元，净资产收益率15.04%；营业总收入8.58亿元，同比增长65.05%；实现净利润2086.95万元，同比增长856.60%。

净利润的大幅增加是宁波富邦的庄家敢于在以长上影线试盘后大幅拉升股价的重要原因。

三、长下影线试盘

（1）与长上影线不同的是，上影线测试抛压，下影线则是主要测试支撑。

（2）主力在盘中故意向下砸盘至技术支持位后，再将卖盘位置卖盘撤出，以此观察买盘位置相关大户与散户投资者的买入单量变化，进而观察该股在市场中的受关注度。

（3）同时盘中向下打压砸盘，也可迫使部分投资者因害怕亏损而恐慌性抛出低价筹码，以达到再次吸筹的目的。

我们来看几个案例。

案例一。

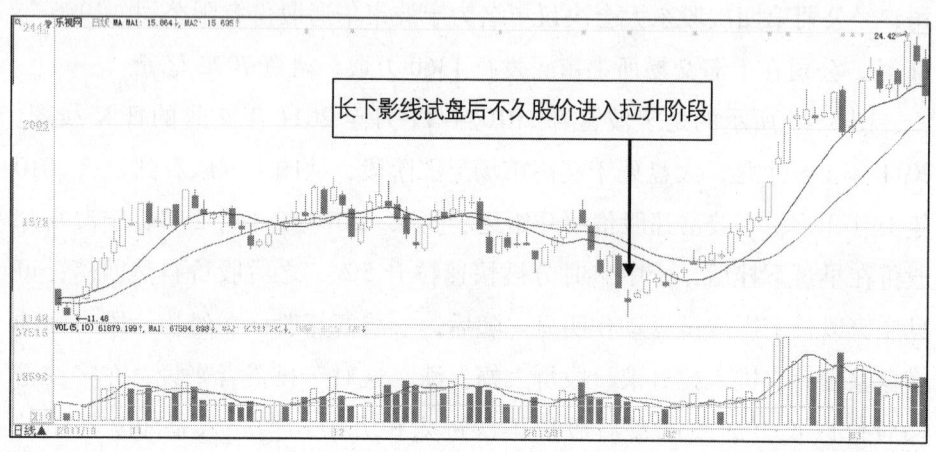

图3-6

乐视网（300104）是一家从事互联网视频及手机电视等网络视频技术的研究、开发和应用，主要经营网络视频基础服务和视频平台增值服务业务的公司。公司由乐视移动传媒科技（北京）有限公司整体变更设立。2009年1月15日乐视传媒股东会做出决议，整体变更为乐视网信息技术（北京）股份有限公司，以变更基准日2008年12月31日经审计净资产14282.46万元折为7500万股，每股面值1元，余额6782.46万元作为资本公积。2009年2月2日，利安达会计师事务所出具利安达验字〔2009〕第A1003号《验资报告》，对公司注册资本进行审验。2009年2月10日，公司在北京市工商行政管理局注册登记并取得注册号为110000007760467的"企业法人营业执照"。2010年8月，乐视网登录创业板，发行2500万股，融资7.3亿元。

图3-6所示的是乐视网2011年8月至2012年3月这段时间的日K线图。2012年1月初之后，大盘迎来了长期下跌浪中久违的反弹，从图中可以看到，2012年1月19日，乐视网股价在早盘快速下挫后，股价在跌至

8.25%后被逐步拉起，收盘股价仅下跌4.6%，可见庄家以长下影线试盘动作明显。随后，乐视网股价逐步进入拉升浪，股价在30个交易日上涨了95%，这对于投资者来说，在乐视网股价以长下影线试盘后股价再次进入拉升浪初期介入是非常不错的选择。

当然，乐视网股价在庄家长下影线试盘后能有如此表现，与其基本面的催化作用有着重大关系，下面我们就来看看乐视网的基本面亮点。

下面我们就来看看在这一时期不同券商对于乐视网的分析。

我们先来看民生证券分析师李峰在2011年12月28日对乐视网的简评，内容如下：

一、事件概述

近期，乐视网公司发布2011年年度业绩预增公告：报告期内，公司净利润约12477.70万～13318.89万元，同比增长78%～90%，折合每股收益为0.57～0.61元。

二、分析与判断

1. 业绩基本符合我们预期，净利润同比增长78%～90%，EPS为0.57～0.61元

（1）净利润高增长原因为：

①网络视频行业环境日益改善，近年来行业成长性较高；

②公司不断加强品牌推广，完善产品用户体验，开拓有效营销模式，包括"视频平台广告发布收入""网络高清视频服务收入""网络视频版权分销收入"等各项主营业务均有较大幅度增长，从而实现净利润高增长。

（2）虽然此次业绩预增公告并无营收数据，但我们判断，公司2011年营收同比增长或为110%～130%。净利润增速低于营收增速的原因为由于业务发展需要，公司人员规模扩充较快，且相关费用上涨较快。

2. 网络视频行业呈现"野蛮生长"状态，竞争正从"无序"走向"有序"，有利于公司发展

（1）网络视频行业已从初期的"盗版横行"的野蛮生长状态发展到目前"版权争夺"阶段。

①首先，经过7年的市场培育，网络视频用户规模不断壮大，且付费环境正在形成。

②其次，广电总局"限娱令"的出台，使得视频网站与传统电视台的内容差距逐渐缩小。当前网络视频运营商的竞争围绕着电视剧、电影等视频版权展开，竞争趋向"有序"。

（2）①公司在优质网络版权市场占有率不断提升，2011年热播电视剧的独家网络版权占有率超过70%、含非独家的网络版权覆盖率超过95%，并且已经预先锁定了2012年以及2013年热播影视剧独家网络版的30%；②加之公司与土豆网实现联姻，共同开拓视频广告市场。因此，公司2012—2013年的高成长是有保障的。

3. 《后宫珍嬛传》或为公司2012年带来超预期业绩

（1）为快速提升网站流量，公司实施"自制剧"及"首播剧""独播剧"战略。例如近期的《黑狐》《人到四十》《请你原谅我》《吧嗒吧嗒》《凤图腾》、新版《亮剑》等电视剧，使得公司流量获得较快增长。

（2）公司将于2012年3月与卫视台同步播放《后宫珍嬛传》。《珍嬛传》由名导郑晓龙执导，改编自网络畅销小说，全剧76集。该剧虽为宫斗剧，但更注重人性及心理刻画。演员阵容、对白、服装、道具等均具较强看点，在北京地面播出时收视率一再创新高，我们判断，该剧有望为公司带来较高的广告收入，使得公司业绩超预期。

三、盈利预测与投资建议

预计2011—2013年EPS分别为0.61元、0.95元和1.33元，当前股价对应2011—2013年PE为46X、29X、21X。我们对公司维持"强烈推荐"评级，现阶段仍给予每股30元目标价。但鉴于公司业绩具有持续超预期的可能性，一旦得到确认，后期我们将上调公司目标价。

此前，公司股价一度创出每股35.08元新高。但近期大盘回落较大，投资者悲观情绪蔓延，公司股价亦随之回落。我们建议投资者，一旦大盘企稳，可积极参与介入该股票。

四、风险提示

宏观经济下滑；影视网络盗版行为打击不力；其他视频网站、IPTV及有线电视运营商等竞争加剧。

从民生证券的分析来看，公司各项业务稳步发展，公司维持高业绩增长是大概率事件。

再来看2012年1月12日，银河证券分析师许耀文等对乐视网的调研简报，内容如下：

一、事件

乐视网发布公告，与CNTV签署战略性合作协议，利用各自政策、内容、产品、技术及资源优势，合作推广互联网电视业务，合作期限1年。

二、我们的分析与判断

1. 与CNTV合作，拿到超清播放机销售"通行证"

根据广电总局181号文的规定，互联网电视产业链上的厂商都必须与7家牌照商合作。通过与CNTV的合作，乐视网相当于获得销售"乐视云视频超清播放机"的通行证，公司将开始在上海、杭州、长沙三个首批三网融合试点城市开展互联网电视机顶盒业务（2010年试商用），并将进一步按照政策指引在其他试点城市进行有计划投放；与此同时，公司持有的大量版权内容可以放入CNTV互联网电视平台，参与未来付费内容收益分成。

CNTV拥有中国最大的正版网络视频数据库，公司超清播放机嫁接CNTV的内容平台，无疑为随后的热销奠定基础。

2. 公司"一云多屏"战略领先其他视频网站

先发优势：乐视网已经有成型的TV机顶盒和手机端产品，其他视频网站基本还没有开始，公司的超清播放机一旦投放三网融合试点地区，将具有独占市场的先发优势。

内容优势：根据181号文，互联网电视只能播放电视版权，乐视网所购买版权基本都包含互联网电视和手机电视版权，而其他视频网站购买的网络视频版权则无法在互联网电视播出。

3. 互联网电视将成为公司新的业绩增长点

三网融合第二批试点开放42个城市，相比第一批12个城市进度已经明显加快，政策层面阻力不再。而电信光纤到户和宽带提速的战略为互联网电视的开展提供网络基础。从这两个因素看,互联网电视存在爆发的潜力(百事通计划3年做到1000万互联网电视用户)。

公司的收益来源主要包括超清播放机销售收入和1年免费期满后的月度内容服务费。相比之前2000元和3000元的价位,预计公司未来将会采用更加灵活的价格策略。

2010年公司试商用期间已经销售机顶盒2788台,在嫁接CNTV平台并获准在试点地区销售之后,我们预计2012年高清播放机销售规模有望达到10万~15万台,2013年达到30万~50万台规模。

三、估值、投资建议与主要风险

我们预计公司2011—2012年EPS分别为0.59元、0.97元,对应PE分别为48倍、29倍,重申"推荐"评级。

主要风险:版权均价下跌。

通过这份研究简报,我们知道乐视网与CNTV合作,拓宽了乐视网自身的业务范围,使公司在超清播放上更进一步。

下面我们再来看一份2012年2月7日,国联证券分析师李斌对于乐视网的调研简报,以下为主要内容。

事件:

公司于2012年2月6日发布合作公告,公司与网之易信息技术于2012年2月5日签订了《合作协议》。

点评:

土豆模式的又一次延伸。公司此次与网易合作,也是参照了之前的土豆模式,两公司合建网站http://163.letv.com,其中乐视网主要负责为平台提供CDN分发、视频相关信息、视频内容及视频播放技术支持。而网易为此按三个年度向乐视网支付金额总计达1亿元的累积保底经营收入(三个支付年度分别是3000万元、5000万元和2000万元),经营分成收入按播放次数收入计算。

双赢合作模式有望推广。公司之前已经与视频网站的巨头土豆展开合作,现在又跟中国的互联网巨头网易展开合作,这不仅有利于公司借助于网易等知名网站扩大自己的知名度和提高用户数量和流量,同时也能够最大化利用自己重金购买的独家网络影视版权。而像土豆和网易等互联网巨头，也有望凭借优惠的价格，进一步扩充自己的视频版权内容，从而进一步在网络视频领域占有一席之地，此类合作模式是双赢，我们认为未来乐视网还有望进一步与其他知名网站采取此类模式合作。

乐视超清机迎来关键的一年。我们认为上述合作可以为乐视网带来显著流量的快速提升和网络广告的快速增长，但2012年我们更为关注的还是乐视网的超清播放机销售情况以及付费用户的增长情况，我们认为这两点才是决定未来乐视网是否能够跨进网络视频排头兵的关键之战。

投资建议：我们预测公司2011年、2012年和2013年的EPS分别为0.60元、0.93元和1.38元，我们看好公司2012年流量的快速提升和网络广告的快速增长，继续维持对公司长期"推荐"评级。

风险提示：乐视超清播放机销售低于预期，公司的融资出现问题。

我们看到在一个月之内，有多家券商对乐视网进行调研，撰写研究报告，而且在短短1个月之内，三家不同券商对乐视网的分析都有各自的亮点，而不是趋于雷同，对于乐视网的业绩，三家券商都给予了非常相近的估值。正是由于乐视网的基本面具有多项亮点才使得庄家在以长下影线试盘后不久便对其股价进行快速拉升。

案例二。

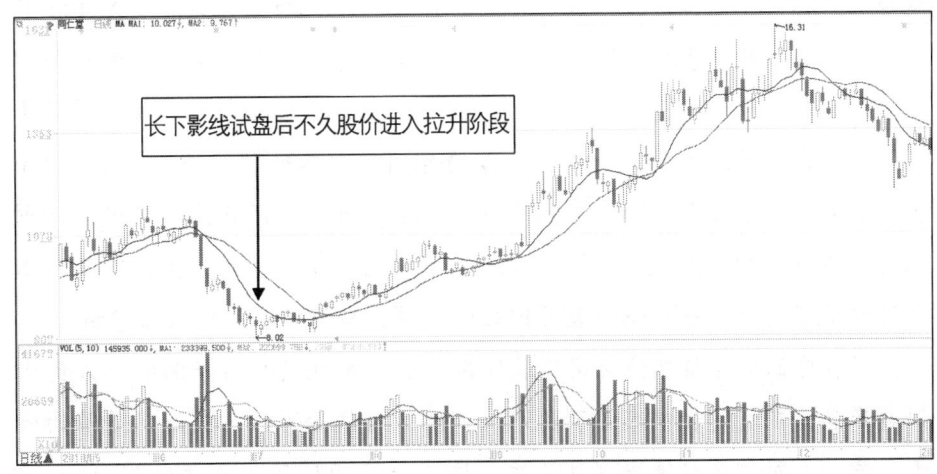

图3-7

同仁堂（600085）是一家从事中药生产、科研、销售的公司。公司由中国北京同仁堂集团公司（1992年成立）独家发起，以集团下属的北京同仁堂制药厂、北京同仁堂制药二厂等六个单位的生产经营性资产投入公司而设立。1997年4月24日，京政函〔1997〕25号批准设立同仁堂股份有限公司。1997年6月，公司股票登录上海交易所，发行5000万股，募集资金3.4248亿元。

图3-7所示的是同仁堂2010年5～12月这段时间的日K线图。2010年4～7月，大盘进入震荡市场的下跌段行情，从图中可以看到，2010年5～7月，乐视网股价跟随大盘进入调整行情，2010年7月2日，同仁堂股价在从早盘开始便逐步下挫，至下午股价已经下跌了6%，但是在收盘前的最后一小时，同仁堂股价逐步回升，收盘仅下跌2.2%后。可见，庄家以长下影线试盘动作明显。随后不久，同仁堂股价逐步进入拉升浪，股价在4个多月内上涨了86%。这对于投资者来说，在同仁堂股价以长下影线试盘后股价再次进入拉升浪初期介入是非常不错的选择。

当然，同仁堂股价在庄家以长下影线试盘后能有如此表现，与其基本面息息相关，下面我们来看看当时同仁堂的基本面情况。

2010年8月9日，万联证券的分析报告如是说：

上市公司北京同仁堂股份有限公司以及其子公司北京同仁堂科技发展股份有限公司是同仁堂旗下医药工业的主要载体。两家公司共生产400多种中药产品，几乎囊括了所有中医领域。众多的产品资源和同仁堂的金字招牌是公司最大的财富。

我们认为前几年同仁堂增长较慢的原因在于其的"坚守"。在中药的生产上同仁堂坚守自己的信条，产品生产恪守古方，产品选料只用地道中药材；在中药开发上同仁堂坚持传统剂型，主要以大蜜丸为主，下属同仁堂科技虽然也开发一些新剂型，但相对来讲，与同行也是较为保守的。

同仁堂的坚守虽然使公司增长较慢，但同时也使公司产品的疗效优于同类产品，在消费者中形成了良好的口碑，同仁堂的品牌就是高质量的代表。另外，同仁堂以传统剂型为主，这些产品经过了上千年的实践检验，安全性较高，相对新剂型来说风险较小。

2010年第一季度同仁堂销售增长率达到30%以上，远高于前几年的增长水平。我们认为同仁堂第一季度的高速增长具有持续性。

同仁堂股份上市时，收入利润均占集团大部分，而目前上市公司份额仅占三成左右，关联交易却越来越多，存在资产注入的可能性。

我们认为同仁堂不管在管理上、财务上还是在产品上都较为稳健，在前几年打下坚实的基础上，公司未来几年的增长将会提速，我们预测公司2010年、2011年、2012年的每股收益分别为0.71元、0.86元、0.99元，相对目前股价2011年PE约为30倍，其估值基本合理，考虑到公司的品牌影响力和未来资产注入的可能性，给予"增持"评级。

透过这份研报，我们知道同仁堂的基本面非常稳健，公司发展逐步步入快车道。

为了使我们的投资更加有把握，我们又研究了一份天相投资对于同仁堂的分析报告，内容如下：

2010年半年报显示，公司实现营业收入20.02亿元，同比增长15.87%；营业利润3.29亿元，同比增长20.25%；归属于母公司净利润2.01亿元，同比增长17.86%，摊薄后每股收益0.39元。

促销力度加大，社区市场拓展较快。报告期内，公司实现营业收入20.02亿元，同比增长15.87%，主要是由于公司加大在基层医疗机构的促销力度，北京社区医疗市场的销售规模较去年同期增长20%。同时，由于促销力度的加大，公司销售费用率同比上升了0.32个百分点至20.23%。

成本控制能力较强。在上半年国内中药原材料市场价格上涨，甚至造成部分原材料短缺的情况，公司毛利率保持平稳，为46.81%，小幅上升了1.11个百分点，体现出公司良好的控制成本的能力。

公司研发的新产品郁乐胶囊，预计将于下半年试产，临床前景较好，公司对其寄予较高期望。八类新药坤宝片目前已完成临床用药制备工作，二期临床研究已启动。

看好集团公司对股份公司的拉动效应。同仁堂集团2009年销售收入约100亿元，2014年目标是达到200亿元，各业务模块增长良好，除同仁堂股份及同仁堂科技两家上市公司外还拥有以经营滋补保健品为主的同仁堂健康药业、同仁堂药材公司等优质资产，集团下属同仁堂药店近千家，未来5年集团开设药店有望达到2000家。集团公司打造的这个商业平台，主要以销售同仁堂产品为主，股份公司可以通过这个平台来实现产品在自有渠道的延伸，集团公司零售终端的建设将为股份公司增长提供良好助力。

盈利预测：我们预计公司2010—2012年EPS为0.64元、0.76元、0.87元，根据23日收盘价每股25.20元计算，对应动态市盈率为39倍、33倍、29倍，估值合理，我们认为公司比较适合长线投资，维持公司"增持"的投资评级。

从如上报告我们得知，同仁堂在社区医疗方向找到突破口，集团对公司的业绩拉动效应逐步显现。

综合这两份报告，我们都可以得出同仁堂不仅业绩稳健，具有安全边际，同时公司的发展也是有条不紊，在这样的基本面环境下，庄家才敢于放开手脚，在试盘后对其进行大幅拉升。

四、打压挖坑试盘

（1）打压挖坑兼有试盘和洗盘的双重作用，在操作手法上与长下影线略有类似，即主力不断向下用大单砸盘为主。

（2）目的是测试下档买盘力量的强弱，如果买盘力量较强，则会继续向下打压砸盘。

（3）同时在砸盘过程中也可以迫使部分投资者因为害怕巨大亏损而恐慌性抛出，主力趁机在较低价区再次悄悄买入。

（4）在打压挖坑试盘过程中，成交量持续萎缩，当出现地量结构时，即宣告试盘动作结束。

我们来看几个案例。

案例一。

中恒集团（600252）是一家从事制药、房地产开发与经营、电力、建筑施工、酒店旅游服务等业务的公司，公司原名广西梧州中恒股份有限公司，于1993年4月1日由梧州市城建综合开发公司改组，联合梧州市地产

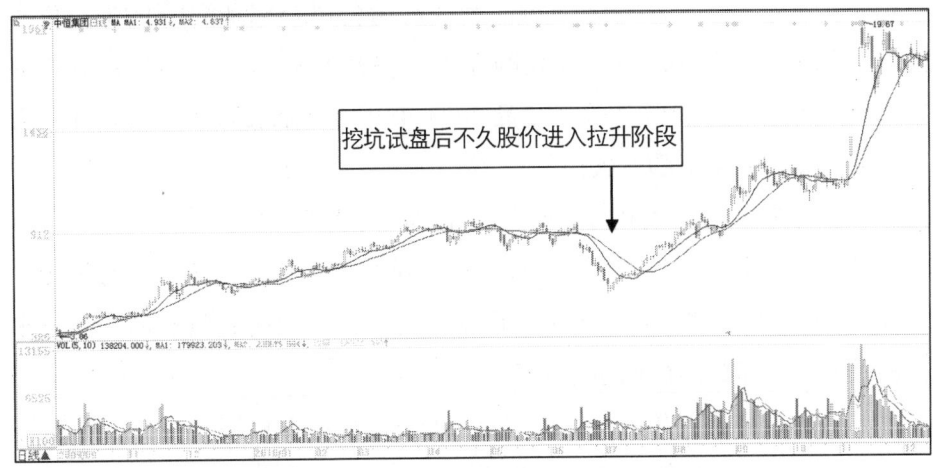

图 3-8

发展公司、梧州市建筑设计院共同发起,吸收其他法人和内部职工股,以定向募集方式设立的股份有限公司。1996 年 12 月 4 日更改为现用名称,并于 1997 年 1 月 20 日在工商局重新登记。2000 年 11 月,公司股票登录上海交易所,发行 4500 万股,募集资金 2.3625 亿元。

图 3-8 是中恒集团自 2009 年 9 月至 2010 年 12 月这段时间的日 K 线图。2010 年 4～7 月,大盘进入震荡市场下跌段行情,此时之前一直处于上涨趋势的中恒集团股价快速下挫,2 个多月股价下跌了 33%,大有崩盘之势头。2010 年 7 月之后,大盘逐步企稳,中恒集团股价迅速上涨,逐步收复失地,主力完成挖坑试盘动作。此后,中恒集团再次进入快速上涨通道。对于这样的挖坑试盘股票,投资者要在其上涨趋势修复后,再次进入上升浪时介入。

当然,中恒集团股价能在庄家挖坑后继续保持上涨趋势,与其基本面有着重要关系,下面我们就来看看支撑中恒集团上涨的基本面亮点。

(1) 国企向民企转变,改变公司利益驱动方式。

公司是老牌中药企业,2006 年年底股权变更,从地方国企转变为民营企业后,组建新的职业经理人管理团队,全面推行营销创新,短短几年时间给公司带来翻天覆地的变化。公司医药产品采用代理制,新的管理层对经销商不断优化,加强与有实力的经销商合作,产品市场份额逐年提升。

公司医药业务2007—2009年贡献净利润约为公司全部利润的90%；公司还有部分房地产业务，并通过收购介入龟苓膏业务。房地产业务2007—2009年均处于盈亏边缘；饮料食品2010年开始贡献收入，民企入驻，为老牌中药企业迎来新的春天。

（2）丰富的产品线和行业具有领导地位的龙头产品。

公司具有研发中药217个品种，其中列入国家基本医药目录的药品有30个，国家独家生产品种21个。血栓通粉针是公司的主打产品，占公司医药的收入和净利润比例超过70%。

其他医药产品主要是中华跌打丸和妇炎净（OTC）等。

主打产品血栓通粉针竞争优势明显。血栓通粉针为独家生产品种，获得国家发改委的单独定价权。2009年1月获得发明专利授权，专利保护期至2026年，同时进入国家基本药物目录，为医保甲类品种。

血栓通为单方提取三七，纯度高于"血塞通"等同类产品，具有良好的水溶解性，不需要借助任何有机溶剂，安全性好，目前主要用于治疗缺血性脑血管疾病，未来还可以延伸至冠心病、糖尿病等，在视网膜中央静脉阻塞症及内眼病、眼前房出血等疾病上也有显著疗效。公司正在申请拓展应用领域，并在基层社区医院积极推广其保健功能。公司产品定价高于同类产品，相对于竞争对手优势明显。

血栓通从2007年开始供不应求，近几年销售收入增速在70%以上。

（3）主打产品进入高增长期。

公司血栓通（粉针）在"三轮驱动"下保持确定性的高增长。

血栓通"量增、价涨、成本降低"三轮驱动：

血栓通（粉针）入选国家基本药物目录（独家），从而让我们对于血栓通销售增长得到确认。在国家强制配置和使用制度下，血栓通在低端医院和基层医疗机构覆盖率将大幅提高。品种优势提升和经销商层级压缩，血栓通出厂价格提高可期，利润向企业倾斜。同时2010年血栓通二期产能达产，生产成本下降。

根据预测梧州制药2009—2011年血栓通销量分别为6400万支、9100万支、1.16亿支。①2009年，"销量增长＋出厂价格提高"：销售拉动

（存量医院和新增医院覆盖）和提价因素，预计公司2009年全年销售6400万支，实现收入4.1亿元，同比增长105%。②2010年，"销量增长+成本降低"：预计公司低端医院和基层医疗机构需求量大幅增长，以及公司2010年血栓通二期达产，生产成本降低。预计公司血栓通粉针销售量为9100万支，销售收入5.49亿元，同比增长34%。③2011年："销量增长+出厂价格"提高：终端需求继续释放，公司血栓通出厂价格提高10%。我们预计血栓通销售1.16亿支，销售收入7.38亿元，同比增长34%。

（4）联手销售巨头，优势互补增强公司竞争力。

公司2011年11月6日公告，与步长签订产品总经销协议，时间自2010年12月1日起至2015年11月30日止。协议生效后，公司制药板块2011年将实现含税销售收入约23亿元，2012年实现含税销售收入约30亿元，以后3年每年均有递增。步长为国内医药销售的龙头企业之一，合同条款中关于付款、保证金等对于步长较为苛刻，显示了中恒强大的议价能力和产品竞争力。销售外包后，管理层将有更多的精力从事药品研发、生产和龟苓膏业务，从而推动公司进入新的成长轨道。

（5）持续增长的业绩。

公司自2008年之后，业绩已经进入稳定增长阶段，持续增长的业绩为其股价的上涨提供了源源不断的动力。

在以上的基本面利好之下，中恒集团庄家在股价挖坑试盘后继续对中恒集团进行了快速拉升，也给在中恒集团挖坑后再次进入上涨浪行情初期介入的投资者带了获利良机。

看案例二。

万力达（002180）是一家从事厂矿企业（含发电厂）用继电保护及变电站综合自动化系统产品的软硬件开发、生产与系统集成服务的公司。1991年10月21日，河南省石油化工工程建设联合公司（以下简称"石化联合公司"）上级主管部门河南省石油化学工业厅以豫石化字〔91〕第078号文批复，同意石化联合公司在珠海设立万力达实业。1991年11月21日，珠海香洲区经济技术协作办公室以珠香经协〔1991〕121号文批复，同意石化联合公司设立万力达实业。2007年11月，公司股票登录深

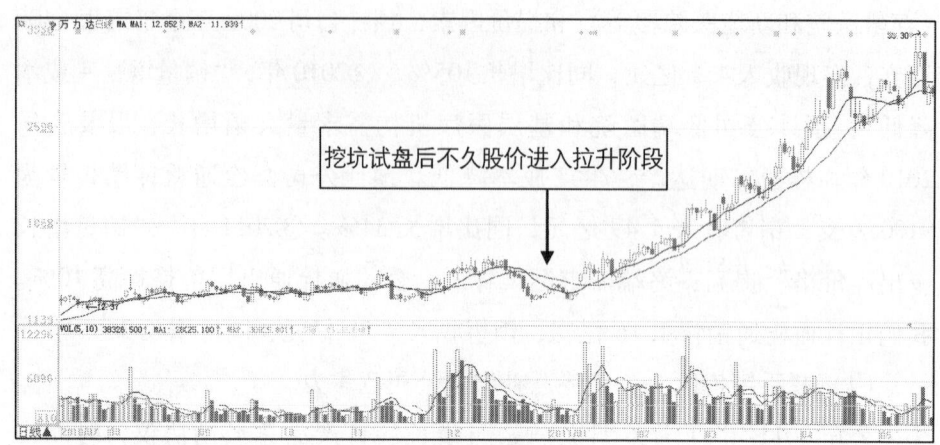

图3-9

圳交易所，发行1400万股，募集资金1.9432亿元。

图3-9所示的是万力达2010年7月至2011年5月这段时间的日K线图。2010年11月至2011年1月，大盘进入震荡市场下跌段行情，2010年12月下旬，之前一直处于缓慢上升趋势的万力达股价快速下挫，10个交易日股价下跌了18%，大有崩盘之势头。进入2011年1月之后，大盘逐步企稳，万力达股价也迅速上涨，逐步收复失地，主力完成挖坑试盘动作。此后，万力达进入快速上涨行情，对于这样的挖坑试盘股票，我们要在其上涨趋势修复后，再次进入上升浪初期时介入。

当然，万力达股价在庄家挖坑试盘后能有如此表现，其基本面因素也不可忽略，我们来看看当时刺激其股价上涨的基本面因素。

2011年2月光大证券分析师袁瑶发布的对于万力达的调研报告，以下是内容纪要。

一、业绩拐点已到，传统业提供安全边界，矿山具有高业绩弹性

公司主要下游钢铁、水泥等行业过去几年受国家调控影响增速放缓，公司业绩增速同步放缓。2010年年底开始，水泥等公司下游行业已现反转，公司业绩最困难时间已过，反转正当时。数字化变电站+电力电子产品支撑公司传统业务实现35%~40%的复合增长。公司控制青山矿业，90%为稀有资源镜铁矿，该矿种经简单物理加工制成云母氧化铁灰后，单位附加值极高，能够显著提高公司业绩弹性。据保守估计，该业务将为公

司 2011 年、2012 年贡献 EPS 分别为 0.40 元和 0.85 元。

二、云母氧化铁是战略性稀缺资源，近 6 倍于目前存量的市场增长空间

目前我国重防腐漆主要是添加锌粉，云母氧化铁正逐步推广并替代锌粉，云母氧化铁灰相比锌粉优势明显：①锌粉单吨价格超过 2 万元，云母氧化铁灰价格是锌粉的 1/5；②添加铁灰的重防腐漆使用寿命能达到 30 年，远超锌粉。铁灰作为一种新产品仍处于市场推广期，但凭借价格和性能优势，最终将大幅取代锌粉。

目前，我国重防腐漆年需求量 150 万吨，其中富锌底漆占比近 20%。简单测算，铁灰的市场空间在 10 万吨/年左右，相比目前 2 万多吨的年产量，增长空间巨大。

中国是云母氧化铁灰主要出口国，韩国作为最大的造船国，其使用的铁灰多为中国进口，我国每年出口韩国的云母氧化铁灰超过 1 万吨，主要用于船舶建造。此外，美、英、法等国也是我国铁灰的主要出口地。

三、国内产能扩张有限，市场亟待拓展

目前，我国铁灰生产厂仅十几家，大规模生产厂 5～6 家，产能最大厂商产能也不超过 1 万吨，生产模式多为小规模生产，而且大部分铁灰厂没有自己的销售渠道，市场拓展能力弱，依靠经销商销售产品，是铁灰没有快速替代锌粉的主要原因之一。

整个铁灰的加工过程从原矿开始经过冲洗、研磨、烘干等几个环节，设备国内容易采购，1 万吨铁灰所需设备仅几百万元，但产品主要壁垒在于：①镜铁矿；②铁灰生产需要严格控制含水量、需对铁灰/红进行分离，对生产工艺有一定要求。

四、稀缺资源，未来盈利能力具备大幅提升空间

铜陵铁灰生产前三大铁灰生产企业，规模都偏小，基本通过经销商销售，目前 300～400 目的铁灰卖给经销商的价格为 2500～3000 元/吨，铁红为 1500 元/吨。而经销商对市场销售的价格在 3000～4000 元/吨，铁红 2000 元/吨。出口铁灰产品多为 250 目，价格 4000 元/吨左右。如果拥有自己的矿山，1 吨铁灰成本和 0.6 吨铁红的总生产成本不超过 800 元，而收入可以达到 5000 元左右。

目前国家尚未对铁灰做控制，由于船舶必须喷涂添加铁灰的防腐漆，包括军舰和航空母舰，铁灰重要的战略属性尚未引起政府重视，中国作为重要的铁灰出口国，国家一旦开始控制，出口价格必然大幅上升。此外，国内市场铁灰和锌粉巨大的价差，其中一个原因是国内生产规模偏小，铁灰行业十分松散。随着铁灰厂产能和规模的扩大，议价能力的提升，铁灰作为稀缺资源，价格具备大幅提升空间。

从上面的研究报告我们可以看出，公司具有稀有金属矿藏资源，是当时矿产概念股票的区域龙头股之一，这样的基本面条件庄家自然不会轻易放过。在挖矿试盘后，万力达股价被快速拉升，也给在其股价挖坑后上涨初期介入的投资者带来了获利的机会。

第四章

吸 筹

第一节 吸筹概述

一、吸筹的概念

吸筹是指在股市中庄家或主力、大户介入某一只股票，一段时间内不断买入的行为。

一般所说的吸筹都是指主动吸筹，而被动吸筹是指主力在操作股票的过程中遇到原先没有料到的局面而不得不以大量买入来达到目的的行为。

二、庄家吸筹的目的

庄家对一只股票进行吸筹，其根本的目的是为了以后的操盘服务，更为直接地说，也就是为了以后的拉升服务，只有庄家掌握了目标股足够的流通筹码，在往后的拉升中才会得心应手。

三、庄家吸筹的K线痕迹

主力调动巨额资金做庄一只个股，不可避免地对这只个股的走势产生影响。主力建仓吸筹必须实实在在打进买单，吃进筹码；主力派发套现必须实实在在打出卖单，抛出筹码，主力巨额的资金进出一只个股要想不在盘面留下痕迹是十分困难的。

现在来介绍几种主力吸筹留下的K线形态。

牛长熊短：主力建仓一般是有计划地控制在一个价格区域内，当股价经过一段慢牛走高之后，主力通常会以少量筹码迅速将股价打压下来。这段快速打压通常称为快熊，以便重新以较低的价格继续建仓，如此反复，在K线图上就形成了一波或几波牛长熊短的N形K线形态。

红肥绿瘦：主力吸筹阶段为了在一天的交易中获得尽量多的低位筹码，通常采取控制开盘价的方式，使该股低开。而当天主力的主动性买盘必然会推高股价，这样收盘时K线图上常常留下一根红色的阳线。在整个吸筹阶段，K线图上基本上以阳线为主，夹杂少量的绿色的阴线。

窄幅横盘：下跌趋势转为横盘趋势，而横盘的范围又控制在一个很窄的范围（幅度15%以内），基本上可能认为主力资金已经进场吸筹，股价已被主力有效地控制在主力计划内的建仓价格区间之内。

第二节　庄家吸筹的手法

虽然庄家吸筹的时候会根据不同的大盘环境做出各种部署，庄家吸筹的形态也多种多样，但是总有一些比较常用的吸筹手法是庄家们经常使用的，一旦我们能够识别这些方法，就能够帮助我们寻找到庄家的存在。

下面我们就来介绍几种庄家吸筹的基本手法。

一、打压建仓法

一般而言，一只股票从庄家出货以后都会有几波大的下跌，而这时就具备了主力再次建仓的条件。不论是老主力出货后的第二次建仓，还是新主力入场，都会打个提前量，即在见大底以前开始收集，然后用手中的筹码打低股价。待股价不断创出新低，人心涣散时，再配合以利空传闻，使得散户们忍不住纷纷割肉，然后慢慢地收集。底部历时越长，庄家收集到的筹码就越多。

选择这种手法建仓的庄家一般有较雄厚的资金，保密工作做得好，否则打压时被别人接盘就会前功尽弃。个股还要有潜在的题材，然后选择大市不断下跌的调整市道或个股有重大利空消息时介入，这样更可以事半功倍。

二、反弹式建仓

这是庄家为了节省建仓时间经常采用的一种建仓手法。即利用人们"高抛低吸""见反弹出货""见反弹减码"的心理,而大口吃进筹码。

当股价跌到低位以后,庄家已吃到一定的筹码,但离自己目标还远远不够。为了引发更多抛盘,每过一段时间就制造一波反弹,然后又将股价打回原形,经过几次反复以后,使散户们慢慢形成了"股价到了什么价位就可以抛掉,然后在底部又购回"的心理定式。待最后一次反弹时,大家纷纷抛售而股价却再也不回落了,而是直线拉升,抛掉的人只有后悔,或者到更高位追回来。采用这种方法建仓,庄家一般会在K线图上留下双重底、复合头肩底等形态,只要大家认真去分析还是比较容易发现庄家的。

三、推土机法

这种建仓方式反映到K线图上,就是一根阴线后,拉一根阳线,然后再拉2~3根阴线,再拉2~3根阳线,走势阴阳交错,但股价慢慢推高。由于这种建仓手法比较隐蔽,股价又往往不是处在历史低位,人们一般很难看出庄家究竟是在建仓还是在拉高出货,而庄家就在这样不知不觉中收集到了很多筹码。

四、疾风暴雨式

这种方法是指庄家不计成本,快速吃进筹码。一般而言,主要是在受到大盘利好的刺激或潜在重大利好公布之时,这时大盘即将反转,庄家只有采用这种方法建仓。如1999年5月19日,大市调整2年后突然反转,沪市大涨50余点,其后几天里也天天放量上涨。跌怕了的散户因为有"逢反弹出货""高抛低吸"的惯性思维而纷纷抛售,庄家却蜂拥而入,疯狂抢吃筹码,到6月30日,大市上涨了将近70%,许多庄家大胜而归,散户股民却少有赚到钱的。

五、连拉涨停法

这是庄家针对冷门个股常用的方法。它不经过底部耐心收集的过程，而是连续几天拉高，不断利用涨停板的打开与关闭，快速地完成建仓。长期冷门的股票使股民形成"死股"的概念，大盘涨它也不涨，大盘跌它跟着跌，被套的人都很难受。因此，一遇上涨便会纷纷抛售。这样，主力就轻而易举地收集到大量的筹码。

六、假破底法

是指庄家在底部进行较长时间的平台式建仓后，仍然没有收集到足够的筹码，于是庄家便不惜成本，进行疯狂打压，击穿底部平台并一再创出新低，以引发市场恐慌性的抛盘。而庄家则乘机吸纳，然后又快速拉高，造成一个反弹的假象，骗出大量筹码。

1999年12月下旬，沪市连拉7根阴线，打穿1400点平台，造成破底的形态，这时股评纷纷阐述大盘已彻底走坏，可能要下探1000点，于是散户纷纷斩仓。然而到了2000年1月4日，大市以又一轮反弹，收回到1400点以上，其后就走出了2000年持续8个月的大牛市行情。

七、逆势建仓法

一般来说，投资股市都要顺势而为，但有些庄家却反向操作，认为逆势建仓容易快速拿到筹码，同时，逆势炒作更容易引起整个市场的关注，参与者也就会比较多。只要个股质地不错或有潜在题材，就不愁没有派发机会。

1. 逆大市法

当大盘受利空影响或其他原因而出现跌势时,庄家却选好个股,逆势建仓。1999年9～12月,深沪股市一直处于调整的市道中,但凯迪电力(000939)自9月23日上市后,庄家即介入其中,之后逆市拉升,吃到大量筹码。到2000年大市转好时,股价从每股16元快速拉升到每股60多元。

2. 逆势建仓

趁个股有利空,出现大幅跳水时,庄家逆势建仓。此种方法又被称为空头陷阱,空头陷阱一般有以下几种表现形式。

(1) 公司债务缠身。

主力吸货时,上市公司公告债务官司缠身的消息给人感觉这家公司马上要倒闭破产,其实这不过是主力的"苦肉计"。

(2) 公司公告由于受自然灾害等原因的影响,其中报(或年报)业绩会受到严重影响。

股市上的陷阱重重,投资者一不小心便会掉入陷阱里,因此,对上市公司的公告,往往要慎重理解。当股价开始飞涨,公司连忙出来公告"没有应当披露而未披露的消息,请大家注意风险",其真实含义往往是"有重大未披露的消息,此时买入并无风险"。从历史的经验看,在上市公司公告的"重大利空消息"时,往往是重大的买入机会。

(3) 公司公告将出现严重亏损。

并非所有公告亏损的个股都能变成黑马,但不少黑马确实是从那些让人避之唯恐不及的亏损股中诞生。如ST长控,ST仁和。大家可特别关注那些公告亏损之后股价连续跳空下行,随后在低位连续放量的个股,此类个股多是主力利用"亏损炸弹"来骗筹。

(4) 公司公告将被ST或暂停上市。

要想在低位骗走其筹码并非易事,ST制度变相帮了庄家的一个大忙,主力利用人们对ST的恐惧将股价大幅压低,再在低位将筹码一一笑纳,随即又展开一座座的"造山运动"。

以上几种都是庄家利用空头陷阱来获取更多筹码的方式，遇到这种情况，投资者需要更加冷静地分析，不要急于抛售股票。

八、统吃法

目前这种方法用在中小盘的新股、次新股中较多。由于新股的持有者成本都很低，一旦价位合适就会纷纷抛售，这样庄家很容易就能吃到筹码。而不管大盘环境如何，那些优秀的新股总会有爆发的机会，所以选择新股建仓风险一般较小。特别是调整市道中，新股一般定位不会太高，就更是价廉物美了。

九、低位打开涨停欺骗性吸筹法

与地位连续拉涨停的方法不同，此种方法虽然也拉涨停，但是走势没有连续拉涨停那样强势。

低位涨停反复打开震荡吸筹法是庄家所使用的吸筹的一个经典方法。这种情况一般出现在个股已经出现连续暴跌之后的低位。在个股已经暴跌之后一般大部分股票成交量都萎缩到比较低的水平，庄家要入市收货也是不容易的事情。部分比较凶狠的庄家就会利用比较极端的手法，在低位拉涨停后，在涨停价格附近反复震荡进行收集筹码。

涨停后反复震荡打开，成交量急剧地放大。这样的盘面一般目标股票的持有者是分不清当天机构的明显活动是在减仓，还是在收集筹码的。在盘口上，涨停后反复震荡打开，成交量急剧地放大，这样的盘口往往给人的感觉主力在出货。操盘手通过反复的盘中对倒操作，让一般人很难看出主力是否在收集筹码。这种极端手法就是简单通过股价在涨停价格附近反复震荡打开恐吓出部分筹码并收下。

庄家在吸筹的时候，总是采用种种手法迷惑散户，以免被散户发现自己在吸纳筹码。散户也总是试图用各种技术分析方法，寻找庄家吸筹的蛛丝马迹，以便跟庄获利。

所有的吸筹行为中，庄家都遵循两大定理：以时间换空间，以空间换时间。

如果庄家投入股市的资金允许使用的时间较短，那么庄家在吸筹行动中，一般表现为快速拉高吸筹的临盘操作手法。在这种情况下，庄家以横扫一切抛盘的气势，果断迅速地收集大量筹码，以便在较短时间内完成吸筹任务。

在有重大利好将要爆发的个股题材背景下，庄家也会采用这种吸筹的手法。这种吸筹手法，庄家运用的是空间换时间原理，也体现出庄家对发动行情的急躁情绪。在K线图上，成交量表现为边疆台阶式放量，股价上表现为连续中大阳线。这种吸筹手法极大地提高了庄家的吸筹成本，除非迫不得已，大多数庄家都不会采用这种手法。

如果庄家投入股市的资金允许使用的时间较长，那么庄家在吸筹行动中，一般会表现为横盘吸筹的临盘操作方式。这种吸筹手法，庄家以漫长的吸货吸筹时间来压制行情的展开，以此彻底拖垮、摧毁持股者的信心。在这种吸筹手法中，临盘庄家运用的是时间换空间原理，庄家通过缓慢收集筹码完成吸筹任务，可以确保在低价位吃进大量廉价筹码，同时也体现出庄家志在长远的耐心，最后采取果断拉高的方式轧空场外资金。在K线图上表现为价格和成交量的复合式特征。这样的庄家操作手法凶悍，操作水平高超，往往能够制造出短线超级大黑马和长线翻番大牛股。

庄家吸筹过程往往对应着该股股价的底部区域，其技术图表上表现为成交量和价格形态的小阴、小阳K线，其市场含义为抛盘枯竭，炒短线者无差价可做。

但是，无论庄家采用什么样的吸筹手法，最终都必须买进一定数量的筹码，这是庄家吸筹行为的本质。这也决定了在吸筹过程中，庄家打压股价或拉升股价，抛出的筹码一定是少量筹码。在吸筹阶段，庄家的一切手法均是为了在更低的价位买进更多的筹码，所以买进才是庄家吸筹行为的真正主旋律。

第三节　庄家吸筹完毕的特征

庄家吸筹完毕或者吸筹基本结束是广大投资者最想知道的问题，因为，一只股票吸筹完毕，往往预示着在不久的将来，该股就可能迎来上涨行情，也是投资者获利的大好时机。

现在，我们就来看看庄家吸筹完毕的一些特征。

一、拉升时挂大卖盘

一只股票不涨不跌时，挂出的卖盘比较正常，而一旦拉升时，立即出现较大的卖盘，有时甚至是先挂出卖盘，而后才出现上涨。出现这种信息，如果卖盘不能被吃掉，一般说明主力吸筹不足，或者不想发动行情；如果卖盘被逐渐吃掉，且上攻的速度不是很快，多半说明主力已经相对控盘，既想上攻又不想再吃进更多的筹码，所以拉升的速度慢些，希望散户帮助吃掉一些筹码。

二、下跌时没有大承接盘

如果主力建仓不足，那么在洗盘时，不希望损失更多的筹码，因而下跌时低位会有一定的承接盘，自己卖给自己，有时甚至是先挂出接盘，再出现下跌动作。而在主力已经控制了较多筹码的股票中，下跌时卖盘是真实的，低位不会主动挂出大的承接盘，目的是减仓，以便为下一波拉升做好准备。

三、即时走势的自然流畅程度

主力介入程度不高的股票，上涨时显得十分滞重，市场抛压较大。主力相对控盘的股票，其走势是比较流畅自然的，成交也较活跃，盘口信息显示，多方起着主导作用。在主力完全控盘的股票中，股价涨跌则不自然，平时买卖盘较小，成交稀疏，上涨或下跌时才有意挂出单子，明显给人以被控制的感觉。

四、大阳线次日的股价表现

这个盘口信息在研判中的作用也不可小觑。一只没有控盘的股票，大阳线过后，第二天一般都会成交踊跃，股价上蹿下跳，说明多空分歧较大，买卖真实自然，主力会借机吸筹或派发。而如果在大阳线过后，次日即成交清淡，波澜不惊，多半说明已被主力控盘，主力既无意派发，也无意吸筹。

五、股价放出很小的量就能拉出长阳或封死涨停

庄家进场吸货，经过一段时间的收集，如果庄家用很少的资金就能轻松地拉出涨停，那就说明庄家筹码收集工作已近尾声，具备了控盘能力，可以随心所欲地控制盘面。

六、K线不理会大盘而走出独立行情

即大盘涨个股不涨，大盘跌个股不跌。这种情况通常表明大部分筹码已落入庄家囊中：当大势向下，有浮筹砸盘，庄家便吃进筹码托盘，封死下跌空间，以防廉价筹码被人抢去；大势向上或企稳，有游资抢盘，但庄家由于种种原因此时仍不想发动行情，于是便砸盘，封住股价的上涨空

间，不让短线热钱打乱自己的炒作计划。此时股票的K线形态或横向盘整，或沿均线小幅振荡盘升。

七、K线走势起伏不定，而分时走势图剧烈震荡，成交量极度萎缩

到了收集末期，庄家为了洗掉短线获利盘，消磨散户持股信心，便用少量筹码控制盘面。从日K线图上看，股价起伏不定，一会儿到了浪尖，一会儿到了谷底，但股价总是冲不破箱顶也跌不破箱底，当日分时走势图更是大幅震荡。委买、委卖之间价格差距非常大，有时相差几分，有时相差几毛钱，给人一种莫名其妙、飘忽不定的感觉。成交量也极不规则，有时几分钟成交一笔，有时十几分钟成交一笔。分时走势图呈现横线或竖线，形成矩齿形状，成交量也极度萎缩。上档抛压极轻，下档支撑有力，浮动筹码极少。

八、遇利空打击股价不跌反涨，或当天虽有小幅无量回调但第二天便收出大阳，股价迅速恢复到原来的价位

突发性利空袭来，庄家措手不及，散户筹码可以抛了就跑，而庄家却只能兜着。利空袭来当日，开盘后抛盘很多而接盘更多，随着抛盘的减少，股价企稳。由于害怕散户捡到便宜筹码，第二日股价会被庄家早早地拉升到原位。

总之，吸筹完成时通常都有一些特征，如股价先在低位筑一个平台，然后缓缓盘出底部，均线由互相缠绕转为多头排列，特别是若有一根放量长阳突破盘整区域即是建仓完成，进入下一阶段的标志。突破盘整区，便可确认吸筹完成，即将进入下一个阶段。

第四节 利用庄家吸筹获利

在本章前几节中,笔者介绍了吸筹的一般概念、庄家吸筹的常见手法和庄家吸筹完毕的一些特征。在本节中,笔者就要解答一个最为重要的问题,也是最实际的问题,那就是如何利用庄家吸筹获利。

对于利用庄家吸筹获利,笔者总结出了以下思路。

首先,投资者一定要寻找到那些被庄家建仓的股票,按照常理,庄家建仓的力度越大越好。庄家建仓力度越大,说明庄家控盘力越强,同时庄家实力也越强,这样的股票,在之后的拉升中,往往更加强势。

那么,投资者要如何寻找到庄家建仓的股票呢?

在本系列丛书中,笔者也曾经多次讲述了有关庄家吸筹的指标,在此做简单的介绍。

笔者引入的这个指标叫相对吸筹动量指标,以下简称上涨动能。其计算公式是个股启动前的50日的总换手率与之前50日总换手率的商。

在大盘处于震荡行情和上升行情的初期时:

对于一般的次新股,如果这个商大于3,且之前并未大幅上涨,这样类型的股票往往是经历了一次比较充分的吸筹。

对于一些老股票,如果这个商大于2,之前并未大幅上涨,只是最近这一次有比较明显的吸筹,则可以判断该股也经历了一次比较完整的吸筹。

在大盘处于上涨行情的上升段的中后期和震荡行情初期时:

对于一般的次新股,如果这个商大于2.5,且之前并未大幅上涨,这种类型的股票往往是经历了一次比较充分的吸筹。

对于一些老股票,如果这个商大于1.5,且之前并未大幅上涨,只是最近这一次有比较明显的吸筹,则可以判断该股也经历了一次比较完整的吸筹。

之所以划分不同的类型，是因为在大盘上涨一段时间之后，成交量本身就比较均匀和活跃，此时如果有股票的上涨动能指标大于 1.5，就表明主力的吸筹已经非常强劲了。而在震荡市场，由于成交量比较低迷，所以必须以更高的参数才能更好地探测出吸筹充分的股票。

当然，对于这个指标的运用，没有一成不变的教条运用，投资者要根据不同的大盘环境，个股的基本面等情况做出综合判断。

需要注意的是，这个指标不是在大盘相对高点去看，而是在大盘处于调整结束前期或者刚刚见底时，仍然有以上数据的股票，表明其在大盘弱势中就已经开始吸筹了，因此，一旦大盘见底，这些股票爆发的可能性就非常大。

对于那些股价仍然处于底位的股票，一旦在上涨动能上出现了异常，投资者就可以大致判断其是否已经有庄家吸筹。

当然，在本章的第二节笔者也介绍了庄家吸筹的常见手法，这些手法也可以帮助投资者寻找那些庄家建仓的股票。

其次，投资者需要判断那些被庄家吸筹的股票庄家是否已经建仓完毕，这一点直接关系到投资者投资的效率。在本章第三节笔者讲述了庄家建仓完毕的一些特征，相信可以为投资者判断庄家吸筹是否结束带来非常不错的指导作用。

最后，投资者要做的就是根据大盘环境和股票的走势综合判断股票是否即将进入拉升区域，投资者可以在股票即将进入拉升区域或者股票刚刚进入拉升区域初期介入，这样，投资者不仅可以获取不错的收益，同时也最大限度地提高了投资者资金使用的效率。

下面我们就来看一些案例，通过这些实际分析吸筹在我们投资过程中的运用。

案例一。

山煤国际（600546）是一家从事煤炭生产和销售的公司。公司是经国家经贸委国经贸企改〔2000〕1097 号文批准，由吉化集团公司作为主发起人，以其所属的吉化集团公司建设公司的主要经营性净资产出资，联合吉林高新区华林实业有限责任公司、吉林市城信房地产开发公司、宁波市富

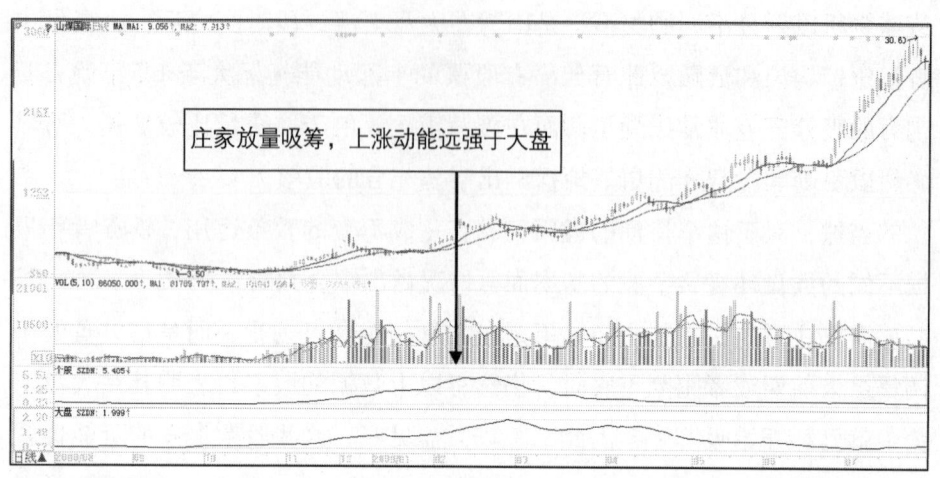

图 4-1

盾制式服装有限公司、上海华理远大技术有限公司,于 2000 年 11 月 20 日发起设立的股份有限公司。2003 年 7 月,公司股票登录上海交易所,发行 4000 万股,募集资金 4.204 亿元。

图 4-1 所示的是山煤国际自 2008 年 8 月至 2009 年 7 月这段时间的日 K 线图。2008 年 10 月之后,大盘逐步企稳反弹,自 2008 年 10 月至 2009 年 3 月初这段时间,山煤国际股价放量上涨,上涨动能指标已经达到 5.4,远远大于同期大盘的上涨动能,可以断定,庄家在对山煤国际进行大幅吸筹动作。此后,山煤国际股价在小幅回调之后,进入快速上涨行情,4 个多月股价上涨了 270%。对于庄家大幅吸筹的股票,投资者一定要特别留意,一旦其股价进入拉升期,一定要及早介入。

当然,庄家敢于对山煤国际大幅建仓,也离不开其基本面因素,下面我们就来看看山煤国际的基本面亮点。

(1) 中油化建重大资产重组进展。

公司重大资产重组由资产置换和发行股份购买资产两项不可分割的内容组成。根据公司与山西煤炭进出口集团有限公司(以下简称"山煤集团")、吉化集团签署的《资产置换协议》《发行股份购买资产协议》,本次交易由两项不可分割的内容组成:资产置换和发行股份购买资产。两项内容互为前提、互为条件、同步实施;任何一项内容未获得有关政府部门或监管机构的批准，则另一项不予实施。

资产置换。公司以原有全部资产和负债作为置出资产，吉化集团以在国有股转让完成后从山煤集团过户至其名下且同时托管给山煤集团的7家煤炭贸易公司股权作为置入资产，两者进行置换。置入资产与置出资产价值的差额部分，由吉化集团在交割日当天以现金方式向本公司补足。

发行股份购买资产。公司以发行股份购买资产方式，向山煤集团购买其持有的3家煤炭开采公司、18家煤炭贸易公司的股权及其本部涉及煤炭销售业务的资产和负债。发行价格为本次发行股份购买资产的董事会决议公告日（2008年12月22日）前20个交易日公司股票交易均价为5.94元，发行数量为4.5亿股（以中国证监会最终核准的结果为准）。发行股份完成后，公司的总股本达到75000万股，实际流通股18073万股。

重大资产重组只剩最后一步。公司2009年6月25日召开的2009年度第一次临时股东大会，通过了重大资产重组的各项事宜，万事俱备，只待证监会等相关机关的最后核准。中油化建主业转变为煤炭贸易和煤炭生产，可望不久的将来就会实现。

（2）集团发展雄心可见。

山煤集团是一家以煤炭开采和煤炭贸易为主业，高铁轮对制造、化工、房地产等非煤产业并举的国有大型综合性煤炭企业，集团拥有中国煤炭自营出口权（中国四家之一）、中国内销煤经销资格和山西省内铁路运输计划单列，是国内最大的煤炭经销企业之一。

①煤炭板块、高速轮对板块以及金融投资板块共同发展。

集团公司计划在未来数年，打造省内一流、国内知名、跨国经营的特大型企业集团。为了实现这个目标，着力建立"三大产业板块"。

第一个板块：煤炭产业板块。通过建立四大煤炭基地（动力煤、无烟煤、半无烟煤、炼焦煤），三个省份（山西、陕西、内蒙古）组织货源，三个市场（内销、出口、进口）组合营销，力争在5年内、在煤炭板块上生产量达到5000万吨，整个贸易规模突破1亿吨。

第二个板块：高速轮对制造板块。通过"三步走"实现，扩能提效、拿下总装业务；引进技术和自主研发双管齐下，推进国产化进程；与太钢、太重、晋机、汾西重工等联合打造山西省的产品品牌，形成世界最大的轮对生产基地。

第三个板块：金融投资板块。主要是对现有的公司进行整合、重组、管理；产权资本运作，以金融资本运作为孵化器，培育新的产业支柱。

②在煤炭生产和销售中拥有相当的竞争优势。

公司在煤炭板块的竞争优势主要是产运销一体化的优势。集团公司拥有强大的贸易网络与运输体系；生产能力稳步提升，旗下多家煤炭生产与在建矿井，核定与实际的煤炭生产能力大幅度增加；拥有丰富的市场营销经验与大量稳定的客户资源。

主要分析如下：强大贸易网络和运输体系。集团公司拥有"覆盖主要煤产区、遍布重要运输线、占据主要出海口"的强大贸易网络与运输体系。公司有77家煤炭铁路发运站（包括3个2万吨站点、13个万吨站点），在山西各煤炭主产区都有布点，开通了秦皇岛、天津、日照、青岛、京唐港、连云港等出海通道，形成了覆盖煤炭主产区、遍布重要运输线、占据主要出海口的独立完善的煤炭内外贸运销体系。特别值得一提的是，公司的铁路运输计划单列。2001年集团获得省内铁路运输计划单列。

计划单列一直持续到现在。最近3年年铁路计划量稳步增长，公司的煤炭（焦炭）产销量借此也连年增长。对于上市公司，山煤集团承诺：在重组完成后，尽快将订货指标及铁路计划的权利人变更为中油化建。在订货指标及铁路计划的权利人变更为中油化建前，本公司允许中油化建使用订货指标及铁路计划，并对此不收取任何费用。铁路运输计划单列确保了公司未来自产煤炭的运输和销售。

煤炭出口业务以及重要的客户。成立于1981年的山煤集团，一直以来以煤炭出口为主要业务。国家对煤炭出口一直实行配额管理制度，山煤集团拥有中国煤炭自营出口权（中国四家、山西省唯一一家）。集团煤炭产品主要销往韩国、日本、中国香港、印度等亚太地区的电厂及钢铁厂，拥有韩国浦项、西部发电、东西发电和日本双日、伊藤忠、三井等一批大口业务配额。当然，中油化建在本次交易完成后暂时无法取得该项资质，与山煤集团已经签订《煤炭出口代理协议》。

在行业运行的低端，这些优势没有发挥出来，但终究会显山露水。公司同时加大了进口煤炭的业务，借此弥补出口的不足。

国内重要的上下游客户资源。公司煤炭贸易从以前以外贸为主，逐渐转变为以内贸和外贸相结合的模式，国内贸易逐渐占据主导地位。公司煤炭贸易主要通过连接上下游客户的方式获得"佣金"收入。遍布于山西省全省的主要发煤站点，隶属于公司的贸易公司。长期以来的贸易活动，使得公司掌握了上下游两端重要的资源，积累了丰富的销售经验。这对于公司今后不断增加的自产煤炭销售非常有利。

③集团公司在资源整合过程中快速发展。

借机煤炭行业整合，竭力抢滩煤炭资源。山煤集团在煤炭资源整合具备几个重要的基础保障：一是政策的支持。省政府确定了煤炭资源整合的七家主体，分别是同煤集团、阳煤集团、焦煤集团、晋煤集团、潞安集团、煤销集团、山煤集团等，集团公司煤炭资源整合的主体地位得以确立。二是市场的支持。目前受政策因素与市场因素的双重影响，煤炭资源整合的成本相对较低。相对于其他大的煤炭生产集团，公司在资源占有量方面积淀不够，更可能也更愿意大小通吃。三是银行的支持。山西省的第一笔煤炭资源整合项目授信花落山煤，工行、交行的巨额授信将为集团的资源整合提供强大的资金保障。四是山煤针对资源整合构建了科学的组织体系与高效的运行体系。集团管理层高度重视资源整合工作，兵分多路着力推进煤炭资源整合效率。

未来数年集团公司的煤炭产销量快速扩张。集团公司规划，整体煤炭板块2010年有望达到3000万吨的产能，经过3～5年能达到3000万～5000万吨。从现有的可获得的信息看，这一目标可以达到。在整合资源中，公司"势在必行也是志在必得"。当下，煤炭资源整合能力预期良好，多个大型项目已经得到实质性推进。

（3）上市公司煤炭产销量可望快速增长。

收入主要来自煤炭贸易，利润主要来自煤炭生产。从过去数年公司的收入结构看，煤炭贸易占到收入的2/3以上，并且也保持了较快的增长速度。至少从2009年的行业运行趋势看，煤炭贸易的数量以及收入增长幅度是比较有限的。另外，随着公司自产煤炭产量的增加，将逐渐占据公司拥有的铁路运力，煤炭贸易收入会微幅增长或者不增长，煤炭生产销售收入同步增加。此前以及今后，煤炭生产毛利率还将继续高于煤炭贸易，因此煤炭在利润中的占比也不断增加。笔者也将分析的着力点放在煤炭生产这一主要业务上。

注入资产中有5个煤矿。本次交易的标的资产中共有5家煤炭开采公司的股权，其中，由山煤集团持有的经坊煤业、凌志达煤业和大平煤业的股权为本次直接注入的3家煤炭开采公司股权，霍尔辛赫煤业和铺龙湾煤业的股权则由本次注入的煤炭贸易公司——山煤煤炭进出口有限公司持有。经坊煤业、凌志达煤业和大平煤业为在产煤矿，霍尔辛赫煤业和铺龙湾煤业为在建煤矿。

不考虑收购，现有煤炭生产未来3年将保持37%的快速增长。公司2008年的煤炭产量是326万吨，随着现有在产矿的改、扩建以及在建矿投产，2010年合计生产能力至少可以达到840万吨。不考虑再次收购，公司的煤炭产量的年复合增长率就达到37.09%，收购集团公司煤炭资产给公司扩张提供极大空间。集团公司承诺，此次收购重组实施完毕后，将在该次兼并重组完成后、所收购煤矿建设完成、经营成熟、建立稳定的盈利模式、产生稳定利润或中油化建要求时，尽快将兼并重组取得的煤矿资产以合法及适当的方式注入上市公司。就目前掌握的情况看，集团公司在2010年合计的煤炭产能增量将达到1500吨，此后3年每年合计还会有1000万吨以上的增量。比较稳妥的估计，上市公司在2010—2013年每年平均可以收购集团公司1000万吨的煤炭产量。因此，上市公司此后3年的煤炭产量复合增长率将超过50%。这是其他上市公司鲜见的快速增长。

稳妥估计，公司在2010年发行约15000万股，收购集团公司1000万吨的煤矿，当年贡献产量600万吨。煤炭销量也有同样数量的增加。

（4）煤炭板块贡献不断加大，带动今后3年业绩保持35%以上增幅。

2009年煤炭生产成本有所下降。煤炭生产成本主要由固定资产折旧、人工费用、政策性成本、材料费等组成。由于数据可得的原因，笔者在沟通的基础上做了大体推测。由于煤炭产量增加，每吨煤固定资产折旧成本下降。人工总费用保持不变或者略有下降。材料费用于物价水平的下降也略有下降。政策性成本无论会计政策是否变化，总量随煤炭产量增加而同步增加，但每吨煤价格保持不变。

综合毛利率提高主要得益于自产煤炭产销量贡献的增加。按照笔者的预测，未来3年，公司煤炭产销量至少保持35%以上的增幅。考虑收购，增长幅度会更大。2007年和2008年，煤炭生产的销售净利率分别是18.65%和33.76%，而煤炭贸易的销售净利率分别是1.28%和0.85%。显然，煤炭生产的毛利率要远高于煤炭贸易的毛利率。煤炭产销量增加带动了未来3年公司的综合毛利率提高，分别为14.28%、17.09%和20.84%。

煤炭期间费用增幅高于营业收入增长。2009—2011年，公司营业总收入的增幅分别为1.66%、6.35%、16.62%，为稳妥计，笔者假定同期期间费用分别增长9.86%、12.78%和32.67%。

根据海通证券的预测，2009—2011年EPS将分别达到1.14元、1.58元和2.16元。山煤集团自愿对中油化建本次交易拟购买的全部标的资产进行不可撤销的业绩承诺如下：标的资产2009—2010年实现的归属于母公司所有者的净利润分别不低于60252万元、75000万元和90000万元。假定注入资产时发行45000万股，那么承诺的3年EPS分别为0.80元、1.00元和1.20元。基于笔者的推测，公司未来3年的业绩要远高于承诺，EPS将分别达到1.14元、1.58元和2.16元。

大盘进入反转小牛市之后，山煤国际在一系列的资本运作中，将会使其业绩在未来几年获得较为稳定的增长，让山煤国际的基本面得到根本性的改善，正是在这样的基本面背景下，才使得庄家敢于对其进行大幅建仓。

案例二。

深圳惠程（002168）是一家从事全密闭全绝缘中压电缆分支箱、中压电缆对接箱、低压电缆分支箱等电缆分支箱类产品，硅橡胶电缆附件、电缆插头等高性能硅橡胶绝缘制品，电气设备箱体等高性能复合材料绝缘制品以及相关电力配网设备产品的研发、生产和销售的公司。深圳市惠程电气股份有限公司是经深圳市人民政府深府股〔2002〕44号《关于以发起

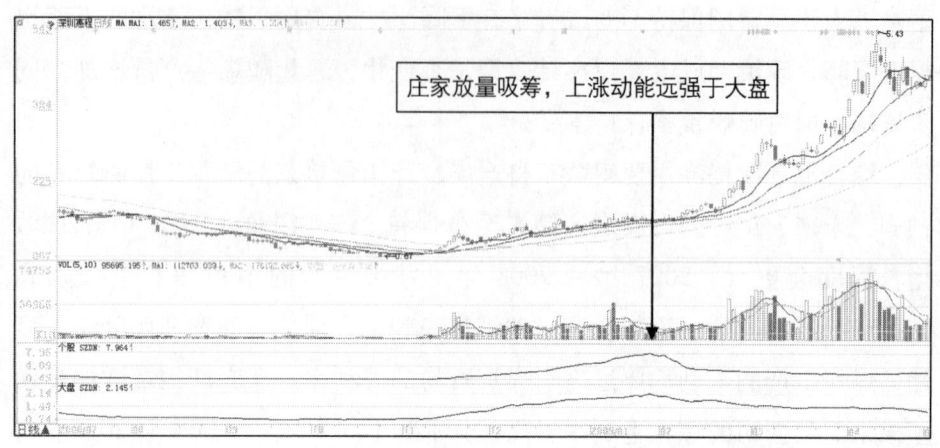

图 4-2

方式改组设立深圳市惠程电气股份有限公司的批复》文件批准,由深圳市惠程电气有限责任公司整体变更设立的股份公司,公司于 2003 年 1 月 6 日注册成立,注册资本为 37073120 元。

图 4-2 所示的是深圳惠程自 2008 年 7 月至 2009 年 5 月的日 K 线图。2008 年 11 月之后,深圳惠程跟随大盘逐步企稳,随后,深圳惠程股价缓慢上涨,伴随着成交量的逐步放大,庄家吸筹明显,深圳惠程上涨动能已经强于大盘 3 倍以上。进入到 2009 年 2 月之后,深圳惠程的股价快速上涨,进入拉升阶段,股价在 2 个月内上涨了 241%,涨幅惊人。在深圳惠程建仓之后的拉升初期,便是投资者介入享受快速获利的好时机。

深圳惠程庄家敢于如此大幅建仓,与其基本面的因素息息相关,下面我们就来看看当时深圳惠程的基本面亮点。

(1) 受益于高性能复合材料配电设备需求增长。

深圳惠程是高性能复合材料配电设备的主要厂商之一。公司是长春应用化学研究所热缩材料的专业研究团队组建的民营企业,主要从事全密闭全绝缘中压电缆分支箱、中压电缆对接箱、低压电缆分支箱等电缆分支箱类产品,硅橡胶电缆附件、电缆插头等高性能硅橡胶绝缘制品,SMC 电气设备箱体等高性能复合材料绝缘制品,以及相关电力配网设备产品的研发、生产和销售。

高性能复合材料的应用日渐推广,公司市场销售增长快于电缆行业。

公司主要产品是应用于35KV以下配电网的电线电缆接头、附件和箱体等，目前产品已经由电线电缆附件延伸到开关、绝缘母线等产品。

我国配电网长期以来缺乏投入，设备陈旧老化严重，表现出诸多问题：送电可靠性低、没有富余容量、没有备用线路，一旦发生故障，就会造成较大损失；送电质量差，电压往往达不到要求，给用户带来损失；损耗大，造成大量浪费。随着城乡配网改造，提高供电可靠性、少停电，提高供电能力，使用户用上安全、优质电能的要求日益得到重视。在设备的选择上要求选用先进的、高绝缘性、可靠性的配电设备，实现线路绝缘化和设备的绝缘密闭化、小型化，并逐步实现配网自动化。近期，智能电网的提出更是对配网设施的投入提出新的要求。因此，配电网络改造淘汰和替换的对象，装备升级需求巨大。

公司的电缆分支箱类产品主要应用在中压电力电缆的连接与分支领域，而硅橡胶绝缘制品包括作为中压电力电缆的连接、保护电力电缆与电缆分支箱全密闭连接的硅橡胶电缆插头和作为中压电力电缆的户内、户外及中间连接，使电能直接输送到客户或转接的硅橡胶电缆附件。至于复合材料绝缘制品，则指电气设备箱体，用以保证电气设备运行与外环境的安全隔离。与传统产品相比，这些产品属于新型配电设备，带电部分全部密闭，能适应户外露天各种复杂运行环境，绝缘等级高、占地小，比传统设备具有明显的优势，但其生产需要运用硅橡胶、真空绝缘等先进材料和技术实现。

（2）强大的研发实力为公司快速发展提供保障。

公司的创始核心团队来源与长春应用材料研究所的技术研发人员，在高分子复合材料的研发上具有较强的竞争优势。公司自成立以来，通过自主研发与外部引进相结合，成功地开发了一系列具有自主知识产权的高新技术产品，拥有覆盖各个产品类别的16项国家专利，在国内率先推出了10kV开关技术与硅橡胶绝缘技术相结合的开关型电缆分接箱。硅橡胶电缆连接器系列产品通过了荷兰KEMA高压试验室检测。公司率先推出的复合材料SMC电气设备箱体，受到电力系统的普遍关注和认可并得以越来越广泛的应用。

（3）快速灵活的多品种、小批量生产以促进公司快速发展。

由于电缆接头等中低压电气附件产品市场没有统一标准，目前除了一些外资公司，国内仅有长园新材、长沙电缆厂等公司参与。公司作为高度市场化的小公司，在适应市场方面显示出灵活快速的特点，近年来产品种类和型号迅速扩大，在全国24个省市建立了销售网点，显示出高度适应市场的灵活性。

（4）战略布局聚酰亚胺生产项目，未来公司有望迎来业绩快速增长阶段。

2008年8月，公司增资长春特塑，成为长春特塑的控股股东，持有52%股权，公司主要生产高分子材料、无石棉摩擦材料、特种工程塑料制品加工。2008年8月，长春特塑与中国科学院长春应用化学科技总公司共同出资组建吉林高琦，筹建聚酰亚胺生产项目，目前吉林高琦订购的设备尚未到位，公司尚处于建设前期。

聚酰亚胺是目前已经工业化的聚合物材料中使用温度最高的品种，由于同时又具有优越的机械强度、介电性能、耐辐射、自熄、低发烟和分解气体低毒等综合性能，已经被广泛用于航空、航天、微电子及机电产品中。以聚酰亚胺为基体树脂的先进复合材料是航空航天领域的重要材料，但是通常越是耐高温的材料越难加工，从而阻碍了这类材料的发展。应化所从其具有特色的氯代苯酐的两个异构体出发，在自然科学基金委重点项目的支持下，开展了异构聚酰亚胺的基础研究，发现由3，4'-二酐得到的聚酰亚胺要比传统的由4，4'-二酐得到的树脂具有更高的玻璃化温度（可提高10℃～40℃），同时又具有较低的熔体黏度（可降低一个数量级）。这个结果意味着这种异构聚酰亚胺比传统的树脂具有更高的使用温度，又更容易加工，对困惑了几十年的先进复合材料制造技术中高温使用与加工性矛盾的一大突破。应化所已经得到熔体黏度与甘油相似的树脂，可以容易地进行树脂传递模塑（RTM）加工，大大提高了复合材料的加工效率和加工复杂制件的可能性。应化所工作的特点是可以用氯代苯酐的两个异构体随意合成出一系列异构二酐（日本的一种3，4'-二酐仅仅是以副产物形式出现），同时也广泛开展了异构聚酰亚胺的研究。因此应化所在关键单体异构二酐的合成和异构聚酰亚胺研究方面的工作，使我国在以聚酰亚胺为基础的先进复合材料、工程塑料及黏合剂方面处于世界先进水平。

公司在长春应化所的研究基础上筹备公司将聚酰亚胺纤维的生产大规模产业化，具有较好的技术背景和产业化前景。笔者认为复合材料的研发生产是公司核心竞争力所在，聚酰亚胺纤维产业化生产作为公司战略发展的方向，未来可能带给公司较大的发展空间，但短期内该项目还难以产生实质性的业绩影响。

通过以上分析，我们知道，深圳惠程的基本面非常出色，而且公司未来前景非常乐观。因此，在这样的基本面前提下，庄家才敢于大幅建仓。在其建仓之后的拉升初期，投资者便可以及早介入，享受拉升过程中所带来的获利机会。

案例三。

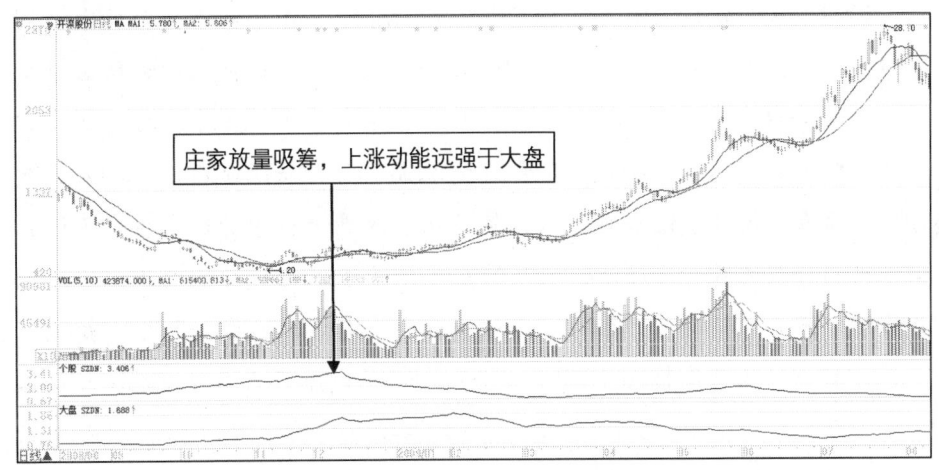

图 4-3

开滦股份（600997）是一家对能源化工的投资、煤炭批发、煤炭开采、原煤洗选加工；炼焦及化工产品的生产销售的公司。公司是经河北省人民政府股份制领导小组办公室冀股办〔2001〕68号文批准，由开滦（集团）有限责任公司作为主发起人，联合中国信达资产管理公司、上海宝钢国际经济贸易有限公司、中国华融资产管理公司、煤炭科学研究总

院、西南交通大学共同发起设立的股份有限公司。2004年6月,公司股票登陆上海交易所,发行1.5亿股,募集资金10.5亿元。

图4-3所示的是开滦股份自2008年8月至2009年8月初这段时间的日K线图。2008年10月之后,大盘逐步企稳反弹,自2008年9~12月这段时间,开滦股份股价放量上涨,上涨动能指标已经达到3.4,远远大于同期大盘的上涨动能,可以判断,庄家在对开滦股份进行大幅吸筹动作。此后,开滦股份价在小幅回调之后,进入快速上涨行情,6个多月股价上涨了332%。对于庄家大幅吸筹的股票,投资者一定要特别留意,一旦其股价进入拉升期,便要及早介入。

当然,开滦股份的庄家敢于对其进行大幅建仓,也与其基本面有着重大关系,我们就来看看当时开滦股份的基本面情况。

2009年4月国泰君安分析师杨立宏与金润发布的对于开滦股份的调研报告,以下是内容纪要。

2009年Q1公司实现收入19.76亿元,同比下降5.54%,实现净利润2.39亿元,同比下降13.15%,EPS为0.37元,高于我们预期的0.32元。

环比第四季度来看,收入增长6.57%,毛利率由第四季度的2.10%回升至27.73%,该毛利率水平甚至高于2008Q31.2个百分点。公司未公布母公司报表,使我们无法对焦煤和焦炭业务做进一步的分拆分析,不过我们根据总公司的经营情况看,利润的主要来源依然来自焦煤业务,焦炭业务尽管仍不贡献利润,但已扭亏,对公司业绩拖累的局面已经明显改善。

目前公司焦煤价格为1050元/吨,我们预计第二季度下调空间不大,较第一季度均价低80元左右,比上年第二季度均价下降25%,因而焦煤业务第二季度同比、环比都下降的局面基本确立;焦炭业务方面,包含今年新投产的中润2期在内维持100%的产能利用率,从我们折算的公司焦炭业务毛利来看,4月焦炭业务毛利低于第一季度,但由于公司焦化项目陆续投产及价格的上涨,公司焦炭业务的盈亏平衡点由1800元/吨下降到1500元/吨,而目前唐山地区的焦炭价格维持在1500元/吨。下游钢材价格连跌10周后出现企稳迹象,焦炭业务需求再度恶化的可能性不大,未来焦炭价格逐步筑底,因此我们判断焦炭及焦化业务第二季度仍维持保本状态，合计第二季度 EPS 为 0.33 元左右。

我们依然从三个方面看好公司的中长期发展：第四季度需求量和高价库存造成焦炭业务巨额亏损，造成了公司业绩的最差时点，未来盈利逐步改善；公司焦、化业务在行业低谷期进行了产能扩张，使公司在未来将会加倍分享行业复苏所带来的经济效益；集团煤炭产能是上市公司的 3 倍，加之冀中能源整合后河北煤炭的竞争格局，公司有条件、有动机推进整体上市，这只是一个时间问题。

我们微调公司 2009 年业绩，EPS 由 1.30 元调整到 1.39 元，2010 年维持 1.64 元的预测，动态 PE 为 18 倍和 15 倍，维持对公司 28 元/股目标价和谨慎增持评级。

从上面的研究报告来看，作为周期性的股票，开滦股份的基本面具有十足的安全边际，正是在这样的基本面环境下，庄家才敢于在大盘仍未见底前就敢于对其开始大幅建仓。

案例四。

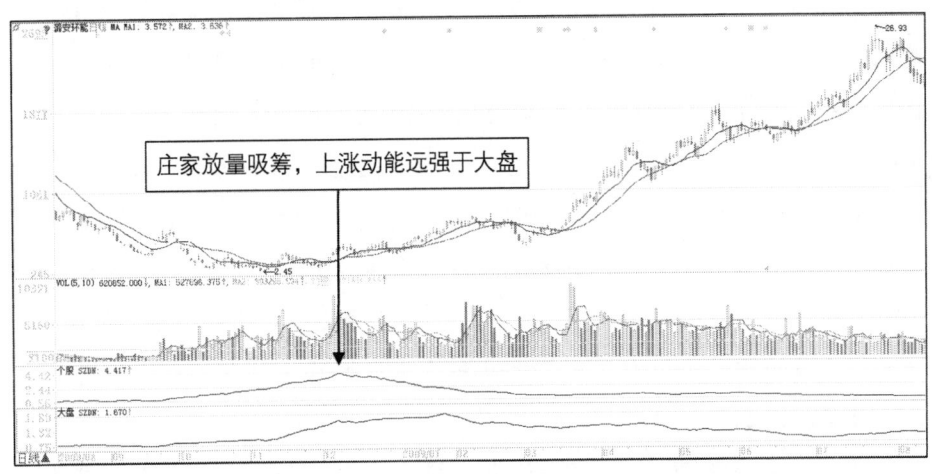

图 4-4

潞安环能（601699）是一家主营原煤开采、煤炭洗选的公司，公司是 2001 年 7 月 10 日经山西省人民政府以晋政函〔2001〕202 号文批准，以集团公司为主发起人，联合郑州铁路局、日照港（集团）有限公司、上海宝钢集团国际经济贸易有限公司、天脊煤化工集团有限公司和山西潞安工

程有限公司等5家单位，以发起设立方式设立，于2001年7月19日在山西省工商行政管理局登记成立的股份有限公司。2006年9月，公司股票登陆上海证券交易所，发行1.8亿股，募集资金19.8亿元。

图4-4所示的是潞安环能自2008年8月至2009年8月的日K线图。2008年10月之后，大盘逐步企稳反弹，自2008年9~12月这段时间，潞安环能股价放量上涨，上涨动能指标已经达到4.4，远远大于同期大盘的上涨动能，可以判断，庄家在对潞安环能进行大幅吸筹动作。此后，潞安环能股价进入快速上涨行情，6个多月股价上涨了286%。对于庄家大幅吸筹的股票，投资者一定要特别留意，一旦其股价进入拉升期，便要及早介入。

潞安环能的庄家敢于对其进行大幅建仓，与其基本面有着重要关系，我们来看看当时潞安环能的基本面状况。

我们先来看看2009年3月招商证券分析师卢平和王培培发布的调研简报：

2008年公司实现归属母公司净利润28.5亿元，折每股收益2.48元，同比增长96%。产量增长和煤价上涨是业绩增加的主要推动力，公司推出优厚的分配方案，拟10股派发现金股利10元。维持审慎推荐—A的投资评级。

2008年每股收益2.48元，同比增长96%，每股派息1元。2008年公司实现营业收入和营业利润分别为167亿元和40亿元，同比增长61%和90%，实现归属母公司净利润28.5亿元，折每股收益2.48元，同比增长96%。业绩的增长主要在于产量上升和价格大幅度上涨。公司分配方案优厚，每股派现1元。

煤炭产量增长26%：2008年公司煤炭产、销量分别为2577万吨和2323万吨，同比增长26%和19%。其中，洗混煤和喷吹煤销量分别为1337万吨和689万吨，同比增长36%和14%。

煤价上涨36%：2008年公司煤炭综合售价为575.37元/吨，同比增长146元/吨（+36%）。各煤种价格皆大幅度上涨，其中，洗混煤、洗精煤、喷吹煤、洗块煤价格分别为374元/吨、947元/吨、836元/吨和720元/

吨，同比分别增长26%、55%、65%和51%。

会计政策调整增厚2008年EPS大约0.6元：2007年由于安全费用等政策变更追溯调整增厚EPS0.41元，2008年安全费用于4月1日起从30元调高到50元，会计政策调整增厚业绩更多，公司虽未公告，但我们测算大约增厚EPS0.6元。

2008年每吨煤净利123元，增长65%。公司的煤炭销售成本也跟随煤价增长，2008年每吨煤销售成本为289元，增长20%。煤炭毛利率为50%，增加7个百分点，2008年每吨煤净利123元，每吨增加48元，增幅65%。

公司盈利预测令人惊喜！2009年公司预计产销量分别为2840万吨和2596万吨，增长10%和12%（增量来自屯留矿和潞宁煤业），公司预计2009年实现大约EPS2.46元（与2008年基本持平）。在煤价假设下跌56元的情况下，预计通过成本和费用控制实现业绩稳定，难能可贵！盈利预测和投资评级：近期喷吹煤和洗精煤面临钢铁形势不好的压力，我们审慎地预计公司2009年、2010年EPS分别为2.15元和2.3元，同比增长-13%和7%。公司2009年PE为10.8倍，远低于行业平均水平，我们维持审慎推荐的投资评级。如果近期冶金煤价下跌引起股价下跌，将是战略性建仓的好时机。

我们看到，在2008年金融危机的情况下，潞安环能净利润仍然同比增长了近1倍，公司基本面具有十足的安全边际。我们接着来看2009年第一季度潞安环能的情况：

潞安环能2009年第一季度实现营业收入390887万元，同比增长25.11%；实现利润总额96013万元，同比增长18.83%；实现归属于母公司的净利润71100万元，同比增长30.42%，实现每股收益0.60元。

公司主业为煤炭和焦炭，分别占营业收入的63%和13%。公司煤化工项目包括即将投产60万吨/年的甲醇项目和在建的40万吨/年的二甲醚项目。不过，在焦化行业不景气之际，打造煤焦一体化短期内难以成为公司新的增长点。

公司的净利润增长的主要因素仍然是公司的煤炭业务的销售价格和销

售量的同比增加。公司2009年第一季度的毛利率水平达到38.10%，相比2008年全年下降了3个百分点。销售净利润率达到18.19%，与2008年全年的毛利率水平相当。

公司煤炭产品主要分为混煤（含混块）、洗精煤、喷吹煤、洗块煤和其他洗煤。其中混煤和喷吹煤是构成收入的主要来源。喷吹煤的主要用途是钢厂高炉喷吹。多品种的煤炭产品增强了公司的抗风险能力。

公司的期间费用率控制合理。财务费用率为0.54%，较上年同期降低0.12个百分点。管理费用率为7.33%，同比下降了0.48个百分点。销售费用率为4.91，同比上涨了1.07个百分点。

2009年，煤炭产量的增加主要来自于屯留矿二期，产量增长10%左右。未来，根据大股东潞安集团在公司上市时的承诺，集团公司将在5～10年内逐步把全部煤炭资产注入股份公司。除上市公司以外，大股东还拥有7个煤矿，20亿吨左右的可采储量。现有在建的产能约3000万吨。

在2009年初期，从技术面来看，潞安环能有资金逐步建仓吸筹，底部形态逐步形成，从基本面来看，不但2008年公司业绩快速增长，2009年第一季度，公司业绩仍然保持快速增长的势头。

在潞安环能的基本面具有十足的安全边际的环境下，庄家才敢于在大盘上涨初期放开手脚，对其大幅建仓吸筹，也给那些在庄家吸筹后期介入的投资者带来了获利的好机会。

案例五。

广晟有色（600259）是一家从事有色金属的开采、加工与销售的公司，公司于1992年8月8日经海南省股份制试点领导小组批准，在对海南兴业聚酯有限公司进行规范化改制的基础上，由海南省纺织工业总公司、海南国际（海外）投资有限公司、中国银行海口信托咨询公司、交通银行海南分行和中技海南实业公司共同发起，以定向募集方式设立。2000年5月，公司股票登陆上海交易所，发行7000万股，募集资金3.08亿元。

图4-5所示的是广晟有色自2009年12月至2010年12月这段时间的日K线图。2010年4～7月这段时间，大盘处于震荡市场的下跌行情，然而，自2010年3～6月这段时间，广晟有色股价放量上涨，上涨动能指标

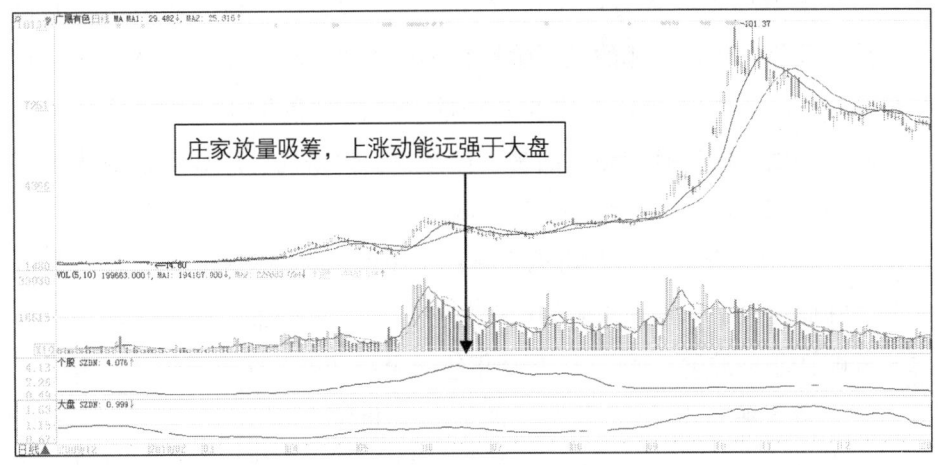

图 4-5

已经达到 4.1，远远大于同期大盘的上涨动能，可以判断，庄家在对广晟有色进行大幅吸筹动作。此后，广晟有色股价跟随大盘逐步回调，2010年9月后，广晟有色股价终于迎来了爆发式上涨行情，股价在 21 个交易日上涨了 180%，在广晟有色股价吸筹后的拉升初期，便是投资者介入的良机。

当然，在震荡市场下跌阶段，庄家就敢于其大幅建仓，与其基本面有着重要关系，接下来我们就来看一下广晟有色的基本面情况：

（1）公司情况：广晟有色是 2009 年初由广东广晟集团借壳 ST 聚酯而来，公司业务由化纤类转为矿产开发，以钨精矿和稀土为主，总股本 2.5 亿元，流通股本 1.2 亿元。广晟有色金属集团隶属于广晟资产经营有限公司（实际控制人是广东国资委），广晟资产旗下还有中金岭南和风华高科两家上市公司。广晟有色金属集团有意将上市公司打造成整合省内小金属的平台。

（2）大股东旗下有锡、锆、钽铌小金属资源和铜加工业务相关公司，未来很可能注入上市公司，公司存在较大的资产注入预期。

（3）公司主营钨精粉和稀土。广晟有色目前钨氧化物储量约 5 万吨，每年产量 1300 吨。稀土业务是市场关注的重点，广东稀土储量约 100 万吨，占全国储量 5% 左右，广东目前有 4 张稀土采矿证，广晟拥有其中 3 张，另外 1 张属于某民营企业。广东和江西地区的稀土属于重离子型稀

土,重离子型稀土因含有原子量较大的铽、镝、钬、铒、钇等元素而得名,镝近几年由于钕铁硼的发展价格在不断上涨,所以南方重稀土氧化物价格9万/吨~10万/吨,相比北方轻稀土价格要高30%以上。重离子型稀土是我国南方所独有的稀土品种,储量少、价格高。广晟有色的稀土氧化物储量1.12万吨,每年产量1200吨。

(4)2010年年初至4月份以来有色金属价格大幅上涨,许多涨幅超过50%,在此背景下,主营钨矿的广晟有色获得上涨的催化剂;另外,作为国家战略性品种的稀土矿,从2010年年初至4月主要稀土氧化物均大幅上涨,南方主要稀土品种涨幅大于北方,氧化镝上涨65%,氧化铽上涨69%,作为产业链最上游的矿山资源股,涨价对其业绩提振非常明显。这是广晟有色又一大上涨催化剂。事实上之后稀土价格涨了三四倍之多。

(5)2010年5月19日,ST有色公告撤销风险警示,正式更名广晟有色。这一利好解决了这只股票上涨的潜在风险,消除股票的业绩"地雷"。

对于只有2.5亿总股本的公司,拥有众多有色金属和稀土资产注入的预期,一个很庞大的资产注入一个很小型的公司,其业绩必然会发生根本性的变化。近期有色金属和稀土价格的大幅上涨也对其股价起到很大的催化作用。在这样的诸多基本面利好的刺激下,庄家敢于在大盘处于震荡市场下跌段就对广晟有色进行大幅建仓是情理之中的事情,对于广晟有色,只要在其建仓后股价拉升初期便及早介入,那么投资者便会在震荡市场取得非常丰厚的收益。

案例六。

明星电力(600101)是一家从事电力、热力生产供应,送变电工程、线路、设备安装、施工,批发、零售;水暖器材、消防器材、五金交电、电器设备、仪器仪表、汽车配件。自来水供应业、宾馆业、天然气供应业、浅层油气开发业、制药业、建设项目的投资的公司。公司源于1926年由官绅合办的明星电灯公司。1959年和1978年先后建成龙凤电站和小白塔电站,成立遂宁电力公司。1988年3月8日,由遂宁电力公司独家设立遂宁电力股份有限公司。1993年2月13日更名为"四川明星电力股份有限公司"。1993年12月,获准成为继续向社会发行股票的股份公司。

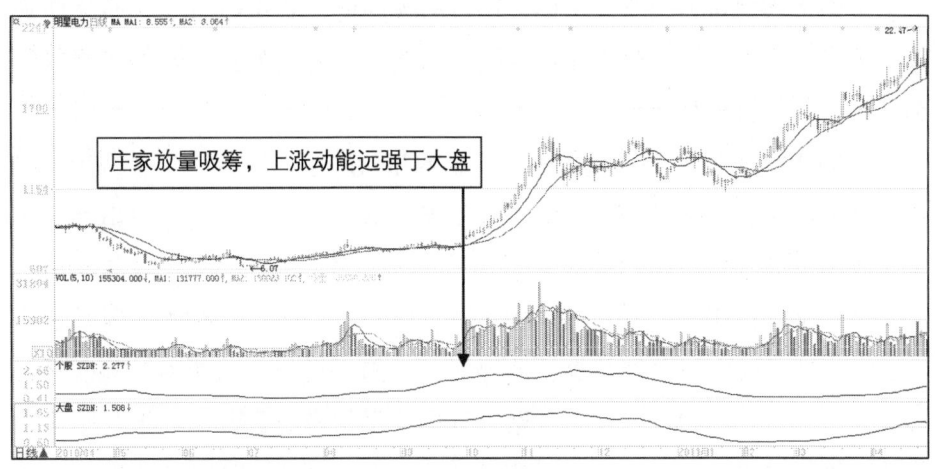

图 4-6

1997年6月,明星电力登录上海交易所,发行2900万股,融资2900万元。

图4-6所示的是明星电力自2010年4月至2011年4月的日K叠加线图。2010年7月之后,大盘逐步企稳,进入震荡市场上涨行情。2010年7～10月这段时间,明星电力股价放量上涨,上涨动能指标已经达到2.3,大于同期大盘的上涨动能,可以判断,庄家在对明星电力进行大幅吸筹动作。此后,明星电力价股迎来了爆发式上涨行情,股价在6个多月内上涨了158%。在明星电力吸筹后的拉升初期,便是投资者介入的良机。

当然,明星电力的庄家敢于对其进行建仓,与其基本面有着重要关系,下面我们来看看当时明星电力的基本面情况。

(1) 公司电力业务受益于区域经济发展。

公司主要业务区域遂宁市地处成渝经济圈,正处于城市化和工业化的高速发展期。

一方面,近两年大量沿海电子、机械等制造企业向西部地区转移,遂宁市工业发展速度处于全省前列,第二产业产值占比已从2005年的36.1%上升到2008年的46.1%,对经济增长的贡献率达到67.3%。另一方面,遂宁市城市化进程不断加快,其中心城区人口在2010年将达到约60万人,2020年形成百万人口城市。城市化和工业化的高速发展,带动了公司发、售电量的提升。本期公司售电量同比增长16.6%，体现了工业化、城市化进程对公司电力业务的推动作用。笔者认为，"十二五"期间，公司售电量复合增长率可达15%左右。

（2）上半年旱情对公司发电业务影响相对较小。

受上半年的旱情影响，西南地区相当一部分水电企业机组发电严重不足、业绩下滑。

公司水电机组所处涪江流域为嘉陵江支流，上半年同样受到旱情影响，来水情况较上年同期偏少，但程度较云南、贵州和川西南等地区轻一些。此外，上年第四季度发生垮塌的黄连沱水坝及时修复，加上过军渡电站的防洪堤维修在5月完成，使得公司在进入6月汛期后机组及时发电。以上因素使得公司本期自发电量在来水减少的情况下，同比增加12.9%。

（3）金属资源业务前景值得关注。

公司于2009年年底，通过收购四川奥深达资源投资开发有限公司65.94%的股份切入到金属矿山资源开发领域。根据资料，四川奥深达在工业硅、电力线缆生产、销售和电气产品方面拥有一定市场份额，并已获得四川甘孜和平武、陕西山阳、西藏江达、新疆且末等地的铁、锰、钒、银、铜、铅、锌等各类矿权共7宗，公司计划用10年左右储备国内外矿权20个以上，并开发2个以上大中型矿山，实现年工业总产值达到20亿元。目前公司的陕西山阳钒矿已取得采矿权，预计2011年下半年将建成日处理1000吨钒矿石的采选产能。

根据中航证券的预测，公司2010—2012年每股收益分别为0.35元、0.41元和0.52元，按2010年30～40倍PE合理估值为10.5～14元，由此就目前价格给予公司"买入"的投资评级。

可以看到，明星电力除了传统的电力行业稳步发展之外，还介入了金属资源业务，逐步走向多元化战略，为公司带来新的利润增长点。同时，其股价低，业绩也有保证，在这样的基本面环境下，庄家对其进行了大幅建仓，也给投资者带来了获利良机。

案例七。

包钢稀土（600111）是一家从事稀土精矿、稀土深加工产品、稀土新

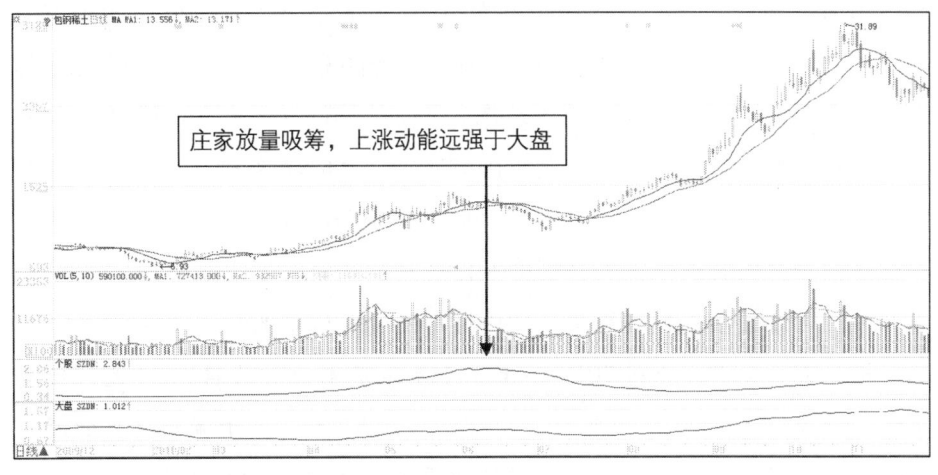

图 4-7

材料生产与销售；稀土高科技应用产品的开发、生产与销售；出口本企业生产的稀土产品、充电电池、五金化工产品；进口本企业生产科研所需的原辅材料、机械设备、仪器仪表及零配件；生产销售冶金、化工产品；技术咨询、信息服务的公司。公司前身包头钢铁公司成立于 1954 年，包头钢铁公司所属的稀土三厂始建于 1961 年；选矿厂稀选车间始建于 1980 年。1997 年 1 月，内蒙古自治区人民政府内政股批字〔1997〕1 号文批准：以包头钢铁公司所属稀土三厂及选矿厂稀选车间为基础，以募集方式改建设立公司。1997 年 8 月 27 日，公司股票登录上海交易所，发行 8000 万股，募集资金 3.544 亿元。

图 4-7 所示的是包钢稀土自 2009 年 12 月至 2010 年 11 月这段时间的日 K 线图。2010 年 4~7 月这段时间，大盘处于震荡市场的下跌行情，然而，自 2010 年 3~5 月这段时间，包钢稀土股价放量上涨，上涨动能指标已经达到 2.8，远远大于同期大盘的上涨动能。可以判断，庄家在对包钢稀土进行大幅吸筹动作。此后，包钢稀土股价跟随大盘逐步回调，2010 年 7 月后，包钢稀土股价终于迎来了快速上涨行情，股价在 3 个多月上涨了 190%，在包钢稀土股价吸筹后的拉升初期，便是投资者介入的良机。

当然，庄家敢于逆势对包钢稀土大量建仓，与其基本面有着重要关系，下面我们就来看看包钢稀土的基本面状况。

2010年8月3日，包钢稀土公布2010年半年报：报告期内实现营业收入23.28亿元，归属于母公司所有者净利润35392万元，扣除非经常性损益后净利润34875.73万元，基本每股收益0.438元，稀释每股收益0.438元，基本每股收益（扣除）0.432元，每股净资产2.491元，摊薄净资产收益率17.599%，加权净资产收益率19.032%。

我们看看当时南京证券分析师尹建辉对其半年报情况的分析：

一、业绩大幅超越市场预期，价格与产量同增是业绩腾飞双翼

根据公司中报，公司2010年上半年实现基本每股收益0.44元，市场年初一致预期公司2010年度的每股收益为0.63元，由于稀土销售的季节性特征并不明显，那么市场一致预期公司半年度业绩EPS在0.31元/股左右，从此角度看，公司半年度业绩明显超越预期。根据我们的数据，2009年上半年度，45%含量的碳酸稀土平均价格大致在7600元/吨，而到了2010年6月30日，同样含量的碳酸稀土价格已经高达17000元/吨，从上涨幅度来看，上涨幅度大致为123%。我们认为，公司业绩大幅超越预期，产品价格上涨是其主要原因。

2010年度，国家控制的轻稀土开采总量为77000吨，与2009年相比，增长幅度为6.50%，分配给内蒙古的配额为50000吨，与2009年相比，增长幅度为8.69%，国家配额向内蒙古倾斜为公司产量增长奠定了基础。

由于公司碳酸稀土的原料全部来自于包钢集团选矿后的中矿和尾矿，从公司与包钢集团的关联交易量，我们可以得知公司产品的产量。2010年上半年度，公司与集团原材料关联交易量大致为中矿68.5万吨、尾矿为110万吨，而2009年度，公司全年的关联交易量为中矿110万吨、尾矿为150万吨。公司原材料用量增幅大致在37%左右，由于原材料中稀土的含量比较固定，我们认为公司产品产量的增幅也大致在此幅度。公司产品销量增加也是公司业绩增幅超越市场预期的一个重要因素。

二、稀土深加工战略持续推进，但方向有所改变

公司前期稀土深加工的方向主要是贮氢合金和电池极板，经过多年建设，公司上述深加工方向业绩未达预期，持续亏损，目前上述公司已资不抵债，从公司母公司财务报表来看，生产上述产品的两子公司上半年度发

生了2000多万元的亏损，直接拖累了公司的投资收益水平。从公司半年报披露的数据来看，公司深加工的战略并没有改变，公司上半年度全力实施与河北新奥博为技术有限公司合资建设的稀土永磁核磁共振影像系统产业化项目，积极推进稀土抛光粉异地扩产项目、1.5万吨高性能磁性材料产业化项目二期工程和稀奥科电池公司转型改造项目，从公司投资项目来看，公司是有选择地延伸产业链。从目前来看，公司下游深加工项目选择更加务实，更注重市场导向而非技术导向，我们认为，公司深加工方向的调整将有助于公司战略的成功。

三、盈利预测和投资评级

由于行业整合持续进行，以及国家收储将减少稀土价格波动，我们认为2010年下半年稀土产品价格将保持目前的高位。我们认为，公司开采总量将严格遵照国家的限额规定，我们以目前稀土产品的价格和公司的产量配额为基础，按照我们的预测模型，我们预测公司2010年净利润大致为62165万元左右；以2010年6月30日股本计算，每股收益大致为0.77元；以2010年8月3日收盘价计算，2010年动态PE为56.10倍。截至2010年8月3日，有色金属行业2010年动态市盈率大致为38倍左右，目前公司估值水平远超行业水平，虽然公司发展前景明确，可以给予公司一定的估值溢价，但我们认为公司目前股价已透支公司未来的业绩，给予公司"中性"投资评级。

虽然分析师给予了包钢稀土中性的投资评级，但是包钢稀土作为中国稀土第一龙头股，同时业绩也在逐步增长，基本面也具有十足的安全边际，对于这样具有特殊基本面意义的股票，庄家自然不会轻易放过，在逆势大幅建仓之后，对包钢稀土进行了大幅的拉升，这也给在包钢稀土建仓吸筹后介入的投资者带来了丰厚的投资回报。

第五章

洗 盘

第一节　洗盘概述

一、洗盘的概念

洗盘是指在庄家收集到有必要的股票筹码后，为防跟风盘或原持有的人搭乘顺风车而进行打压的一种伎俩。洗盘的洗字非常形象：洗衣服是为了把衣服里的污垢洗出，洗盘是为了将持有筹码的不安定分子洗出来。

那么这些不安定分子怎么才愿意出来呢？一般的做法是制造恐慌气氛，也就是向下打压，看见大幅下挫，持股者一般都会恐慌，既然恐慌，就可能会将筹码抛出。洗盘的目标就是清洗掉市场内的获利筹码，使市场内的持股成本趋于一致。洗盘的效果就是造成大宗的筹码被主力战略性地锁定，从而导致市场内的浮动筹码大量减少，洗盘的效果会使筹码进一步集中。洗盘现象在技巧上的具体表现就是随着洗盘的进行，股价波动的幅度逐渐减小，成交量快速萎缩，股价在中长期均线附近被控盘，盘面浮动筹码稀疏，成交量低迷。

二、洗盘的目的

每一个控盘主力无论手法多么高超，都只能把持流通盘部分或大部分的流通筹码，而市场上仍然保留着必然意义上的流通股份。而这必然意义上的流通股份的持有者，随着股价的逐步上涨，已经渐次获利。而这些获利的筹码就犹如没有被排除隐形的炸弹，揣在主力怀中，时刻要挟主力资金的安全，很大程度上制约和牵制着主力再次造高股价。这些小资金投资者由于资金较小，持有流通筹码的份额较少，和控盘主力的大资金持有者持有流通筹码的份额对比起来，有着船小好掉头的巨大优势。这样势必会造成主力在做高股价后在高位派发获利筹码的难度。

正是基于此,所以作为控盘主力,往往在股价有一定涨幅或是取得阶段性成功后,或者获利筹码涌动时,适当地利用大势或者个股利空、传闻,强制压价,毁坏原本的走势,进入箱体震动或平台收拾,或向下打压股价,通过股价走势上的不确定性,毁坏小资金持有者对市场正确的感知能力。极力渲染和极度虚幻地放大在资金持有者的恐慌情绪,进一步干扰股票持有者对后市走势的感知能力。利用这些散户投资者对后市股价的不确定性,促使获利的小资金持有者和散户投资者中的不坚定分子,交出筹码和看好后市的新多或新的增量资金注入,充沛换手,从而进一步提高除了主力以外投资者的投资成本,为日后再次做高股价,打下牢靠的根基。以此类推,周而复始,经过几轮涨升与洗盘后,其他投资者的投资成本也越提越高,最终形成中小投资者和小资金持有者在高位自然而然地、毫无意识地帮助主力锁仓,从而沦为主力出货时的掩护部队。

第二节　庄家洗盘的手法

作为控盘庄家,将股价拉升到一定的高度,逐步脱离自己的建仓成本区域后,下面就要进入第一个环节——洗盘。

从表面上来看,洗盘是处于拉升和再拉升的过程阶段。但从实质上来说,洗盘是庄家利用心理战来逐步提高除了庄家以外的在二级市场上保持一定意义的流通份额持有者的投资成本。

洗盘的手法从大的方面来说一般可分为四种:震荡洗盘、打压洗盘、横向整理、边拉边洗。

这四种洗盘应根据市场背景的不同和运作项目基本面的差异,以及各种客观条件的变化,加以选择和运用。下面我们详细介绍一下这四种不同的洗盘方法。

一、打压洗盘

这种洗盘方法，适用于流通盘较小的绩差类题材股。

由于购买小盘绩差类个股的散户投资者和小资金持有者，绝大多数是抱着投机的心理入市，所以这类个股的安定性就要差一些。这些散户投资者和小资金持有者常常一脚门里、一脚门外，时刻准备逃跑。而看好该股的新多头由于此类个股基本面较差，大多都不愿意追高买入，常常等待逢低吸纳的良机。鉴于持筹者不稳定的心态和新多头的意愿，作为控盘庄家，往往利用散户对个股运作方向的不确定性，控盘打压股价，促进和激化股价快速下跌，充分营造市场环境背景转换所形成的空头氛围，强化散户投资者和小资金持有者的悲观情绪，促使其持有筹码的不稳定性，同时也激发持筹者在实际操作过程中的卖出冲动，无法控制自己正常的投资心理，使这种悲观的情绪达到了白热化状态。庄家通过控盘快速打压，采用心理诱导的战术，促进市场筹码快速转化，以达到洗盘的目的。

打压洗盘方法的好处在于"快"和"狠"，采用时间较短，而洗盘的效果较好。

下面我们来看看几种经典的打压洗盘方式。

1. "挖坑"洗盘

"挖坑"形态的技术走势及原理：

"挖坑"技术形态是主力一种强硬的洗盘手段，往往出现在实力较强的主力吸货完成后，在拉升启动之前进行。这种洗盘的手法通常比较剽悍，会在短短几天的时间内迅速把价格打低且往往跌速较快，后期又会相对较快地把价格拉起来，因此会在图形中形成一个谷地，很像挖出的坑，所以被称为挖坑洗盘。这种洗盘由于出现在主力吸货完成以后，主力利用这种洗盘恐吓散户投资者，在拉升以前让投资者产生对快速下跌的恐慌，并在低位区域卖出手中的筹码，这样主力在拉升的过程中遭到抛售的压力才会有所减轻，更有利于股票的拉升。

"挖坑"技术的分析要点：

由于这种挖坑技术意在清洗出散户的获利筹码，并不是主力抛售自己手中的股票，因此和出货行为有着很大的区别，无论从走势上和量能上都会有一定的特殊表现，总体来讲大致有四点：

第一，从位置上看，这种洗盘往往只出现在一只股票刚刚形成启动的初期阶段，在拉升的中后阶段出现的概率就会大大减少，即便出现往往也相对较难识别，因此在高位区出现则很可能不是这种技术图形。

第二，这种洗盘容易给投资者以短期的低价机会，因此要做得比较隐蔽，多数要借助于短期的指数回落进行洗盘，这样既可以使投资者感觉该股其中并无主力，又可以用少量的钱完成深度洗盘的目的，容易利用少量资金向下砸盘而产生强烈的恐慌气氛，甚至会形成一种大幅向下跳水的感觉，更有利于迅速完成挖坑洗盘。

第三，从量能上看，由于这种洗盘主力抛出的筹码并不多，且往往出现主力高度控盘的股票当中。因此这种下跌看似非常凶猛，但往往形成的成交量却并不很大，一般会呈现出明显的阴量畏缩的现象，甚至有些股票大幅度收阴的K线下所对应的成交量都达到推升阳线时成交量的一半以下甚至更少，这个也是衡量是否为挖坑洗盘还是主力抛售的其中重要的环节之一。

第四，从K线的走势形态上看，这种洗盘一旦将散户清洗出局后，主力还要警惕不能让其他投资者轻易在低位进行低吸，因此从K线上往往会立即收出中大阳线将股价迅速拉回去，并常常伴随连续的上涨直接形成启动，这个特征也是判断是否为挖坑洗盘的重要标准。

"挖坑"技术的识别及具体应对：

在实盘应对"挖坑"洗盘的过程中，发现存在这种可能的股票是其中一个关键。这种股票由于前期主力先要完成建仓，因此要注意会有一些异样的表现，比如股价在前期形成换手率极低的长时间横盘或箱体走势，或者形成缓慢的震荡上行的走势，这些都是主力常常使用的建仓手段。当大盘出现下跌时该股突然形成加速跳水似的下跌，在下跌过程中成交量通常大幅度萎缩，下跌后在低点停留的时间比较短，迅速放量回拉，且具备连续回来的特性,这时候往往确定"挖坑"洗盘的概率就非常大,此时可以考虑寻找合适的买入时机。一般来说,构筑低点后突然的放量大阳线就是激进的投资者可以考虑进场的时间点,尤其是回落的低点又能回踩到明显的支撑位的位置上时,成功的机会更大。另外,突破洗盘高点后继续形成上行的位置也是一个买入时机。从风险比例上来讲,存在的短期回调的风险相对较大,中期买入的投资者还可以参考。

应对"挖坑"技术的注意事项:

虽然"挖坑"技术的识别能在很大程度上直接解决投资者操作股票主升行情的愿望,但在操作过程中也要有所注意。首先,这种洗盘虽然需要配合大盘的短期回落,但如果大盘为中期或长期向下或形成头部对股票的影响还是非常大的,因此要尽量规避大盘的下跌行情。其次,整个洗盘的过程中成交量缩小得越小,对后期越有利,往往成功率也会更高。由于无法知道洗盘的具体时间长度,所以一般这种下跌持续的时间都不会太长,往往只是数个交易日,如果长达几十天或更长时间则很可能不是洗盘。买入的依据要注意放量中大阳线的上涨,没有这种信号尽量不要急于参与。在参与后还要有所验证,就是股价必须有连续的上涨动作。最后还应明确设立止损价位来控制风险,这也是每个投资者必须要做的。

2. 借利空洗盘

很多时候,主力会配合上市公司发布利空消息砸盘,这样的洗盘容易事半功倍,一是用少量筹码可以砸低股价,二是便于利用恐慌气氛砸出跌停板,有的甚至挂出数百万的筹码封死跌停。事实上,散户在恐慌的时候,很清楚即使跌停挂卖,也难以卖掉筹码,因此,这个时候要想清楚,市场的抛盘很大程度上是主力自己挂的,一旦其他散户跟风杀跌,再悄悄撤销自己的跌停卖单,自己再小单分批吃进。这是一种底部风格的洗盘,有明显的期货手法,如果在次日,股票不跌反涨,且高开高走,那么必须第一时间跟进,因为,随后很可能就是连续的涨停板了。

3. 大势低迷时期快速砸盘震仓

通过K线观察，会发现前期连续小阳推升，中短期趋势线配合良好，换手率维持在5%～7%水平，在某一天的早盘开始后突然出现密集抛盘，基本以百手、千手单为主，在开盘30分钟内把股票价格砸去5%左右幅度，下方买盘非常稀少，上方卖盘比较集中，给人以异常沉闷的感觉，短线客焦躁不安，不少人会觉得持股不踏实，而纷纷抛售。日K线收中阴，但是，随后几天股价不再杀跌，以小阳线缓慢收复前期中阴。

二、横盘整理

此类洗盘方法适用于大盘绩优白马类个股。正是由于这种具备投资类个股大家都虎视眈眈的缘故，所以作为庄家，绝对不能采用打压的形式洗盘。因为这类个股业绩优良，发展前景看好，散户投资者和小资金持有者的心态稳定。如果采用打压洗盘，散户投资者和小资金持有者不但不会抛售原有的筹码，反而还会采用逢低买进的方法摊平和降低持仓成本。而其他虎视眈眈的场外投资机构也会抢走打压筹码。这样很容易造成庄家的打压筹码流失严重，形成肉包子打狗，有去无回的局面。

采用横向整理洗盘的庄家实力较弱的，往往保持一定幅度的震荡，在震荡中不断以低吸高抛赚取差价以摊低成本和维持日常的开支。实力较强的庄家，往往将股价振幅控制在很窄的范围内，使其走势极其沉闷。这种横向整理洗盘的方法，主要侧重于通过长期的牛皮沉闷走势来打击和消磨散户投资者和小资金持有者的投资热情和考验他们的信心毅力。

这种洗盘方法是所有洗盘方法里耗时最长的一种。一般的大盘绩优股的中级洗盘，往往要耗时3～6个月，有时甚至1年不等。在这漫长的等待中，面对大盘的跌宕起伏和其他个股的纷纷上蹿，绝大多数的投资者都会按捺不住寂寞与孤单，纷纷换股操作，选择追涨杀跌的操作方法。等股价突破平台快速上扬时，他们往往会快速杀回，追涨买进，从而起到促进他们买高卖低，提高投资成本的目的。也有极小部分的散户投资者和小资金持有者经历了长期的煎熬享受到胜利的喜悦后更加坚定了持股的信心，从而为庄家在经过多次拉升、横盘、洗盘如此反复的心理诱导下越发坚定持股信心，最终导致常坐电梯，为庄家出货贡献微薄之力。

横盘整理的形态在K线上的表现常常是一条横线或者长期的平台，从成交量上来看，在平台整理的过程中成交量呈递减的状态。也就是说，在平台上没有或很少有成交量放出。成交清淡，成交价格也极度不活跃。为什么会出现这种情况呢？其内在的机理就是：当股价上升到敏感价位或浮码涌动抑或市场背景有所转换的时候，庄家应适时抛出一部分筹码，打压住股价的升势，用一部分资金顶住获利抛盘，强制股价形成平台整理的格局，在这个阶段内，成交量稍显活跃，一旦平台整理格局形成，成交量应迅速地萎缩下来。庄家一般应让散户投资者和小资金持有者所持筹码在平台内充分自由换手，只是在大势不好股价下滑的情况下，适时控制股价上涨的冲动。此阶段时间内的成交量由于庄家活动极少，成交量应该是清淡的。

成交量的迅速减少，也进一步说明了场内的浮动筹码经过充分换手后日趋稳定。随着新增资金的陆续入场，成交量也逐步呈放大状态，股价也开始缓缓上扬。此阶段的成交量和第一阶段强制股价进入平台时的成交量遥相呼应，形成漂亮的圆弧底形态，预示着股价即将突破平台，形成新一轮的升势。

三、震荡洗盘

由于利用打压洗盘容易丧失手中的廉价筹码，而采取横盘洗盘的方法要花费很长的时间，而这种震荡洗盘则是把拉升、横盘、打压糅合贯穿在一起，像打太极拳一样把它们组合起来，取长补短。

由于散户投资者和小资金持有者往往看到股价上涨的时候，追涨买入，这时候由于他们的心理准备不够充分，在他们的心目中买入的理由就是股价涨了，买进就能赚钱。他们买进后股价也许稍微上涨一点或者立即进入横盘、或遭庄家控盘打压，这时他们买入的理由随即消失，由于买在相对高点或者相对次高点，心理很容易失去平衡，股价稍有风吹草动，就会引起心理恐慌，尤其当庄家控盘打压的时候，极容易产生割肉卖出的冲动。很多散户投资者和小资金持有者都是在这种心理压力下，经过庄家的心理诱导战术，克制不住自己的恐慌情绪，在低位割肉出局。这时庄家已经初步达到洗盘的预期目的，进而向上展开拉抬震荡。这时割肉出局的散户看到股票刚一卖出，股价就上涨了，心里懊悔不已，又产生新一轮的买入冲动。

庄家采用这种反复震荡洗盘的方法不断诱导散户投资者和小资金持有人追涨杀跌，踏高撑低，进一步促进和提高他们的投资成本。

震荡洗盘的好处在于和横盘整理洗盘比较起来节约了时间，和打压洗盘比较起来又回避了丧失廉价筹码的风险，可谓中庸之道。

震荡洗盘从表现的形态来看往往可分为以下四大类：

（1）三角形形态：当股价上升到某一位置区域时，股价在庄家的打压下或者获利回吐的压力下，开始震荡回调。在股价下调到一定幅度后，卖方的抛压逐步被买盘所消化，股价止跌回升，但是在股价回升到前期高点或者未到前期高点时，再次遇到庄家的抛压或者获利回吐的压力，股价二次回探。但在第二次股价回调的时候，由于庄家的护盘行为或者在新增资金的介入下，股价在达到或未曾达到前期低点的时候，股价第三次回升。这样股价高低点之间的波动幅度逐渐收窄，震荡区域也越来越小，促使买进和卖出的价位越来越接近，使上档的卖压和下档的买力逐步逼近，在形态内进行低吸高抛的短线客，也逐渐无利可图。该形态至少由两个高点和两个低点组成，我们把该形态的两个高点互相连接后形成一条直线；把该形态的两个地点也互相连接，也形成一条直线。而这两条边线最终交会于一处，形成一个三角形的形态。

而根据这些三角形中的高点与高点，低点与低点所出现的价位不同，又可细分为：对称三角形；上升三角形。

①对称三角形：当股价上升到一定幅度或到达敏感价位区域抑或市场背景有所转换的时候，庄家抛出一部分筹码或者市场上的获利盘兑现了一批筹码，造成股价下跌。当股价跌到一定位置或者卖方力量逐渐被买方力

量消化或新增资金注入后，股价止跌转升，但新增资金好像有点对前景有点犹豫，或者说庄家拉升后感觉浮动筹码清洗得不够，需要彻底清洗获利筹码，在股价还没有上升到前期高点附近的时候，股价在庄家的打压下，或者在获利盘的抛压下，再次掉头向下；在股价还没有达到前期低点的时候，股价在庄家的护盘下或者逢低介入资金的推动下，再次掉头向上运行……这样股价的后来几次上涨和几次下跌均未达到前期的高点和低点，并且股价运行的高点一次比一次低，股价下跌而达到的低点却一次比一次高，高低点之间的波动幅度逐渐收窄，震荡区域越来越小，促使买进和卖出的价位越来越接近……我们把股价的几个高点连接起来延伸为一条直线，同样地把股价的几个低点连接起来也延伸为一条直线，这两条直线最终会交会到一起，形成了对称三角形。

对称三角形所代表的意义是买卖双方在某一价值区域内力量暂时达到平衡状态的结果，即：获利盘和不看好后市的空头急于抛售手中的筹码，在股价尚未运行到前期高点附近时就抢先抛售；而新的逢低介入资金和看好后市的多头急于买进筹码，在股价还没有回落到前期低点的时候就先行买进。这样平衡的结果使股价高点逐步下移，而股价的低点也渐渐抬高。这通常反映出买卖双方势均力敌。

由于此形态为庄家震荡洗盘形态，所以在该形态内的量价关系应该符合震荡洗盘的量价要点，包括价涨量增，价跌量缩；从整个形态来看，成交量应该随着股价震荡幅度的收窄，而逐步萎缩！从而预示着浮动筹码越来越少，场内筹码日趋安定！

②上升三角形：股价上升到一定幅度或到达敏感价位区域，抑或市场背景有所转换的时候，庄家在某一水平区域打压住股价的升势，抛出一部分筹码或者市场上的获利盘兑现了一批筹码，造成股价下跌。当股价下跌告一段落时，多头开始买进或者庄家开始护盘，股价逐渐回升，当回升到前期高点附近时，庄家再次打压股价，股价再次回落，但由于多头买进士气正盛，股价尚未回到前期低点，即告反弹。这种情形一直持续，令股价随着一条水平阻力线波动，而波动幅度逐渐收窄。我们把每次波动的高点连接，形成一条水平阻力线；而每次震荡的低点连接，形成一条向上倾斜

的直线，两条直线最终交汇一处，就形成了一个上升三角形。

　　上升三角形代表的意义：是买卖双方在特定的价值区域内较量的结果，买方略占上风！而看淡后市的空头也并不急于出货，只在某一特定区域内减磅操作。也可能是庄家故意在某一价值区域内刻意压制股价，促进筹码换手。随着股价震荡幅度的收窄使市场筹码持有者的投资成本逐渐升高，渐趋一致。

　　在上升三角形形态内伴随着股价的震荡，以及筹码的逐步换手，成交量也逐步递减，表示经历洗盘和换手后，盘面浮码日趋安定。在股价形成突破时往往伴随着较大的成交量，预示着新一轮的升势即将展开。

　　庄家操盘手在实际运作的过程中，可根据市场背景的不同和人气状况选择相应的三角形形态。

　　需要注意的是，在庄家运作的三角形整理形态即将结束的时候，而市场的背景依然没有转换，或运作的项目利好公布因故需要延迟的，抑或发现浮动筹码清洗并不充分的时候，庄家可能重新修正三角形的整体形态。比如在第一次高点和第一次低点的波动范围之内，重新创造高点和低点，从而扩大和延长三角形的整理形态，在维护多头信心的同时，又延长了作战的时机。

　　（2）箱型整理：亦叫长方形或矩形整理形态。就是股价上行到某个区域内出现多空完全平衡的状态。也就是说，当股价上行到某个价位附近时，即遭到庄家的打压，强制股价回调；当下行到不远的另一个价位时，即遭到庄家护盘或新多头吸纳。这样反反复复震荡把上档形成的高点互相连接形成一条水平阻力线，而把下档的低点也相互连接后形成一条水平支撑线，两条直线形成平行的通道，不上倾，也不下移，而是水平发展，形成长方形走势或箱体走势。市场筹码在箱体或长方形价值区域内震荡换手。这种洗盘方法适合于牛皮市、盘整股市的洗盘方式。

　　箱体整理代表的意义是：股价在股票箱内上下错落，由于散户投资者和小资金持有人在庄家的心理战术诱导下失去了对市场正确的感知能力，见到股价上涨即追涨买入，买入后股价反而下跌，看到股价下跌立即割肉出局，但卖出后，股价却又拐头向上。这样不断追涨杀跌，提高其他投资者的持仓成本，也从而促进信心不坚定分子出局观望，使筹码在股票箱内充分换手，同时也逐步培养铁杆追随分子。

（3）旗形整理：顾名思义，旗形整理的图形就像一面挂在旗杆顶上的旗帜，由于其倾斜的方向不同，又可分为上升旗形和下降旗形。也被人们经常称作平行四边形。这种情况大多数是股价在上升到相当的幅度后，庄家开始控盘打压股价，但股价下滑不多后庄家开始护盘或者新多入驻，股价也开始上行。由于股价已经有一定的涨幅，往往出现跟风盘不太踊跃的现象，当上行高度高于或低于前期高点时，股价再度回落，如此反复，把股价的高点和高点连接以后形成向上或向下的一条直线，把低点和低点连接后也形成向上或向下的一条直线，两条直线保持平行，形成向上或向下倾斜的箱体。这种整理洗盘形态，如果出现在上升途中一般预示着涨升行情进入了中后期。如果出现在下跌途中，经常暗示下跌行情才刚刚开始。

（4）空中加油形态：即在股价运行到一定涨幅后，在中位庄家利用手中的筹码控盘作图，一方面清洗获利筹码，使筹码充分换手；另一方面用以重新吸引多头买家和跟风盘！庄家往往在震荡中划出漂亮的双底形态、头肩底形态和三重底形态。

四、边拉边洗

这种洗盘方式最显著的标志是在日K线上没有标志，这也是区别于其他洗盘方法的一个显著特征。这种洗盘方法往往受客观条件制约，常常出现在单边上扬的行情中，庄家把拉升和洗盘的艺术融为一体。这种洗盘方法就是庄家每次都推高股价，然后就撒手不管，任凭散户自由换手，不管股价涨跌，次日或者隔天再次推高股价，庄家只管寻找机会推升股价，散户只管自由换手。这是边拉边洗的一大景观。虽然在日K线上找不到庄家明显洗盘的痕迹，但是庄家采取的是化整为零，少吃多餐的策略，常常使散户在盘中换手、洗盘。这种庄家洗盘时一般在股价拉升一定价位后，会在相对高位抛出一小部分筹码，在相对低位则无大抛单。如有大抛单，则在大抛单出来后股价立即转跌为升，或放量止跌。庄家洗盘后的股价上升更加轻灵，只需少量买盘即可将股价推高。

第三节　利用庄家洗盘获利

在本章前两节部分，笔者介绍了洗盘的概念和庄家洗盘的手法，相信大家对于洗盘已经有了一定的了解。那么，再来看看如何利用庄家洗盘这一现象为我们的投资服务。

要想利用庄家洗盘为我们的投资服务，我们必须要知道庄家洗盘结束的特征。虽然说庄家洗盘结束并不意味着一定要拉升，但是，只要大盘环境和基本面配合，庄家拉升的概率会非常大，因此，这也是投资者介入的大好时机。

根据笔者的经验，庄家洗盘结束有如下几个重要特征。

一、成交量逐步萎缩

成交量是判断洗盘是否结束的重大特征，如果在洗盘后股票的成交量逐步减小，到达一种非常稳定的缩量水平，就很可能预示着外面的浮动筹码清理完毕了，这也是庄家非常愿意看到的。

二、股价波动幅度逐步变小

如果庄家经过洗盘打压，发现股价波动以及处于非常小的水平，这就充分说明持股的投资者对于股价的波动非常不敏感了，换句话说，那些浮动筹码基本清洗完毕了。

三、股价上涨时更加轻快

在吸筹结束后或者吸筹末期，庄家往往会快速将股价拉升至成本区以上，如果此时的拉升阳线股价上涨轻快有利，则说明庄家已经清洗了大部分的浮动筹码，洗盘成功。

在庄家吸筹结束后，往往会进行为期较长、幅度较大的洗盘，如果投资者能够在这一时期介入，那么应该可以获得不错的收益。

下面我们就来看一些案例。

案例一。

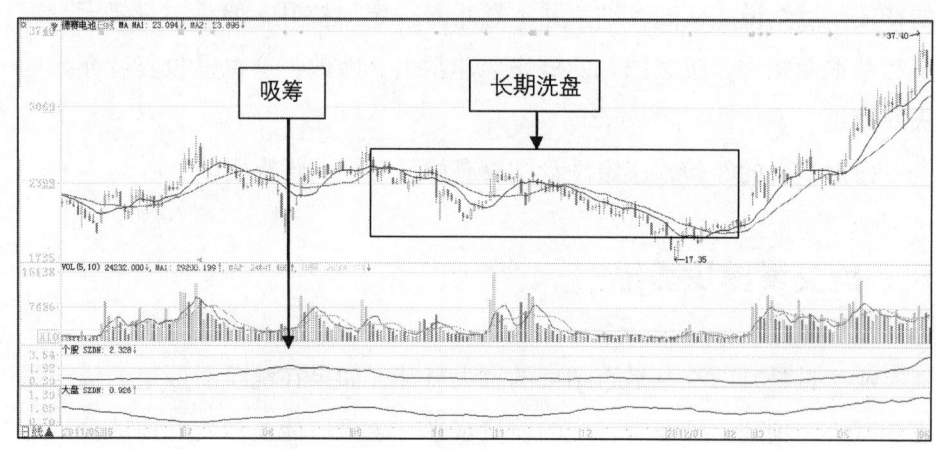

图 5－1

德赛电池（000049）是一家主营无汞碱锰电池、一次锂电池、锌空气电池、镍氢电池、锂聚合物电池、燃料电池及其他种类电池、电池材料、配件和设备的研究、开发和销售的公司。公司前身深圳市城建材料设备股份有限公司。1988 年 5 月，首次发行面值 10 元的内部股票 30 万股，经数次分区及股本调整，至 1994 年年末，总股份达到 4035.6 万股。1995 年 1 月 10～25 日，发行社会公众股 1400 万股。同年 3 月 15 日，"深万山 A" 在深圳证券交易所上市交易。

图 5－1 所示的是德赛电池自 2011 年 5 月至 2012 年 6 月这段时间的日 K 线图。2011 年 4 月之后，大盘进入较长期的震荡市场下跌行情，在 2011

年5~9月这段时间，德赛电池股价放量上涨，上涨动能指标已经达到2.3，明显强于大盘，庄家对德赛电池吸筹明显。此后，由于大盘处于弱势行情，德赛电池股价一路下跌，进入了较长期的洗盘格局，2012年1月初，大盘进入阶段反弹，德赛电池终于迎来了拉升行情。在庄家吸完筹，经历了比较长期的洗盘之后，一旦股价进入拉升行情，便迎来了投资者比较安全的介入时机。

当然，德赛电池股价在长期洗盘后，能够再次进入上涨行情，与其基本面有着重要的关系，下面我们就来看看德赛电池的基本面亮点：

（1）从电池角度看，德赛具备两大属性：①电池属性，电池行业技术壁垒相对较高；②制造业属性，电源管理和电池组装子行业在电池行业处于技术排序低端。笔者认为电池行业属性决定这个行业不会出现莱宝高科、京东方等迅速被替代的情况，大客户ATL、索尼、三星近十年稳居全球电池前列，德赛正是借助他们不断拓展高端客户，打造自己的品牌帝国。BMS和电池组装行业未来终将是个电池行业的制造业。这方面，苹果、三星、ATL给德赛精益制造的经验，一流供应链管理，反而让其超群薄发。未来聚焦主业，横向整合，需求逐层启动。

（2）苹果Iphone5是当年增长点：2011年德赛供应苹果手机50%以上电源保护产品，苹果相关业务占公司70%左右，我们预计Iphone5下半年发布，公司业绩有望再创新高。

（3）未来苹果为德赛带来的价值空间：①Iphone未来销量增长空间还很大；②德赛今年已经取得苹果Ipad供应商资格，有望获得Ipad新订单；③未来苹果继续引领行业创新，德赛同步成长。

（4）德赛的品牌缔造：与国际一流电池厂合作，不断扩大高端客户群体，打造一流品牌。公司通过ATL、三星、索尼、力神全球电池巨头服务于苹果、三星、亚马逊、宝时得、博世等高端客户。全球前6大电池企业占电芯总出货量60%以上，公司与其中三星、ATL、力神、索尼建立了长期稳定的合作。

（5）全球顶尖的精益制造经验，是德赛的核心竞争力；长期可持续竞争优势是企业经营的核心，这种壁垒可能来自于两类：一类是绝对技术壁垒，另一类是低成本和品牌壁垒。德赛精益制造能力使公司在技术壁垒相对不高的行业中具备相对技术与成本优势，苹果产品上线全检不良率仅1.5PPM，超过六西格玛要求，精益制造能力全球领先。

(6) 横向产业链整合，需求逐层启动：德赛充分布局智能手机、平板电脑、电动工具、电动自行车、电动汽车与储能多个细分市场，聚焦主业横向整合，从移动电源单个电芯的小型手机到千万个电芯的储能，需求逐层启动，未来有几十倍的成长空间。

根据华创证券的预计，德赛电池营收增速35%，毛利水平19.5%，对应2012年、2013年、2014年EPS为1.13元、1.41元、1.97元。

从技术面来看，我们可以看到，虽然在2010—2011年年底这段时间德赛电池处于下跌通道，但是我们发现2011年6~11月这段时间有资金不断注入加仓德赛电池，主力资金建仓吸筹明显。

从基本面来看，德赛电池正处于业绩快速发展的时期，公司具有十足的安全边际，并且总体估值水平偏低。

正是由于德赛电池稳健的基本面，才使得庄家在长期对德赛电池洗盘后、大盘阶段反弹时迎来快速拉升行情，也给投资者迎来了买入获利的机会。

案例二。

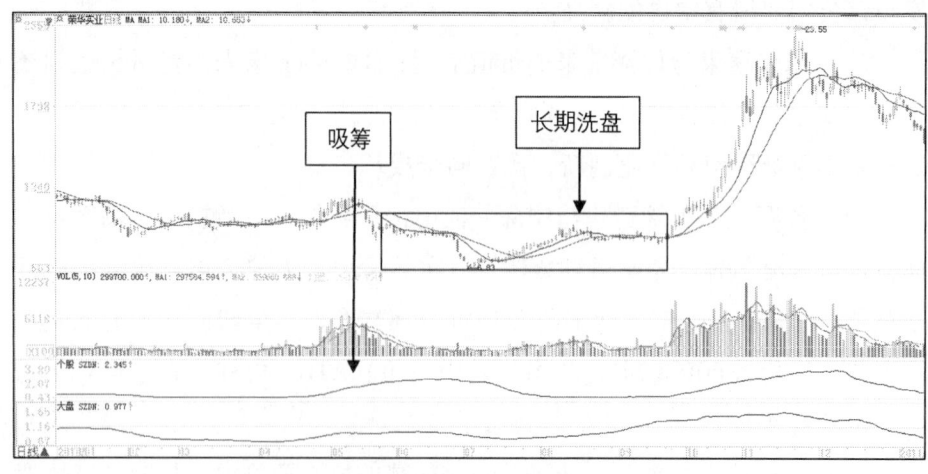

图5-2

荣华实业（600311）是一家主营玉米淀粉及其副产品、农用地膜、玉米精炼油和糊精的生产、销售以及黄金等矿产品加工业的公司。2001年6月，公司股票登陆上海交易所，发行8000万股，募集资金6.88亿元。

图5-2所示的是荣华实业自2010年1～12月这段时间的日K线图。2010年4～7月，大盘处于震荡市场的下跌行情。2010年4～5月这段时间，荣华实业股价放量上涨，上涨动能指标已经达到2.3，远远大于同期大盘的上涨动能指标，庄家对荣华实业吸筹明显。此后，荣华实业股价跟随大盘逐步回调，进入较长期的洗盘行情。2010年10月，经历了长期洗盘的荣华实业终于爆发，股价放量突破了前期的盘整平台，迎来了洗盘后介入的好时机。此后，荣华实业股价在23个交易日上涨了100%。

当然，庄家敢于在长期洗盘后对荣华实业快速拉升，与其基本面有着重要的关系，下面我们就来看看荣华实业的基本面亮点。

（1）业绩扭亏为盈。

2010年8月18日，甘肃荣华实业（集团）股份有限公司发布《2010年半年业绩公告》，根据公告显示，公司2010年1～6月实现营业收入17598.50万元，同比增长19.59%，净利润119.38万元，同比扭亏为盈（2009年同期亏损5422.85万元），每股收益0.0018元。

荣华实业中报业绩实现扭亏为盈，符合各大券商机构的预期。公司2010年1～6月主营业务收入全部来自于子公司浙商矿业的黄金开采及销售，随着选矿厂生产技术水平趋于稳定，上半年实现主营业务收入17598.50万元，比2009年度同期提高了19.59%，实现盈利4139万元，成为公司主要利润来源。

毛利率大幅提升。毛利率大幅提升源于公司本期主营业务收入全部来自于毛利率较高的黄金开采销售，而淀粉及谷氨酸相关生产线因为停产，没有产生营业收入及成本，因此毛利率较上年同期大幅提升。

（2）厂房搬迁有助业绩提升。

2010年4月27日公司发布《关于与淀粉及谷氨酸生产相关资产搬迁事项的公告》。公司申请政府对涉及公司资产搬迁损失4.11亿元全额进行补偿，并对选定新地址取得该土地相关的全部费用进行补偿。公司将在此过程中进一步消除原来在生产中存在的不足,实现技术优化升级,并争取通过搬迁结余资金启动淀粉及谷氨酸的生产。我们认为,公司搬迁有利于盘活闲置资产,减少闲置资产的折旧,从而提升公司业绩。

(3)主业转型,凤凰涅槃。

2010年10月22日,公司公告将原有玉米淀粉相关的全部资产剥离给大股东荣华工贸有限公司。至此,公司彻底剥离了原有业务,完全转型为一家矿业公司。

公司目前拥有肃北县金山金矿和警鑫金矿,根据收购时的公告数据,金山金矿和警鑫金矿(包含尾矿渣)保有储量黄金9758.79千克,白银95253千克。公司的储量前景很好,可能远远超过当时收购时公告的数据,原因是:金山金矿在地质构造上处于一个大的成矿带上,未来有探矿增储可能;当时认定储量的品位标准应该很高,假如将生产边际品位降低,那么实际储量就有可能远远超过当年收购时的公告数据。

金山金矿年选矿66万吨矿石量。2010年年初开始达产,2010年前三个季度约产黄金1050千克,预计全年黄金产量能够达到1500千克。未来产量增量来自:采高品位矿;增加银产量;提高小西弓矿区产能。

在黄金供给有限的背景下,黄金官方储备需求及民间投资需求上升远超过黄金供给能力。过去20年经历了股票市场和资产资源品两个10年牛市,未来10年,在全球国际货币体系的调整下,黄金有望呈现下一个10年牛市。根据笔者对未来黄金价格的判断,预计年内升至1500美元/盎司;1年内,黄金价格或冲击2000美元/盎司,2年内或达到3000～5000美元/盎司高位。黄金生产加工企业将受益于未来金价上涨。

公司成功转型为贵金属生产加工企业,根据预计,2011年、2012年黄金产量分别为2吨、2.2吨,白银产量为40吨、80吨。根据对未来黄金价格的判断,假设2010—2012年黄金平均售价分别为285元/克、365元/克和475元/克,对应国际金价为1303美元/盎司、1669美元/盎司以及2172美元/盎司。民生证券预测公司2010—2012年的黄金销售收入分别为3.71亿元、7.30亿元、10.45亿元,EPS分别为0.04元、0.47元、0.92元。

在荣华实业甩掉包袱，成功转型黄金的生产和加工之后，其业绩情况也会不断好转，相应的在2011年和2012年都会获得不错的业绩预期，因此各大券商都调高了对荣华实业的业绩预期。在这样的基本面环境下，庄家在经历了较长期的洗盘后对荣华实业进行大幅拉升是理所当然的事情。

案例三。

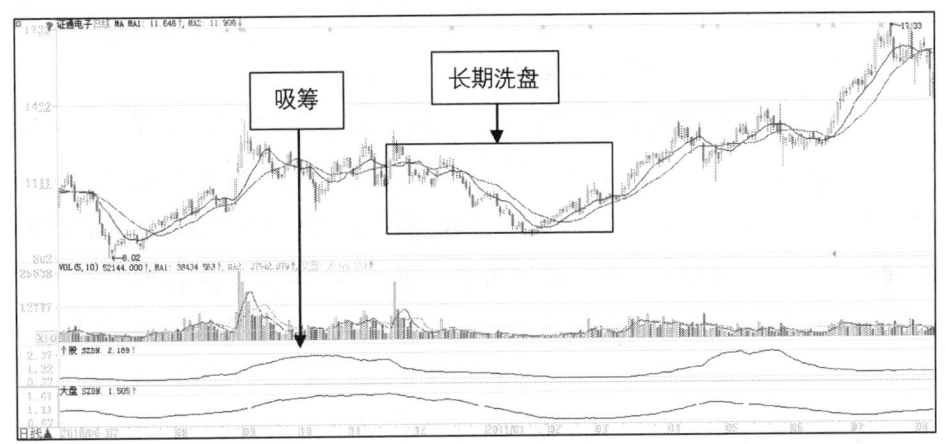

图5-3

证通电子（002197）是一家从事加密键盘、自助服务终端、电话E-POS、自动识别技术产品和公共通信终端产品等的研发、生产和销售的公司。公司是由深圳市证通有限公司依法整体变更、发起设立的股份有限公司，于2006年12月6日在深圳市工商行政管理局登记注册成立，并领取了注册号为4403012064231的企业法人营业执照，注册资本为5856万元。2006年12月26日，发行人第一次临时股东大会决议将注册资本由5856万元增加到6543万元，于2007年1月18日正式办理了工商变更登记。2007年12月，公司股票登录深圳交易所，发行2200万股，募集资金2.4816亿元。

图5-3所示的是证通电子自2010年6月至2011年8月这段时间的日K线图。2010年7～11月这段时间，大盘处于震荡市场上涨行情，2010年7～9月这段时间，证通电子股价放量上涨，上涨动能指标已经达到2.2，大于同期大盘的上涨动能。此后，虽然大盘仍处于上涨行情，但证通电子股价却提前进入洗盘行情。直到2011年1月底，大盘再次进入震荡

市场上涨段后，证通电子股价才逐步开始上涨，进入拉升阶段。在证通电子经历了较长期的洗盘后，股价再次进入拉升段初期，迎来了投资者买入的时机。

当然，证通电子的庄家在长期洗盘后敢于对其股价再次拉升，与其基本面有着重要的关系，下面我们来看看证通电子的基本面亮点。

公司是国内 EPOS 的主要三大厂商之一，市场占有率约为 50%。公司目前 EPOS 销售收入主要来自银行客户，在银行（特别是建设银行，邮政银行，农业银行）有绝对的优势地位。公司是第三方支付线下支付龙头拉卡拉的主要供货商，目前拉卡拉 EPOS 和金融终端方面主要通过公司定制。

第三方支付拉动 E-POS 需求。伴随第三方支付牌照的发放，困扰第三方支付企业的身份问题得以彻底解决，第三方支付企业必将加大对设备和平台的投资。线下支付龙头拉卡拉已经宣布未来 3 年将在全国布置 100 万个金融支付终端，公司作为拉卡拉设备主要定制厂商必将受益。同时网上支付平台纷纷发力"网上购物，线下支付"业务，目前收付宝、快钱、支付宝等都已经开始大力推广网上购物网下支付，电信运营商纷纷推出固话支付，银联也已经开发了 EPOS 系统，大力推广网上购物，网下支付。第三方支付业务的展开必将拉动 EPOS 整体出货量快速增长。

公司加密键盘等业务稳步增长。加密键盘受 ATM 机和 POS 机需求拉动保持稳步增长，公司正在拓展全球第二，三大 ATM 机厂商一旦拓展成功，ATM 机收入将出现跨域式增长。银行柜台产品受银行新增分支机构的增加和银行 EMV 迁移的影响，未来 2 年将保持高速增长。

根据金元证券的预计：公司 2011—2013 年收入分别为 8.43 亿元，11.56 亿元和 14.91 亿元，净利润分别为 1.22 亿元、1.68 亿元和 2.20 亿元，每股收益分别为 0.58 元、0.80 元和 1.05 元；对应 2011—2012 年的 PE 分别为 24.53 倍和 17.78 倍。参考新国都和三泰电子估值水平偏低，未来仍有一定空间。

有业绩支撑的基本面，电子支付的龙头企业之一，在这样的基本面环境下，使得证通电子庄家在洗盘后敢于对其股价进行拉升，也给我们带来了获利的机会。

在庄家的拉升初期和拉升中期，庄家也会进行多次洗盘，如果投资者审时度势，根据大盘环境具体分析，在合适的洗盘结束后买入，也能给投资者带来丰厚的收益。

下面我们来看几个案例。

案例四。

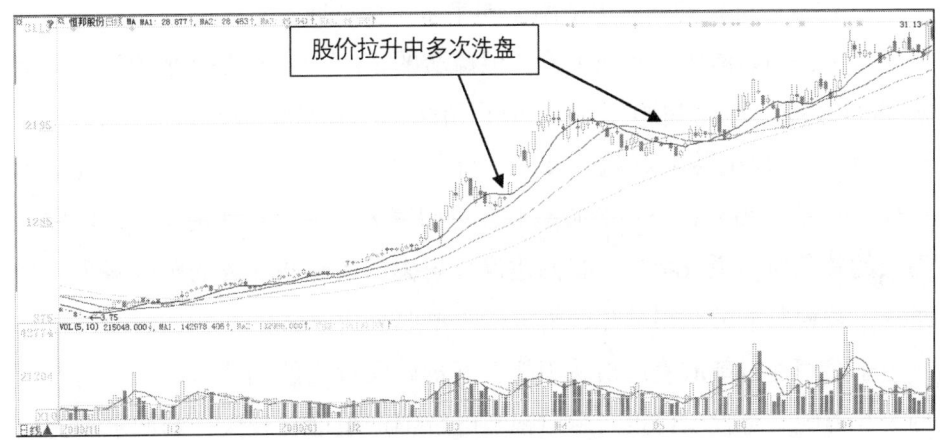

图 5-4

恒邦股份（002237）是一家从事黄金探、采、选、冶及化工生产的公司。经牟平县体改委1994年2月6日批复同意，公司由原牟平县黄金冶炼厂发起、以定向募集方式设立。1994年2月18日，公司在牟平县工商行政管理局注册成立，成立时公司名称为"牟平县东方冶炼股份有限公司"。1997年6月26日，山东省经济体制改革委员会确认公司基本符合《公司法》要求，并随文向公司颁发了"山东省股份有限公司批准证书"，确认公司由原牟平县黄金冶炼厂发起、以募集方式设立。1997年7月14日，公司根据要求在山东省工商行政管理局重新办理了工商登记手续，并更名为"山东东方冶炼股份有限公司"。2003年8月7日，公司名称变更为"山东恒邦冶炼股份有限公司"。2008年5月，恒邦股份登录深圳交易所，发行2400万股，募集资金6.2352亿元。

图5-4所示的是恒邦股份自2008年10月至2009年7月这段时间的日K线图。2008年10月底，上证指数逐步企稳，随后进入上升浪中，恒邦股份股价在庄家吸筹后逐步进入拉升阶段。我们发现，在恒邦股份自

2009年1~7月这段拉升段中，股价经历了多次的洗盘回调，投资者只要在恒邦股份庄家洗盘后，股价再次步入拉升阶段初期介入，就能获取非常不错的收益。

恒邦股份股价在庄家数次洗盘后还能持续上涨，还有赖于其基本面因素的刺激，下面我们就来看看恒邦股份的基本面的亮点。

（1）硫酸价格的剧烈上涨给公司带来丰厚的收益。

尽管公司硫酸成本不断上升，但硫酸的生产毛利仍然接近60%。我们按2008年硫酸均价1400元/吨，公司硫酸生产成本按650元/吨左右计算，公司2008年仅硫酸毛利就达2.4亿元，对公司2008年EPS直接贡献为1.311元/股。另外，公司的硫酸业务可归属为资源综合利用项目，可属于国家的减免所得税收项目，我们建议公司去申请硫酸业务的税收减免，如果这一块税收能够获得减免，将进一步增厚公司业绩。

子公司通过硫酸生产出磷肥能够抵抗硫酸价格波动的风险，目前产量约为6万吨。募投项目投产后白银和电解铜产量增长较大，利润水平比较可观。

（2）黄金业务稳定发展。

自产金产量平稳增加，公司自供原料产金保持平稳增长。预计2008—2010年自供原料产金分别为2.1吨、2.3吨、2.4吨；外购原料产金2008—2010年分别为4.3吨、5.06吨、10.4吨。而黄金总产量2008—2010年分别为9.8吨、10.9吨、16.68吨。

（3）黄金价格走高有利于业绩增长。

2008年第三季度末以来全球金融风暴日渐动荡，黄金作为资金的避险买盘，价格被重新推高。从streettrack的持仓发现，第三季度基金的黄金净买入大幅增长。展望第四季度，我们认为金价获得进一步上扬，有赖于金融危机的进一步扩大化或深入化，由此刺激黄金投资需求的增加。

通过上面的分析，我们知道恒邦股份业绩稳定，基本面具有亮点，在这样的基本面前提下，股价在洗盘后持续上涨是情理之中的事情。

案例五。

露天煤业（002128）是一家主营煤炭产品的生产、加工和销售的公

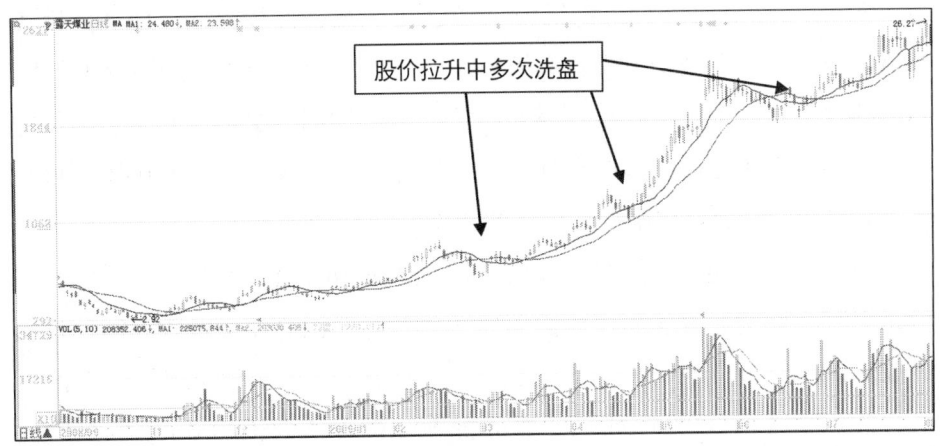

图 5-5

司。本公司是经内蒙古自治区人民政府内政股批字〔2001〕60号文批准，由中电投霍林河煤电集团有限责任公司为主发起人，联合中国信达资产管理公司、吉林省纽森特实业有限公司、大庆霍利物资经贸有限公司、沈阳铁路局经济发展总公司、沈阳东电茂霖燃料有限公司、太原重型机械集团有限公司、湘潭电机集团有限责任公司、中煤工程设计咨询集团沈阳设计院、中国矿业大学、辽宁工程技术大学共同发起设立的股份有限公司。2001年12月18日，公司在内蒙古自治区工商行政管理局注册登记，注册资本23000万元。2007年4月，公司股票登录深圳交易所，发行7800万股，募集资金7.644亿元。

图5-5所示的是露天煤业自2007年7月至2009年8月初这段时间的周K线图。2008年10月底，上证指数见底企稳，随后进入上升浪中，露天煤业股价在庄家吸筹后逐步进入拉升阶段，我们发现，在露天煤业自2009年1~8月这段拉升段中，股价经历了多次的洗盘回调，投资者只要在露天煤业庄家洗盘后，股价再次步入拉升阶段初期介入，就能获取非常不错的收益。

露天煤业股价在庄家多次洗盘后都能快速上涨，与其基本面有着莫大关系，接下来，我们就来看看这一时期，露天煤业的基本面的状况。

露天煤业是内蒙古东部地区生产规模最大的企业，产品为优质褐煤，主要用作电厂燃料。公司产品结构单一，煤炭销售收入占营业总收入

98.09%，目前公司煤炭销售辐射半径已达蒙东、吉林、辽宁地区。销售范围内所服务电厂市场占有率达60%以上，与上年基本持平。2008年，由于客户需求增大，公司全年煤炭产品产销量均创历史最好水平，累计完成煤炭产量3682万吨，较上年增长35.07%。商品煤综合售价同比也增长约10%，达到105元/吨左右。与此相对应，公司的煤炭产品共计实现收入38.08亿元，与去年同期的26.11亿元相比增长了49.38%。其中煤炭销量增加，使营业收入同比增长31%，销售价格提高使营业收入同比增长17.2%。

我们来看看2009年世纪证券分析师陆勤对于露天煤业的调研情况，以下是内容简要：

公司2009年第一季度实现营业收入101599万元，同比增长21.61%；实现利润总额44603万元，同比增长13.71%；实现归属于母公司的净利润33725万元，同比增长13%。实现每股收益0.40元。

公司主业为煤炭，煤炭占营业收入的比重高达98.09%。净利润增长主要是因为公司的煤炭销售价格和销售量都有所增加。盈利能力提高较快。2009年第一季度的毛利率水平达到了57.2%，相比2008年全年33%的毛利率，提高了24.2%。销售净利润率达到36.7%，相比2008年全年提高了19个百分点。

公司地处蒙东，主要产品褐煤的发热量低。但是公司占据了地理优势。由于辽宁和吉林地区煤炭资源逐渐枯竭，内蒙古东部褐煤已经成为辽宁和吉林地区的主要煤炭能源接续基地之一。公司的客户群稳定，主要是内蒙古东部、辽宁省、吉林省内的电厂。在2008年第四季度，在煤炭价格下跌的情况下，公司还进行了提价，可见公司的谈判能力较强。

公司的期间费用率变化不大。财务费用率为0.42%，较上年同期降低了0.9个百分点，主要原因是银行借款额度较同期降低所致。管理费用率为6.56%，与上年同期基本持平。销售费用率为2.1%，同比下降了0.4个百分点。

公司将收购和建设扎哈淖尔露天矿。扎哈淖尔露天矿可采储量8.2793亿吨，煤种主要以褐煤为主，预计建成达产后将具有年产1500万吨煤炭的生产能力。预计该项目2010年达产。收购完成后，将显著增加公司未来几年的煤炭储量和煤炭产量，提升企业规模和盈利能力。公司未来继续收购集团资产值得期待。

公司预计2009年1～6月归属于母公司所有者的净利润与上年同期相比变动幅度在15%～45%之间。与我们预期相符。

不考虑资产注入情况下，预计2009—2010年每股收益分别为1.05元和1.14元。考虑公司收购集团扎哈淖尔露天矿后对公司业绩增厚，我们维持"增持"的评级。

我们看到，在2009年初期，露天煤业的基本面情况也非常不错，稳定增长的业绩和强烈的资产注入预期，这些都是刺激露天煤业股价在2009年上半年庄家多次洗盘之后又迅速进入上涨通道的重要支撑。

案例六。

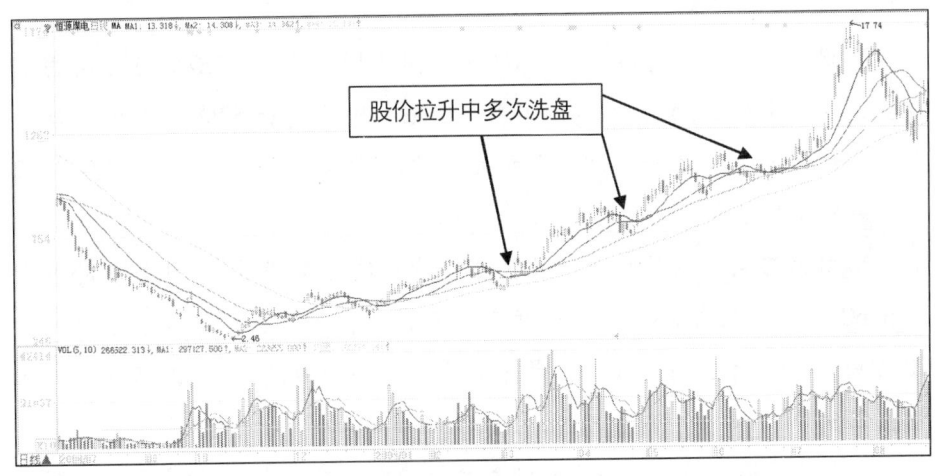

图5-6

恒源煤电（600971）是一家从事煤炭开采、洗选加工、销售业务的公司。公司是2000年12月29日由安徽省皖北煤电集团有限责任公司作为主发起人，以其所属刘桥二矿经营性资产及相关负债作为出资，联合安徽省燃料总公司、合肥四方化工集团有限责任公司、合肥开元精密工程有限责任公司、深圳高斯达实业有限公司等四家企业共同发起设立。2000年12月29日，公司在安徽省工商行政管理局登记注册，领取企业法人营业执

照,注册资本为8160万元。2004年8月,公司股票登录上海交易所,发行4400万股,募集资金4.1493亿元。

图5-6所示的是恒源煤电自2008年7月至2009年8月这段时间的日K线图。

2008年10月底,上证指数逐步企稳,随后进入上升浪中,恒源煤电股价在庄家吸筹后逐步进入拉升阶段,我们发现,在恒源煤电自2009年1～8月这段拉升段中,股价经历了多次的洗盘回调,投资者只要在恒源煤电庄家洗盘后,股价再次步入拉升阶段初期介入,就能获取非常不错的收益。

当然,恒源煤电股价能在庄家洗盘后有持续上涨的表现,还与其基本面因素有关,下面我们就看看恒源煤电当时的基本面情况。

我们先来看3月9日招商证券发布的对于恒源煤电的调研报告,简要内容如下:

2008年公司实现每股收益1.62元,同比增长20%:2008年度公司实现主营业务收入20.5亿元和利润4.1亿元,同比增长57%和12%。实现归属于母公司所有者净利润3.1亿元,同比增长20%,合每股收益1.62元,基本符合预期。

2008年煤炭产销量稳定增长:可转债募集资金投资的90万吨卧龙湖矿和60万吨的五沟煤矿于2008年下半年投产,增加公司的煤炭产量大约70万吨,2008年公司煤炭产销量分别为416.11万吨和395.65万吨,同比增长22%和25%。

成本随价格上涨,煤炭毛利率和吨煤净利小幅下降:2008年公司煤炭售价为501元/吨,较2007年增加100元/吨(+25%)。煤炭成本为340元/吨,较2007年增加745元/吨(+28%),煤炭毛利率为32%,较2007年下降4个百分点。每吨煤净利为77元,较2007年的80元小幅下降。

会计政策调整增厚业绩明显:维简费计提标准为11元/吨,安全费用计提标准为收入的4%,2007年两项合计为27元/吨。从2007年度调整的数据来看,煤炭成本每吨减少17.8元,增厚2007年EPS0.28元,较2007年原EPS1.07元增厚26%。

2008年未公布具体增厚数，如按2007年减少的每吨煤成本计算则增厚2008年EPS0.28元，增厚幅度为21%。

2009年，卧龙湖矿和五沟煤两个煤矿将达产至150万吨，此外整体上市后，2009年增加产量505万吨，2010年再增加产量180万吨。预计2009—2010年煤炭产量分别为995万吨和1175万吨，同比增长139%和18%（总体增加1.8倍，而考虑可转债转股后的股本仅增加1.4倍）。

盈利预测：预计2009—2010年每股收益分别为1.44元和1.7元（考虑可转债全部转股和增发增加股本）。同比分别增长111%和18%。

整体上市后2009年动态PB仅1.4倍，重置成本为20.3元/股。维持"审慎推荐"投资评级。

为了更加全面地了解恒源煤电当时的基本面状况，我们再看2009年3月10日长城证券发布的对恒源煤电的调研简报，简报内容如下：

恒源煤电2008年全年实现营业收入20.49亿元，同比增长57.14%，归属于母公司的净利润为3.06亿元，同比增幅为20.4%。基本每股收益1.62元，略高于前期预期。每股经营活动产生的现金流量净额为2.11元，净资产收益率为20.86%，比上年高出了1.2个百分点。2008年公司生产原煤416.1万吨，商品煤销量为395.6万吨，同比增长25%。增量部分主要来自于2008年下半年投产的卧龙湖矿和五沟矿，这两个煤矿为公司2007年发行可转债所募资金收购大股东的资产。由于刚投产，开办费用较高，卧龙湖矿本年度亏损4291万元，五沟矿盈利4843万元，两矿盈亏基本相抵。公司2008年商品煤综合售价500.7元/吨，较上年同期提高25%，或100元/吨，增长的原因一是上半年煤价增长较多，另外，第四季度煤炭毛利率高于第三季度，可能意味着新投产的两矿煤种因煤种更好，售价也比原有煤炭产品价格高些。全年煤炭单位销售成本增幅略高于价格提升，为27.6%，达到340元/吨，煤炭毛利率同比下降1.4个百分点至32.1%。电力业务方面，2007年第四季度投产的2×15MW煤矸石发电机组，使得2008年发电量增加了58%，达到2.2亿度。煤矸石发电成本低，电力毛利率达到30%，远高于电力行业平均水平。但由于规模小，利润贡献仅1612万元。在不考虑整体上市的情况下，新收购的两矿有望使得2009年公司煤炭产量继续实现18%的增长，达到490万吨。对2009年煤价，预计公司原有两矿的动力煤税前均价与2008年均价持平或略为下降，而新购两矿由于煤种较好，售价更高些，谨慎估计2009年综合煤价应该基本保持在2008年水平，若下半年市场开始好转，则均价有望增长5%～8%。但由于增值税上调、可能征收的资源税等因素的影响，2009年现有矿的煤炭毛利率难有改善。2008年10月底，公司董事会通过了整体上市的预案，拟第一步以13.71元/股的价格向大股东皖北煤电集团发行1.12亿股，以支付收购集团任楼煤矿、祁东煤矿、钱营孜煤矿及煤炭生产辅助单位的资产与负债所需资金的50%。另50%价款先形成上市公司对大股东的负债。

通过对两份研究报告的分析，我们可以得出如下信息：恒源煤电的业绩略超预期，2008年公司实现每股收益1.62元，公司具有十足的安全边际。与此同时，公司的整体上市将刺激2009年恒源煤电业绩的爆发式增长。因此，我们可以看出，当时恒源煤电的基本面非常优异。

正是在这样优异的基本面支撑下，其股价在庄家数次洗盘后都能快速进入上涨行情，给投资者带来了买入获利的良机。

案例七。

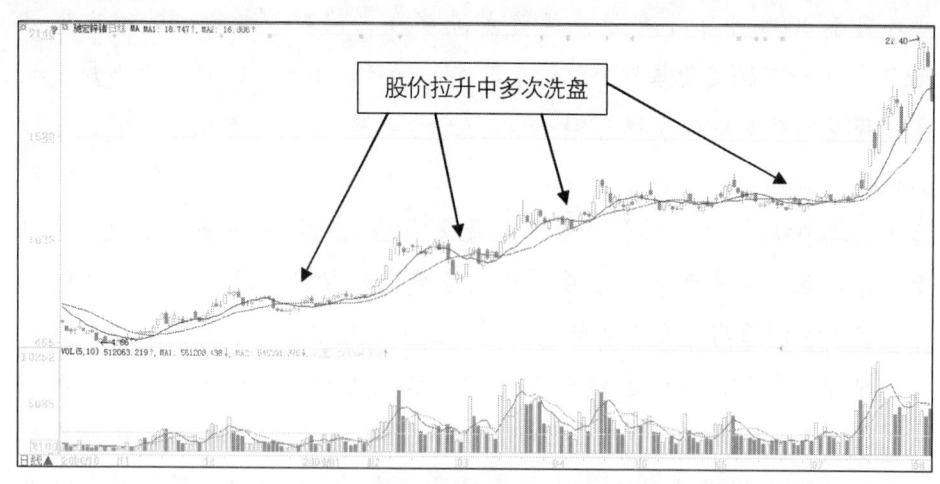

图5-7

驰宏锌锗（600497）是一家从事铅、锌、锗系列产品的生产与销售的公司，公司经云南省经济体制改革委员会云体改生复〔2000〕33号文批准，由云南会泽铅锌矿作为主发起人，以其拥有的铅、锌、锗生产与销售相关的生产经营性资产出资，联合云南富盛铅锌有限公司、云南省会泽县国有资产持股经营有限责任公司、云南省以礼河实业有限公司、云南北电电力实业有限公司、昆明理工大学以现金出资，共同发起设立，于2000年7月18日正式成立，注册资本为9000万元。2004年4月，公司股票登录上海交易所，发行7000万股，募集资金4.004亿元。

图5-7所示的是驰宏锌锗自2008年9月至2010年3月这段时间的周K线图。2008年10月底，上证指数逐步企稳，随后进入上升浪中，驰宏锌锗股价在庄家吸筹后逐步进入拉升阶段。我们发现，在驰宏锌锗自2008年12月至2009年8月这段拉升段中，股价经历了多次的洗盘回调，投资者只要在驰宏锌锗庄家洗盘后，股价再次步入拉升阶段初期介入，就能获取非常不错的收益。

当然，驰宏锌锗股价在庄家洗盘后能有如此表现，与其基本面有着重大关系，下面我们就来看看驰宏锌锗的基本面情况。

我们来看看2009年3月渤海证券分析师靳海明发布的对于驰宏锌锗的调研报告，以下是简要内容。

投资要点：

报告期内公司产品产量增长，利润下降：驰宏锌锗年报显示，全年实现营业收入46.44亿元，同比减少23.99%；实现利润总额1.87亿元，同比减少87.58%；归属于母公司所有者的净利润1.53亿元，同比减少88.41%；每股收益0.2元。报告期内公司铅锌总量27.73万吨，比上年同期增加2.23%，其中：电锌139685.53吨、电铅90759.14吨（含自耗）；锗产品含锗15319.76千克；银产品130310.28千克（含委托加工和自耗）；硫酸313270.42吨（含自耗）。

金融危机导致的铅锌产品价格大幅下跌是公司减利的主要原因：受全球性金融危机影响，2008年10月开始，国际、国内铅锌市场消费需求锐减，产品价格持续下跌，致使公司主营业务利润大幅下降。2008年全年锌价平均15400元，较2008年下降了44%，铅价平均成交17100元，同比下降了13%。价格下跌使公司盈利能力大幅下降，存货跌价损失增大，2008年公司资产减值损失为2.03亿元，较上年的0.89亿元增长128%。

2009年铅锌行业仍难以好转：虽然有国家收储以及地方收储帮助提振价格，但金融危机导致全球锌消费急剧减少，国外品牌锌锭开始大量进口中国，只靠一国之力很难改变市场现状，2009年锌价仍将在低位运行。受供应瓶颈以及中国需求稳定影响，铅行业较锌行业乐观，将维持相对强势，能够对公司经营提供帮助。从总体来看，2009年公司盈利能力肯定下降，需要在行业低谷时狠抓管理、降成本，提高公司在行业内的竞争力。

公司将抓紧项目建设力度：公司将紧抓工程建设成本相对较低的机遇，加快呼伦贝尔20万吨/年铅锌、会泽16万吨/年铅锌、30吨/年锗、800吨镉/年等项目的建设进度，尽早形成新的产能和产业布局，创造新的利润增长点。力争2009年实现：铅锌产量27.7万吨，其中电铅10万吨，电锌及锌合金17.7万吨；锗产品含锗15吨；银150吨；实现销售收入33亿元。

预计公司2009—2011年每股收益分别为0.65元、0.93元、1.32元，将公司评级从"买入"调整为"中性"。虽然下调公司评级，但我们注意到公司的大股东云南冶金集团是有色产业振兴规划重点扶持的地方企业集团，云南省铅锌资源丰富，不排除后续公司将对云南省的铅锌资源进行进一步整合，建议密切关注。

受金融危机影响，虽然驰宏锌锗的利润有所下降，但是由于公司存在的资源整合的预期和公司业绩的安全边际，同时公司也是稀有金属品种的龙头股，这样的基本面环境为庄家洗盘后的连续拉升带来了支撑，也给投资者带来了获利的机会。

第六章

拉 升

庄家要运作一只股票，最重要也是坐庄成功的最显著标志就是拉升环节。只要庄家能够花少量的资金把股价拉升到自己的目标位置，那么这次坐庄就成功了一大半。对于投资者来说，拉升也是我们跟庄的唯一目的，我们所有的等待，都只有在庄家拉升阶段才能换成收获，因此，研究庄家的拉升对于投资者来说至关重要。

第一节 拉升概述

一、拉升的概念

庄家在经历了漫长的吸筹、洗盘等阶段之后，在适当的时机拉升个股，是股价脱离庄家的成本区，直至庄家的目标位置，这个过程就叫作拉升。拉升是股价的主升阶段，行情诱人且升幅可观。

二、拉升时的市场特征

（1）市场量能逐增：一般来说，庄家在拉升时，成交大幅度放大，交投活跃，场外增量资金入场，因为突破是为了吸引市场的注意力，引发更多买盘介入，这样主力才会轻松派发；不过需要提醒的是，量能放大虽然是拉升阶段的普遍现象，但却并不是拉升阶段成立的必要条件。缩量拉升或平量拉升也不少见，是否放量关键在于筹码的锁定性和主力的目标位；筹码锁定性好，缩量拉升同样成立，主力出货目标位不到，拉升阶段也不会刻意造成巨量，否则容易丢失手上筹码。量能的演变需要结合市场环境、筹码稳定性、主力目标位以及操作手法等诸多因素综合考虑，投资人切莫以偏概全。

（2）市场人气火爆：低迷的市场适合进货或洗盘，火爆的市场适合拉升及出货。

（3）市场运行有序：低迷的市场股价往往呈现无序波动，很难从技术面进行把握；市场进入拉升阶段后，人气旺盛，往往呈现有序波动，无论日K线还是分时图，股价逐波上行，阶段低点与高点逐步抬高。

（4）市场机会增多：拉升阶段，盘中多以大阳小阴涨多跌少出现。日K线上，平开高走或高开高走，拉出长阳甚至连续阳线，出现一两根阴线然后再度拉出长阳，如此拉升股价，吸引散户抬轿。市场赚钱机会增多，似乎赚钱非常容易。

三、拉升时的盘口现象

（1）日K线盘口：连续大幅跳空高开甚至涨停开盘，且中间跳空缺口短期内不回补；盘中偶尔出现一波回探后，迅速大买单拉起，基本运行在前一日收盘价格上方，收盘往往以最高价格或次高点收，上涨势头强劲，日K线经常出现大阳线，T字形阳线甚至一字形。

（2）分时盘口：①在当日分时买卖盘同时挂大单，成交大幅放出，买卖价格不断推高，个股在分时图上经常沿着45度斜率上升；②从分时走势看，开盘以及收盘前半个小时最容易出现拉升。

（3）量价关系：①价涨量增：为买盘积极的表现，特别是在股市升势初期及中间阶段，反映出市场投资人买卖情绪高涨，预示后市继续上升机会较大；②价涨量平：反映出主力筹码锁定好，上档压力轻，后市可看高一线；③价涨量缩：量价出现背离，如果出现在升势末期，应谨慎持股，如果是因为涨停板而出现的价涨量缩则升势可延续。

四、拉升的目的

庄家拉升的目的就是想让股价脱离自己的建仓区域，同时吸引更多的投资者加入，以提高其他投资者的持股成本，为其之后的派发做好准备。

如果投资者能够进一步分析清楚不同庄家拉升的目标位置，那么对于

我们的投资将会非常有利。然而，众多的庄家他们所采取的手段也五花八门，这就要我们充分地了解不同的庄家所选取的拉升时机和拉升手法，只有对庄家的拉升了如指掌，才能真正在庄家的拉升过程中获得不错的收益。

第二节　庄家的拉升时机与拉升征兆

投资者要想提高自己的资金效率，快速地获得利润，只有紧紧跟随那些正处于庄家拉升阶段的股票。要想在股票拉升前或者刚刚拉升时便介入其中，投资者就必须要知道庄家对于股票拉升时机的选择和股票拉升前的一些征兆。

我们先来看看庄家拉升的时机选择。

虽然庄家手中拥有大量的资金，实力远远强于一般散户，但是庄家也并不是随便就可以拉升股票的。庄家在拉升股票前，同样要经过深思熟虑，否则，有可能出现股票拉升上去，但是没有人跟风的状况，到头来，很有可能弄成自弹自唱，这是庄家所不想看到的。

下面我们就来看看影响庄家拉升的一些因素。

（1）大盘环境好的时候，人气旺，借机拉升容易引起散户注意，拉升成本低，四两拨千斤，在市场狂热的时候出货。

（2）重大利好公布的时候。利好消息发布使原来鲜为人知炒作题材明朗，庄家借机拉升。

（3）高转送题材即将公布或公布时。股票的分配方案本来就是庄家的炒作题材。同时庄家可以利用股票除权缺口效应、低价效应与填权效应。

（4）市场低迷、微跌市或牛皮市。此时成交萎缩，持币观望人较多，若庄家敢脱颖而出，则市场往往称之为"黑马"，跟风资金及短线客往往很容易追涨。

（5）市场热点板块形成时。当市场形成某一个板块或者热点效应后，投资者就会有一种思维定式，他们往往非常容易购买那些类似的热点或者板块类的股票，庄家只要做好几只龙头股，其他同类的股票几乎可以轻松地跟风上涨。

我们再来看看庄家在拉升股票前的一些征兆。

庄家操盘十分隐秘，在股价拉升前，他们十分担心被别人发现，从而使用许多操盘功夫，以迷惑散户，但细心的投资者从盘面不难看出以下特征：

一是在股价拉升前，股票成交量分布不规则，平日的成交量很小，偶尔会放出巨量，这些巨量一般靠庄家对倒而来。这些个股在大盘急跌时，抛盘很小，价格已不再下跌，但可能突然一笔大抛单将股价打低很多，但股价很快又被拉回。

二是股价几乎不随大盘走势波动，自成一派，尤其是在大盘震荡时更是如此。在此期间买卖盘价位间相差很大，只有某几个重要价位有买卖挂盘，其他价位几乎没有挂盘，此时该股还不受人关注。

三是庄家的洗盘动作，往往意味着大幅拉升就要开始。留心庄家洗盘有助于发现股市热点，如发现该股浮码洗净，那么庄家猛烈拉升在即。一般情况下庄股拉抬前十分平静，价格波动小，价值区日趋收窄，面临突破。随后庄家开始发力上攻，主动性买盘介入。这些盘面变化很明显，股民朋友只要仔细观察就不难发现。

我们知道股价和成交量是分析股票的最重要的信息，在此，我们就来较为细致地分析一下如何通过成交量和股价的配合寻找到即将拉升的"黑马"。

如果主力吸筹较为坚决，则涨时大幅放量、跌时急剧缩量将成为建仓阶段成交量变化的主旋律。

尽管在很多情况下，主力吸筹的动作会比较隐蔽，成交量变化的规律性并不明显，但也不是无踪可觅。

一个重要的手段就是观察成交量均线。如果成交量在均线附近频繁震动，股价上涨时成交量超出均线较多，而股价下跌时成交量低于均线较多，则该股就应纳入密切关注的对象。这表明，筹码正在连续不断地集中到主力手中。

对于盘中异动成交的情况也值得关注。因为在成交量波幅不大的日子里，主力也并没有闲着，只是收集动作幅度没有那么大而已。此时，我们可以观察该股的分时图，例如15分钟、30分钟、60分钟图，如果有类似情况出现，同样有可能是主力吸筹的结果。

需要注意的是，投资者从成交量的变化寻找"黑马"时，必须结合股价的变化进行分析。因为绝大部分股票中都有一些大户，他们的短线进出同样会导致成交量出现波动，关键是要把这种随机买卖所造成的波动与主力有意吸纳造成的波动区分开来。

我们知道，随机性波动不存在刻意打压股价的问题，成交量放出时股价容易出现跳跃式上升，而主力吸筹必然要压低买价，因此股价和成交量的上升有一定的连续性。

依据这一原理，可以在成交量变化和股价涨跌之间建立某种联系，通过技术手段过滤掉那些股价跳跃式的成交量放大，了解真实的筹码集中情况。

目前市面上流行多种分析指标，不过一般来说，这种指标使用的范围越窄，效果就越好，因为一旦传播开来，容易被主力反技术操作。但无论如何，上述原理却是永恒适用的，因为主力无论如何掩饰，集中筹码是根本目标。

成交量堆积是另一个重要的观察对象，它对于判断主力的建仓成本有着重要作用。除了刚上市的新股外，大部分股票都有一个密集成交区域，股价要突破该区域需要消耗大量的能量，而它也就成为主力重要的建仓区域，往往可以在此处以相对较低的成本收集到大量筹码。

所以，那些刚刚突破历史上重要套牢区，并且在以下区域内累积成交量创出历史新高的个股，就非常值得关注，因为它表明新介入主力的实力远胜于以往，其建仓成本亦较高，如果后市没有较大空间的话，大资金是不会轻易为场内资金解套的。

但如果累积成交量并不大，即所谓"轻松过顶"，则需要提高警惕，因为这往往系原有主力所为，由于筹码已有大量积累，使得拉抬较为轻松。尽管这并不一定意味着股价不能创出新高，但无疑主力的成本比表面看到的要低一些，因此操作时需要更加重视风险控制，股市整体走势趋弱时尤其需要谨慎。

需要指出的是，在主力开始建仓后，某一区域的成交量越密集，则主力的建仓成本就越靠近这一区域，因为无论是真实买入还是主力对敲，均需耗费成本，密集成交区也就是主力最重要的成本区，累积成交量和换手率越高，则主力的筹码积累就越充分，而且往往实力也较强，此类股票一旦时机成熟，往往有可能一鸣惊人，成为一匹"超级大黑马"！

所以，我们要注意那些在相对低位股价波动幅度不大、成交量较大的股票，因为这些股票吸筹充分，上涨动能充足，在大盘环境适合、基本面配合良好的情况下，其拉升幅度远远大于那些吸筹不充分的股票。

第三节　庄家的拉升手法

在拉升阶段，由于庄家已有效控盘，只要用少量资金，就可以让股价出现大幅上升。在此阶段庄家成功的关键有两点：一是时间上要快，使市场无法及时反应；二是空间上要大，要为以后的出货或计算市值保留尽量大的股价差距。在拉升手法上既要凶狠，又要灵活。凶狠是指利用大成交量大幅拉升股价，使投资者无法追涨，次日开市封住涨停，吸引投资者追高。当然具体拉升手法在时间和空间上可由庄家自己掌握。目前，市场中常见的拉升方式大致有以下几种。

一、震荡式拉升

这是指庄家采用流动法在买入股票时将价位拉高，然后将手中筹码进行部分套现，再利用套现资金将股价推高，如此不断进行买卖。这样做的好处，一是可以用高价卖出股票获得的现金用于拉抬，花少钱办大事；另一方面又可大幅降低手中的持股成本，收到一箭双雕的效果。经验丰富的老庄家多采取这种方式。有时候，资金实力有限的弱庄也会采用这种拉升方式。他们没有足够资金控制较多筹码，只有通过坐庄技术进行买卖，从而影响股价以获取利润。这种拉高手法的前提是大市看好，投资者惜售，个股抛压不重，否则逆市拉高则无法实现。

二、台阶式拉升

这种方式是指庄家先逐步收集，然后利用利好消息或市场某日良好的气氛，拉高一个台阶，而后继续横盘整理一段时间后再拉高一个台阶。这种方式不可能像其他庄家那样，把绝大部分的筹码吃进然后不断拉高，庄家只能吃进一两成货，只好采用稳扎稳打、循序渐进的方式。这种方式的庄家是以"稳"取胜的，调整中向下幅度有限，庄家一般不会凶狠砸盘，投资者安安心心地继续持股，而想进货者也可借调整时介入。

三、火箭式拉升

指庄家在短时间内，快速大幅拉升股价，股份走势很陡，就像火一样往上升。比较起来，短线庄家多喜欢采取一鼓作气地火箭式拉升。因为短线庄家拉高关键是借势（借大市反弹之势，借大市上升之势，借利好发布之势，借补涨之势），他必须乘势推高，否则过了这村就没有这个店了。再说短庄一般所持筹码不多，拉高后出货也容易。中线庄家有时也采用这种方式。自然这种方式拉高既要借助特大利好，又必须发生在市场乐观气氛之中，否则，投资者不会追高。短庄和中庄采取这种急拉式要说有什么区别的话，就是中线庄家在拉高过程中大幅度的洗盘。所谓怎么上去的就怎么下来，由于升得急，洗盘中跌势也穷凶极恶。在整个升势中，庄家会较多地利用缺口制造升势。对于这类股票，投资者应密切关注，及早介入等涨，否则一旦庄家发力，再想低价买进就不容易了。

四、高举高打式拉升

高举高打式，庄家以凶狠手法，边拉边洗，或连拉几根阳线，其中有些带长的上下影，表明拉中洗盘，或猛拉几根巨阳或涨停板，然后洗盘整理再上攻。这种拉抬方式多发生在中小盘股，庄家实力强，控盘好。这些股票通常都具备投资价值，或有特别容易令人"倾倒"的题材。因为只有这样才具备较大上升空间，这类长庄操作的板块会持续成为市场热点。

五、波段式拉升

这是指庄家在拉升时，每拉到一定的幅度，洗一下盘，股价走势呈现波浪形上升。采用这种拉升方式的庄家要么实力较强，要么所持票盘子小。这种拉升方式的洗盘幅度比台阶式要大，因此留下来或新加入的都是意志坚定的多头。此类庄家一般志存高远，有耐心，多为中长线庄家，故采取循序渐进，稳扎稳打的手法。

六、夹板式拉升

夹板式拉升是指当日上攻时经常在"买三"和"卖三"位置上同时挂出大单子，之后把买卖价位不断上推。与此同时，在分时曲线图上经常沿45度角的斜率上推。这是庄家控盘较重，跟风盘交少的情况下，为了拉升股价，同时又为了降低拉升成本，而采用的一种缓慢的拉升方式。这种拉升方式可使股价稳步爬升，既不暴涨也不暴跌。

七、逐渐拉高式拉升

此类庄家一般对于大市信心不足，或因资金缺乏，或因筹码太少而不能拉盘，只能利用每天收市前很短时间快速小幅拉升，这样在日K线上形成多日逐渐盘升的小阳线，单从日K线分析以为庄家吃货，从当日走势可看出属拉高行为。

八、对敲做高式拉升

这是最为凶猛也最危险的行为，容易成为明显的操纵市场的违法行为。庄家凭借手中已经拥有的大量筹码和对等的现金，进行多账户的自我买卖，股价迅速直线式上升，而庄家实际成本并没有增加，造成价升量增的虚假现象，恶意诱导投资者买入股票。当股价上涨到一定水平时，庄家必然大量卖出，造成大量跟庄的散户被套牢。

下面我们就来看几种对敲的方法。

（1）压单对敲：主力经过试盘后，觉得盘面较轻，浮动筹码较少，可在卖一、卖二或者卖三上压上大笔卖单，然后，再分批快速买进。诱导多头主动性买盘出现，刺激市场人气，促进股价上涨。当股价轻松上扬到另一个台阶时，再次压单对敲买进。所不同的是，第二次压单数量应高于第一次压单数量。当再次分批买进时，在分时线上就会呈现出价涨量增的良好局面。第三次也是如此，压单的数量应一次比一次更大，从而促进成交量一波比一波放大，股价也一浪比一浪升高。当日股价完成操作计划之时，主力可适时抛出一批筹码，打压住升势。当股价向下回落时可分批小单买进，控制股价走势，引导和掌握股价。当然在股价拉到当日操作既定目标时，也可在卖三或更上方挂出较大的卖单，压制股价，在买三或更低一点价位挂上较大的买单，利用夹板的方式控制股价，促进股价在该区域内充分换手。需要注意的是，在第一波压单对敲的过程中，如果发现没有跟风盘的话，主力应适时停止无谓的对敲，以免形成自拉自唱的局面。

（2）直接对敲：直接对敲拉升和压单对敲拉升比较起来，更为隐蔽和安全。因为在压单对敲的过程中，跟风盘蜂拥而至，很容易造成筹码分流，丧失廉价筹码。而直接对敲拉升则回避了此类风险。主力在卖一、卖二或者卖三上挂单后，一般挂单量适中，主力迅速地一笔买走，股价也随之走高，成交量的放大和股价的涨升同步进行，这样就避免筹码被其他机构或投资者买走的可能性。如此反复，股价迅速推高。

压单对敲拉升往往是先放量后涨价，而且股价分时线向上的涨势较为缓慢。而直接对敲拉升是成交量的放大和股价的涨升同步进行，而在分时线上的涨势速度明显要比压单对敲的拉升速度快得多，这是两者之间的显著区别。

（3）梳式对敲拉升：这种拉升方式，往往是主力实力较弱时采用的一种方式。比如，手头资金紧张，或者可用来对敲的筹码较少，而大盘人气较好，个股浮码较小，在如此成熟的时机下，主力为完成操作计划而采取的拉升方法。

由于主力前期手中握有一定筹码，或者说筹码的锁定性比较好，主力也是采取直接对敲拉高式。可是由于主力手头资金紧张，如果频繁采用直接对敲拉高的方法，一旦股价做高，资金用完，弹尽粮绝时，就再也没有资金护盘了，可是拉升时机又很好，那该怎么办呢？主力只好利用有限的资金，每隔一分钟或几分钟进行一次直接对敲拉高，成交量也逐步放大，股价稳步盘升，所不同的是成交量看起来每笔间隔都留有空隙，好像日常生活中所用的梳子。经过这样运作，既拉高了股价，又不耽误良好的战机，还能护盘，第二天又可以运用前一天卖出的股票的资金进行周转，也算识时务的明智之举。

九、哄鸭子过河

这种拉升，不包含任何对敲成分，只是采用挂单上的微妙关系，给关注该股的投资者施加思想上的压力，改变或进一步刺激其固有的思维定式，从而赢得主动，起到不战而屈人之兵的良好效果。

比如某股浮码稳定，大盘又人气高涨，可是该股缺乏主动性买盘，股价纹丝不动，关注该股的多头都在等待逢低买进的机会，而欲卖出的空头都在等待寻找高点抛出，这时主力只要在买一、买二或者买三上挂上虚张声势的大买单，并且频繁向上移动该买单，促使一直关注该股的多头按捺不住，恐怕等不到逢低买进的机会，只好主动向上买进上方的卖单。这样一来，股价不断上涨，散户多头奋勇买进，多头实力大增，而原来处于观察的空头逐渐心虚，渐渐产生惜售心理，主力只要在下档不断变换买单的价位和数量就可起到煽风点火的效果。

十、推土机式拉升

此拉升和哄鸭子过河有一定的相同之处，都是在下档挂上大买单。唯一的区别是哄鸭子过河主力仅是在下档挂上一张大买单，通过不断变幻买单的数量和位置，促进多头人气，促使股价上涨。而推土机式拉升则是在下档连挂三档大买单，而在上档则挂上均匀而较小的卖单，通过这种挂单上的虚张声势的做法，诱导散户和其他不明真相的投资者买进上方主力挂出的小批量卖单，股价在分时线保持一定角度的缓步上涨。这种拉法虽然也有一定的上涨，但是从严格的意义上来说，并不是拉升，而是主力出货的一种手段，主要出现在行情上涨的末期。

十一、钓鱼竿式拉升方法

此拉升方法和推土机式拉升方法在挂单上恰恰相反。钓鱼竿式拉升方法则是在卖一、卖二和卖三上连挂三张较大的卖单，下档则不挂或者少挂买单。自己又通过不断地对敲买进上档之卖单的方法，促进股价上涨，引诱多头买进，由于下档买单极小，所以想卖出的空头又无从下手。

从成交量来看，外盘和内盘成交悬殊极大，外盘有时甚至大出内盘几倍甚至十几倍！但股价上涨的幅度却与此不成比例，这也是一种边拉边出的方式。从一定意义上来说，钓鱼竿式拉升和推土机式拉升有着主力相同的出货意图，但比较起来，钓鱼竿式拉升比推土机式拉升主力显得更为心虚一点。但是两者又同时出现在行情的末期。钓鱼竿式拉升，可能出现得更晚一些，两者的区别，除了挂单方法不一样外，推土机式拉升包含的对敲成分要比钓鱼竿式拉升包含的对敲成分要少得多，或者是说也有可能不包含对敲成分。另外推土机式拉升，如果是出现在低位，也有可能是实力较弱的主力在虚张声势的造高股价,并不完全是出货,而出现在高位则另当别论。

虽然庄家拉升有着不同的手法,但是随时都可能在盘面中留下非常明显的痕迹,这也是投资者可以从盘面发现主要机构正在采取拉升的手法抬高股价,从而可以伺机跟庄。其盘面上常会出现以下特征:

(1) 经常中(高)价区连拉阳线。进入主升段之后,为了给将来出货留出更大的空间,庄家会大幅拉升股价。日K线表现为连续的阳线,这样可以使持股者更加看好后市,坚定持股信念,等庄家出货时仍然不怀疑。另外,连拉阳线,股价大幅上涨,容易聚敛人气,庄家在高位派发时仍有人接手。

(2) 经常跳空高开形成上攻缺口,且短线不予回补。股价进入主升段后,由于看好的人越来越多,愿意出比前一日收盘价更高的价格买入,这样就会造成股价向上跳空开盘,且在买盘推动下往上高走,股价走势图上留下上攻缺口。这些上攻缺口短期内不予回补,这是因为持股者绝大部分是中长线投资者,此时股价涨势正旺,他们是不会轻易卖出手中股票。有一小部分刚介入的短线跟风者,由于持股成本高,几乎没有或者很少有盈利,所以短期内不会轻易卖出股票。再者,庄家拉升目标还没达到,也不会大量派发,即使有出货,也只是很少部分,用它们来吸引跟风者上钩。

(3) 经常在通过前期某一阻力位(区)时会进行震荡整理。前期阻力位(区)对庄家拉升来说,是不考虑的地方,因为许多股民容易受习惯性思维左右,会把前期阻力位(区)看得很重要,他们会认为,既然以前股价到了此处会受阻升不上去,大概这一次也不会改写历史,所以在股价接近阻力位(区)时随时准备了结出局。如果这样的话,就可能导致庄家的拉升半途而废,不得不付出沉重代价。为避免股价拉升到前期阻力位时引发大量抛盘,庄家通常会采取震荡整理的措施,以消化该阻力的压力。一旦阻力被充分消化之后,在庄家的拉抬下,股价会放量突破阻力位(区)并且加速上扬。

对于技术派人士来讲,比较关注股票的技术特点。在庄家拉升阶段,同样有其独特的技术特点。具体来讲,庄家拉升时的技术特点包括以下几点:

第一，经常走出独立于大盘的走势，由于庄家拉升的势头已起，往往会出现单边倒的走势，根本不会理会大盘的运行情况。其实独立走势预示着庄家已经具有了控制股价运行状况的能力。

第二，强调快速，具有爆发性，在拉升初期经常出现连续轧空的走势，主要是为了防止给中小散户连续的套利机会，轧空之后往往能够抬高跟风盘的成本。这也是股指上涨具有快速和持续性的原因。

第三，经常呈现涨时放量、跌时缩量的特点，而且成交量比前期盘整过程中都有所放大，给市场投资者以量价齐升的直观，让投资者觉得股价涨得有道理，也就能促使中小投资者产生跟风的愿望。

第四，在同一交易日开市后不久或收市前几分钟最易出现拉升现象。这主要是因为中小散户在刚刚开市时（和闭市前）并不知道自己所持的某只股票会上涨和上涨多少，所以此时挂出的卖单较少。庄家在这两个时刻只需动用很少的资金就可将散户的抛单统统吃掉，从而轻易达到拉升效果。

第五，在尾市时拉升经常带有刻意成分，其目的是为了显示庄家的实力，吸引散户注意和跟风，或者是为了做 K 线（骗线）图和要构筑（维系）良好的技术形态。

第六，具有良好的技术形态。如均线系统呈典型的多头排列，主要技术指标处于强势区，日 K 线连续飘红收阳。

第七，在加速上扬的过程之中，有很多技术性指标失去明显的指引作用，经常让技术派的人士大呼技术分析已经没有用，其实许多庄家快速拉升的时候往往和股票的正常走势有很大的不同，因为它们已经取得了股价的实际控制权，因而它们上涨的时候也就往往出乎很多投资者的意料。

第四节　利用拉升获利

在本章前三节，笔者分别介绍了拉升的概述、庄家的拉升时机与拉升前的征兆和庄家拉升的手法。在本节，笔者将对以上的知识进行实战运用，分析如何利用不同的拉升手段获利。

首先，我们来看看几个长庄股惯用的拉升手段，高举高打式和波段式拉升手法，这两种拉升手段是许多中长线庄家经常使用的拉升方式。之所以首先介绍这两种方式，是因为这两种方式不但比较容易识别，而且在运用时还极有可能为投资者带来非常不错的收益。

下面我们就先来看几个高举高打式拉升的案例。

案例一。

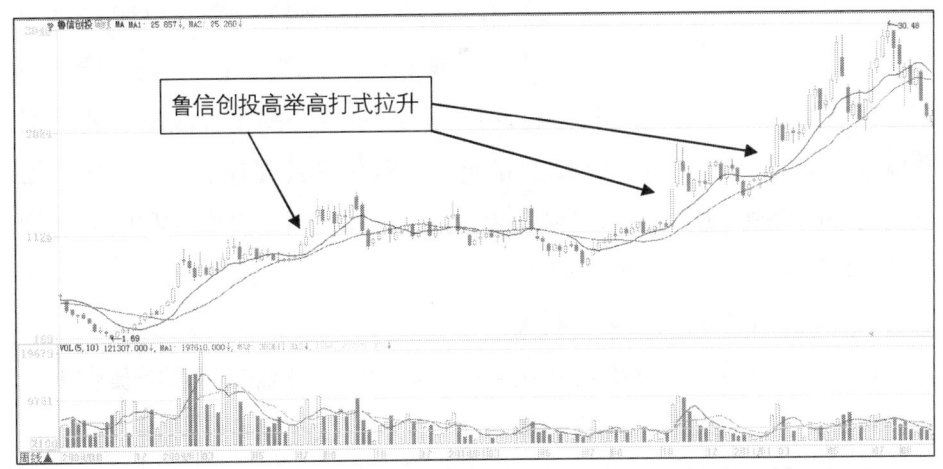

图6-1

鲁信创投（600783）是一家从事创业投资、投资管理及咨询以及磨料磨具、涂附磨具、卫生洁具、工业用纸、硅碳棒、耐火材料及制品的生产、销售；建筑材料、钢材、五金交电、百货、机电产品的销售的公司。公司原名叫作鲁信高新，于2011年3月21日正式更名为鲁信创投。

图6-1所示的是鲁信创投自2008年10月至2011年8月这段时间的周K线图。2008年10月以来，上证指数逐步见底企稳，开启了上涨行情，与此同时，鲁信创投股价也跟随大盘逐步上涨。在鲁信创投股价上涨的过程中，我们发现，庄家所采取的拉升方式是典型的高举高打式拉升，股价快速拉升一段之后，便快速下跌，进入平台整理；在经历了一番整理之后，庄家又进入快速拉升，随后，股价又快速下跌，进入平台整理，如此反复，股价交替上升。对于这样的股票，投资者应该在其平台整理后，股

价刚刚进入下一阶段的拉升初期介入，充分享受拉升段的利润。

当然，我们敢于在鲁信创投高举高打式拉升中大胆介入，与其基本面逐步改善有着重大关系。

下面我们就来看看鲁信创投的基本面改善情况。

2008年年底，虽然鲁信创投业绩与往常一样没有什么起色，但是管理层正在逐步对公司进行转型。

2008年11月19日公司公告称：公司接实际控制人山东省鲁信投资控股集团有限公司（下称：鲁信集团）通知：国务院国资委以国资产权〔2008〕1196号文件对本公司控股股东股份转让事宜进行了批复，同意山东省高新技术投资有限公司将其持有的本公司51494674股股份（占公司总股本的25.46%）全部转让给鲁信集团。股份转让完成后，本公司总股本仍为202278900股，鲁信集团持有本公司的股份由50405448股增加到101900122股（占公司总股本的50.38%），成为本公司的控股股东。本次股份转让前后本公司的实际控制人未发生变化。

根据相关规定，本次股份转让事项尚需中国证券监督管理委员会审核无异议，并同意豁免鲁信集团的要约收购义务。公司将继续关注本次股份转让事项的进展情况，并及时履行信息披露义务。

2008年12月19日，鲁信高新再次公告称公司日前接到实际控制人山东省鲁信投资控股集团有限公司（简称"鲁信集团"）通知，鲁信集团已收到中国证券监督管理委员会《关于核准山东省鲁信投资控股集团有限公司公告山东鲁信高新技术产业股份有限公司收购报告书并豁免其要约收购义务的批复》（证监许可〔2008〕1389号），对鲁信集团公告山东鲁信高新技术产业股份有限公司收购报告书无异议，核准豁免鲁信集团因协议受让而增持山东鲁信高新技术产业股份有限公司51494674股，导致合计持有该公司50.38%股份而应履行的要约收购义务。

大股东股权转让获得国资委和证监会批准，公司成为山东鲁信高新技术产业股份有限公司的第一大股东，这标志着鲁信高新正是进军创投行业，这是公司的一项重大转型，基本面发生了根本性的转变。

虽然公司获得了如此巨大的转变，然而短期之内，公司业绩没有立刻得到释放，2009年1~6月鲁信高新每股收益-0.0464元，净利润同比亏损。

令人欣慰的是，鲁信高新并没有像那些一般的上市公司一样，主业转型之后，业绩就一蹶不振，只为博取事件性的炒作的上市公司。

2010年6月22日，公司公告称，2010年6月18日，经中国证券监督管理委员会发行审核委员会2010年第92次工作会议审核，公司全资子公司山东省高新技术投资有限公司（下称"高新投"）参股的山东宝莫生物化工股份有限公司（下称"宝莫生物"）首次公开发行股票申请获得通过。

高新投持有宝莫生物1600万股，高新投全资子公司山东鲁信投资管理有限公司持有宝莫生物100万股，分别占其发行前总股本的17.78%和1.11%。

2010年7月13日，公司公告称2010年7月9日，公司接到全资子公司山东省高新技术投资有限公司（简称"高新投"）通知，其参股公司民生证券有限责任公司（简称"民生证券"）于2010年7月7日召开了2010年度第二次临时股东会，形成了《关于向增资前老股东进行利润分配的决议》《关于民生证券有限责任公司改制为股份有限公司的决议》等股东会决议。现将有关情况公告如下：

一、《关于向增资前老股东进行利润分配的决议》

根据民生证券聘请的天健正信会计师事务所有限公司对该公司2009年1~4月和2010年1~3月财务报表出具的审计报告及2009年度财务报表的审计报告，民生证券增资期间（2009年5月至2010年3月）损益为498948885.09元，按规定提取法定盈余公积金、一般风险准备金、交易风险准备金后，截至2010年3月31日，民生证券剩余可供分配的利润为474115651.74元，扣除可供分配利润中的公允价值变动收益2325748.16元，本次可向增资前老股东进行现金分配上限为471789903.58元。经民生证券2010年度第二次临时股东会审议，同意按上述现金分配上限向增资前老股东进行现金分配。

根据该分配方案，高新投可分得利润76425246.48元，占高新投2009

年度经审计净利润的68.57%。目前，高新投已收到上述分红款。该分配方案的实施将大幅提高高新投2010年度的投资收益。

二、《关于民生证券有限责任公司改制为股份有限公司的决议》

经民生证券2010年度第二次临时股东会审议，同意民生证券改制为"民生证券股份有限公司"。民生证券股东同意作为民生证券股份有限公司的发起人，以2010年7月31日经审计的母公司净资产作为出资，按1：（2177306300/2010年7月31日经审计的母公司净资产）的比例折股，各发起人以其在民生证券所持股权对应的经审计后的母公司净资产按上述比例折股，折合后各股东所持股份不足1股部分按1股计算，共计折合2177306302股；折股后除股本之外的净资产余额分别列入资本公积金、一般风险准备金、交易风险准备金。

改制完成后，民生证券股份有限公司注册资本为人民币2177306302元，每股面值人民币1元，其中高新投持有207715300股，占民生证券股份有限公司总股本的9.54%。

另外，2010年7月9日，本公司接到全资子公司山东省高新技术投资有限公司（简称"高新投"）通知，中国证监会已受理其参股公司通裕重工股份有限公司（简称"通裕重工"）首次公开发行股票的申请文件。

目前通裕重工总股本为27000万股，高新投持有其5400万股，占其总股本的20%。

伴随着多个投资的项目，公司逐步通过发审委审核上市以及民生证券的分红，公司的基本面正在一步步得到释放。

终于，2010年1～6月，鲁信高新获得每股收益0.2506元，净利润同比增长198.63%。

2010年1～9月，鲁信高新收获每股收益0.5481元，净利润同比增长154.44%，2010年每股收益1.17元，同比增长400%。

2011年2月16日，全资子公司山东省高新技术投资有限公司（下称"高新投"）参股的通裕重工股份有限公司（下称"通裕重工"）首次公开发行股票并在创业板上市事项，获得中国证监会核准（证监许可〔2011〕235号），核准通裕重工公开发行不超过9000万股新股。高新投持有通裕重工 5400 万股股份，占其发行前总股本的 20%。

随着业绩的逐步释放和创投项目进入收获期，鲁信高新的基本面获得了根本性的转变，公司业绩正一步一步稳步增长。

在这样的基本面的背景下，庄家对鲁信创投的股价进行高举高打式拉升是比较正确的操盘方式，对于我们投资者来说，只要在其股价上涨趋势没有改变之前的高举高打的洗盘后股价再次活跃时介入，就可能给我们带来丰厚的收益。

案例二。

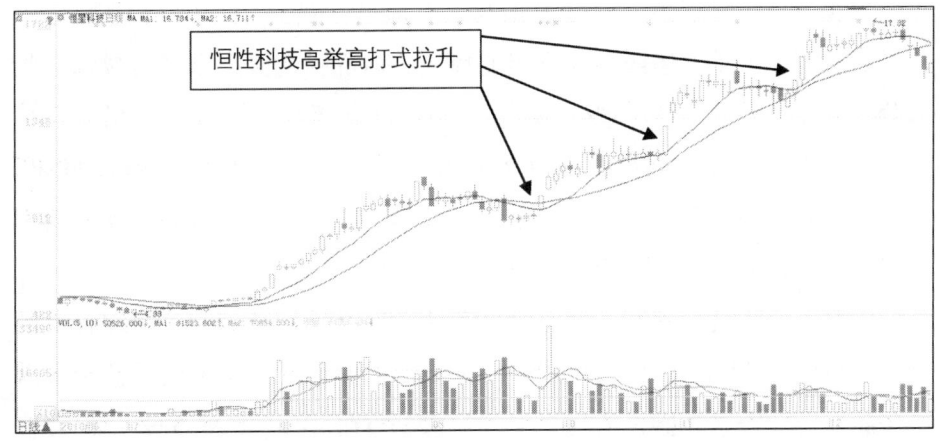

图 6-2

恒星科技（002132）是一家从事子午轮胎用钢帘线、胶管钢丝的研究、开发、生产和销售的公司。公司前身为成立于 1995 年 7 月 12 日的巩义市恒星金属制品有限公司，2004 年 3 月整体变更为股份有限公司，公司位于河南省巩义市。2007 年 4 月，恒星科技在深交所上市，发行 4100 万股，募集资金 3.28 亿元。

图 6-2 所示的是恒星科技自 2010 年 6～12 月的日 K 线图。2010 年 7 月，大盘开始进入处于震荡市场上升段，一直持续上涨至 2010 年 11 月才开始见到阶段高点，此时的恒星科技股价开始快速上涨，庄家在拉升恒星科技的时候，采取了高举高打式拉升手法，在股价快速上涨一段之后，便开始打压洗盘，进入整理行情；随后，又继续快速进入上涨段，如此反复。在恒星科技股价打压整理后，再次放量上涨时，便迎来了投资者的介

入时机。

当然，恒星科技股价能够在高举高打式拉升中有如此表现，离不开其基本面的催化，我们来看看恒星科技的基本面亮点。

（1）产能得到释放，导致公司营业收入大幅增加。

2010年1~6月，公司实现营业收入8.92亿元，同比增长78.91%；营业利润3914.76万元，同比增长20.72%；归属母公司所有者的净利润2854.82万元，同比增长2.57%。实现每股收益0.12元，略低于预期。

收入大幅增长主要是源于产能释放。报告期内，公司2万吨钢帘线募投项目投产，产能翻番，预应力钢绞线产能已经达到20万吨。上半年收入增长主要原因是上述两个项目产能释放，钢帘线、预应力钢绞线营业收入分别同比增长58.4%、89.1%。公司在2010年6月完成定向增发，募集资金建设的2万吨钢帘线项目将使钢帘线产能将较2009年增长50%，达到6万吨，预计2010—2011年的产量分别为4万吨、5万吨；预应力钢绞线2010—2011年产量分别为9万吨、13万吨。

钢帘线成为公司利润贡献的主导产品。2010年上半年，公司综合毛利率同比微降1.17个百分点，至14.58%。分产品来看，钢帘线受益于下游子午轮胎行业需求旺盛，毛利率上升7.45个百分点，至26.59%；但镀锌类和预应力钢绞线产品市场竞争较为激烈，原材料价格的大幅上涨对其盈利影响较大，其中，镀锌钢绞线毛利率下滑6个百分点，至8.45%；镀锌钢丝毛利率下滑1.4个百分点，至12.17%；预应力钢绞线毛利率下滑6.5个百分点，至12.7%。由于钢帘线收入占比只有23.4%，因此其他产品盈利能力的下滑拉低了公司整体的盈利能力。钢帘线毛利占比达到42.64%，第一次超过镀锌类产品，成为对公司利润贡献的主导产品。

（2）进军新能源领域，"超精细钢丝"大有可为。

公司正在实施年产5000吨超精细钢丝项目。据了解，切割钢丝是直径在70~200微米的镀黄铜高碳钢丝，用来切割太阳能电池用的多晶硅以得到半导体晶片，以及切割水晶振子。切割钢丝需要如下特点：切割前后钢丝磨耗较小、高的切割精度，为了减小切口损耗，要求钢丝的直径很小，且具有高强度，是一种耗材。公司预计8月底完成项目论证。预计投资1.8亿元，建设期12个月，不过公司为尽快将超精细钢丝产品推向市场，将利用原有钢帘线前期生产设备为该项目提供半成品，公司预计下半年超精细钢丝产量为300～600吨，按照市场价11万元/吨计算，可增加收入3300万～6600万元，参考市场同类产品40%～60%的毛利率，该产品在今年下半年可贡献毛利1300万～3900万元。假设5000吨达产，按照同样的方法计算，每年可贡献收入5.5亿元，贡献毛利2.2亿～3.3亿元，取中位数2.75亿元，按8%的费用率和15%的所得税计算，可贡献净利润约1.96亿元，增厚EPS 0.73元。

随着我国多晶硅产能的扩张，作为多晶硅生产的辅助材料和耗材，切割钢丝销售空间将得到扩张，公司该项需求前景良好。

（3）股权处置增厚业绩。

公司于2008年年底参与认购风神股份增发1000万股，认购价5.03元，公司公告称将在适当时机处置所持股份，截至8月26日，风神股份收盘价11.38元，公司的股权增值6350万元，假设按该价格全部处置，可增厚EPS约0.36元。

（4）进军太阳能电池行业。

2010年9月，公司设立全资子公司恒星光伏公司，主要为公司下一步进入太阳能电池行业做准备工作，计划由其负责太阳能电池硅片及组件的生产销售的实施。公司目前参股企业洛阳万年硅业主要生产多晶硅原料，用于太阳能电池硅片切割工艺的超精细钢丝项目已投资建设。我们认为此次公司投资涉足太阳能电池行业的目的是覆盖太阳能产业链。太阳能产业前景良好，公司多元化战略值得期待。

对于具有基本面亮点的中小盘股，在大盘上涨段，我们可以在庄家采用高举高打式拉升的洗盘后，下次拉升段前不久介入获利。

我们继续来看几个波段式拉升的案例。

案例一。

江西铜业（600362）是一家从事采矿、选矿、熔炼与精炼，生产阴铜及副产品，包括硫精矿、硫酸及电解金和银等业务的公司。本公司是由江西铜业公司、国际铜业（中国）投资有限公司、深圳宝恒（集团）股份有

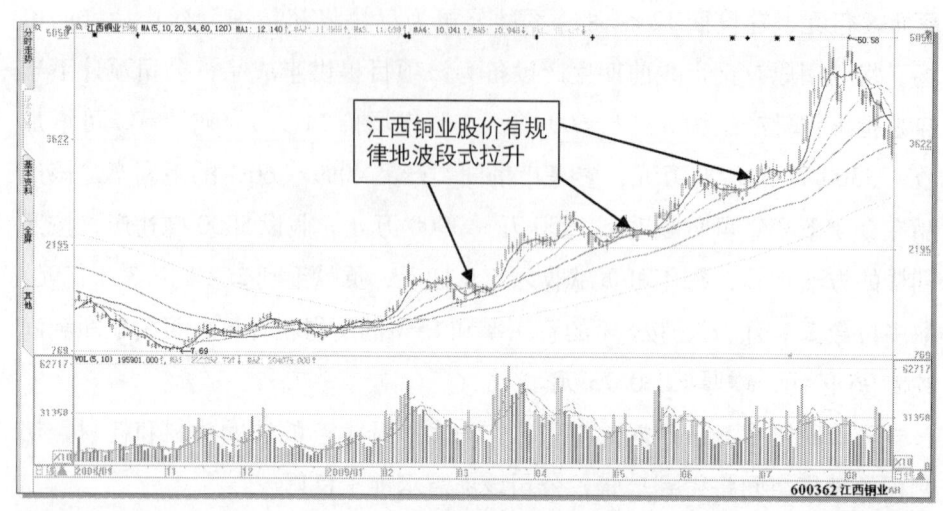

图 6-3

限公司、上饶市振达铜材工业集团（现已改制重组为江西鑫新实业股份有限公司）及湖北黄石金铜矿业有限责任公司（现已改制重组为湖北三鑫金铜股份有限公司）作为发起人，于 1997 年 1 月 24 日以发起方式设立的外商投资股份有限公司。江西铜业公司系以其拥有的经评估及国有资产管理部门确认的德兴铜矿、永平铜矿和贵溪冶炼厂等有关净资产作价入股，其他发起人系以人民币现金入股。公司设立时的注册资本为 177755.62 万元。公司于 1997 年 6 月 12 日发行了 656482000 股 H 股并在香港联交所和伦敦证券交易所上市。H 股发行后，公司的注册资本变更为 243403.82 万元。公司是我国第四批境外上市公司，也是我国境外上市的第一家矿业公司。公司现为外商投资先进技术企业。2002 年 1 月，江西铜业登录上海证券交易所，发行 2.3 亿股，融资 5.221 亿元，公司总股本增至 266403.82 万股。

  图 6-3 所示的是江西铜业自 2008 年 9 月至 2009 年 8 月的日 K 线图。2008 年 10 月底，大盘创下熊市新低，之后开始见底企稳，开启了一波修复性上涨的小牛市行情。此时的江西铜业也跟随大盘缓缓上涨，逐步走入上涨趋势。庄家在江西铜业股价拉升过程中，采用了波段式拉升手法，股价按照一定的规律上涨和调整，在每次波段的低点，启动下一段上涨浪时，都迎来投资者波段介入的好时机。

  当然，庄家敢于对江西铜业进行波段式拉升，与其基本面息息相关，下面我们就来看看江西铜业的基本面亮点。

我们来看看招商证券分析师赵春和王晓丹于2009年4月发布的对江西铜业的调研简报：

4月1日，公司披露了年报，实现销售收入540亿元，同比增长25%，归属于母公司的净利润29亿元，同比下滑27%，实现每股收益0.76元。同时公司还计提了超过18亿元的资产减值和投资损失。

铜是基本面最好的基本金属，看好铜价：铜资源供给紧张、需求环比回暖和国储收储对铜价构成较强支撑，我们认为铜金属是有色基本金属中基本面最好的金属品种，预期全年铜均价在38000元/吨。

资产减值和投资损失提价相对较为充分，但2009年仍受高价库存的影响。2008年计提资产减值损失为7.6亿元，计提套保失误平仓带来的公允价值变动损失和投资收益损失高达10.7亿元，计提较为充分，但由于公司的存货成本计量为加权平均计量方法，因此，2009年仍将需要部分时间消化高价库存。

未来几年自产铜资源产量保持快速增长：2008年生产精铜70.2万吨、黄金16.3吨、白银408吨、铜材46.2万吨、硫酸218万吨和硫精矿155万吨，其中自产铜精矿为15.9万吨，自产黄金超过5吨。预期公司2009—2011年自产铜分别为17.5万吨、19万吨和22万吨。

公司资源储量优势明显。截至2008年末，公司国内权益铜资源储量为1114万吨、黄金为363吨、白银为9098吨、钼27.7万吨、伴生硫为10390万吨。

国外参股资源权益储量为铜407万吨、黄金42吨。从资源储量上看，江西铜业铜资源储量是云南铜业的5倍，黄金储量是山东黄金的2倍，而白银和钼资源储量也非常丰厚。

公司的铜价业绩敏感度较高，国际铜价每涨500美元/吨，将提升公司业绩0.12元。敏感度介于云铜和铜陵之间。我们预期全年铜均价为4500美元/吨，预估公司2009—2011年每股收益分别为0.70元、0.86元和0.96元。

维持"审慎推荐"投资评级：公司是国内资源储量最丰富、自产铜资源最大,铜资源自给水平最高的铜生产企业。在2009年铜价格明显回暖的背景下,我们看好公司的趋势性投资机会,维持"审慎推荐"的投资评级。

风险提示:公司目前股价为23.69元,如按2009年20倍市盈率水平计算,蕴含的2009年铜均价达到了6000美元/吨,我们认为2009年铜均价达到6000美元/吨的可能性非常小,因此,公司短期具备估值风险。

上面的研究简报强调了江西铜业的资源优势,同时也指出了其业绩也出现了明显的下滑。我们知道,2008年的国际金融危机波及甚广,对于大宗产品,诸如铜的价格和需求量都会有一个明显的负面影响,但是,我们也要看到,每次熊市过后,率先反弹复苏的品种都是那些周期性强的品种。而江西铜业正是这种典型的周期性行业,根据招商证券对江西铜业2009年的业绩预测,可以看出虽然江西铜业2008年业务出现下滑,但是其业绩并不差,安全边际要远胜过那些每股收益只有几分钱,甚至更低的公司。

在大盘进入上涨段行情中,作为周期性品种的江西铜业基本面具有十足的安全边际,成为庄家手中的香饽饽,股价在庄家的波段拉升下逐步上涨,也迎来了投资者介入的好时机。

案例二。

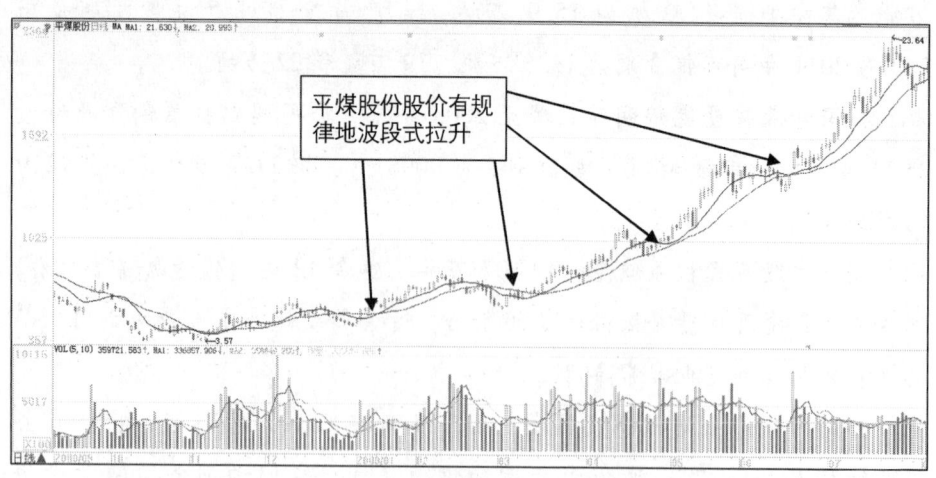

图6-4

平煤股份(601666)是一家从事煤炭的生产、洗选加工及销售的公司。本公司是经原国家体改委批准,由平顶山煤业(集团)有限责任公司作为主发起人，联合河南省平顶山市中原（集团）有限公司、河南省平禹铁路有限责任公司、河南省朝川矿务局、平顶山制革厂、煤炭工业部选煤设计研究院共同发起设立的股份有限公司。平煤集团以其下属的一矿、四矿、六矿、十一矿、高庄矿、大庄矿和田庄选煤厂经评估确认后的生产经营性净资产104295.06万元，按65%的折股比例折为国有法人股67790万股，其他5家发起人以现金方式出资，并按65%的折股比例折为国有法人股共计419.55万股。2006年11月，公司股票登录上海交易所，发行3.7亿股，募集资金30.1920亿元。

图6-4所示的是平庄能源自2008年9月至2009年7月这段时间的日K线图。2008年10月底，上证指数逐步企稳，随后进入上升浪中，平煤股份股价也跟随大盘逐步上涨。庄家在平煤股份股价拉升过程中，采用了波段式拉升手法，股价按照一定的规律上涨和调整，在每次波段的低点，启动下一段上涨浪时，都迎来投资者波段介入的好时机。

当然，平煤股份股价能有如此表现，与其基本面有着重要关系，接下来我们就来看看其基本面状况。

我们来看看2009年1月招商证券分析师卢平和王培培发布的对于平煤股份的调研简报：

平煤股份发布业绩预增公告，预计公司2008年净利润同比增长100%以上（未包括安全费用和维简费用会计政策调整增厚业绩部分），稍低于预期，继续维持审慎推荐的投资评级。

2008年公司业绩预增100%以上，稍低于预期。公司预告2008年业绩同比增长100%以上（未包括安全费用和维简费用会计政策调整增厚业绩部分），2008年公司净利润超过22亿元，折EPS2.05元以上。稍低于我们的预期。2008年Q4EPS0.31元以上（与2008年Q1的EPS0.32元相当），低于前三个季度平均EPS0.58元，我们判断公司进行了部分盈余管理。业绩增长的主要原因在于煤价大幅度上涨：预计公司2008年综合煤价大约570元/吨，较2007年的370元/吨增长55%。其中，占公司煤炭销量25%的炼焦煤2008年销售均价大约1300元/吨，较2007年的703元/吨上涨了86%。受非经营性支出影响，平煤股份业绩预增远低于其他炼焦煤公司：

从已公告的炼焦煤上市公司业绩预增来看，平煤股份的业绩仅增长100%以上，远低于其他炼焦煤公司（金牛能源业绩预增255%，盘江股份业绩预增500%以上，西山煤电业绩预增200%～250%）。主要是公司受到非经营性支出的影响（2008年上半年公司已支付棚户区改造费用和供热配套费用合计7.9亿元），减少2008年EPS0.55元（估计第四季度也有类似支出）。

我们预计安全费用和维简费用会计政策调整增厚EPS大约0.69元。此次预增未包括安全费用和维简费用会计政策调整增厚业绩部分：根据财政部财会函〔2008〕60号文件规定，原安全费及维简费由计提变为实报实销，我们预计此项重大会计政策变更增加EPS大约0.69元。公司安全费提取标准为30元/吨，最新的维简费提取标准为6元/吨（2008年5月1日起，包括2.5元/吨井巷费的维简费从15元/吨下调为8.5元/吨），按照2008年预计2800万吨原煤产量计算，公司提取的安全费和维简费大约10.7亿元，在1月9日的《从计提到实报实销，业绩平均增厚17%——煤炭行业关于安全费和维简费会计处理变更的影响分析》报告中，测算两项费用的折旧及费用性支出约3.1亿元，我们预计会计政策调整增厚公司EPS大约0.69元。

盈利预测：我们预计2008—2010年每股收益分别为2.07元、1.51元和2元，同比分别增长102%、-27%和33%（未包括会计政策调整增厚业绩部分）。维持"审慎推荐"评级。与2008年相比，2009年由于没有非经营性支出将至少增厚EPS0.55元；2008年盈余管理的业绩有望在2009年释放；目前股价下对应2009年动态PE只有7.7倍（考虑会计政策调整增厚EPS0.69元，2009年EPS达到2.2元），2009年PB1.8倍，具有较大的估值优势。鉴于未来煤价仍面临不确定性，我们维持对公司审慎推荐的投资评级。

从上面的简报可以看出，虽然经历了金融危机，平煤股份2008年的业绩仍然录得了正增长，而且公司业绩基础优异，具有十足的安全边际。在这样的基本面环境下，庄家才敢于对平煤股份进行波段式拉升，也给投资者迎来了波段介入获利的机会。

案例三。

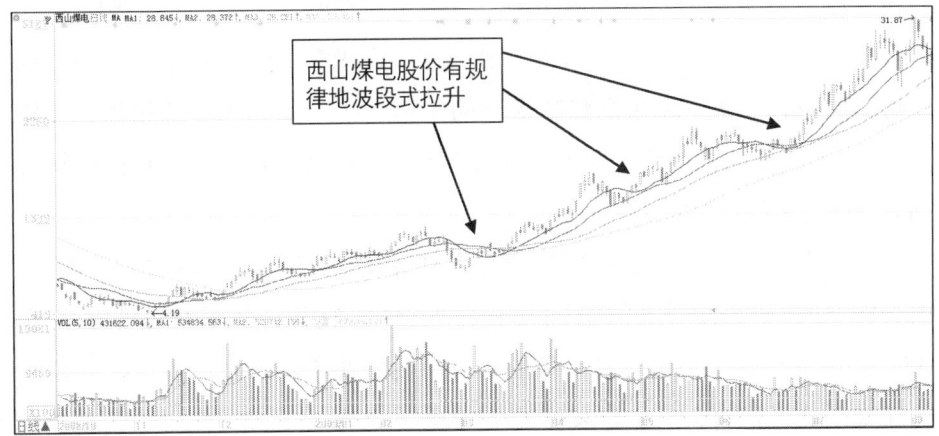

图 6-5

西山煤电（000983）是一家从事煤炭的生产、洗选加工、发电和销售的公司，公司由西山集团作为主发起人，联合太原西山劳动服务总公司、山西煤炭第二工程建设有限公司、太原杰森木业有限公司、太原佳美彩印包装有限公司等四家公司共同发起，以西山集团所属的古交矿区中的西曲矿、马兰矿、镇城底矿及各自配套的三个选煤厂为主体，以发起方式设立。2000 年 7 月，公司股票登录深圳交易所，发行 2.88 亿股，募集资金 18.6912 亿元。

图 6-5 所示的是西山煤电自 2008 年 10 月至 2009 年 8 月这段时间的日 K 线图。2008 年 10 月底，大盘逐步见底企稳，西山煤电股价也跟随大盘逐步上涨，庄家在西山煤电股价拉升过程中，采用了波段式拉升手法，股价按照一定的规律上涨和调整，在每次波段的低点，启动下一段上涨浪时，都迎来投资者波段介入的好时机。

当然，西山煤电能够有如此傲人的涨幅，还与其基本面有关，我们来看看西山煤电的基本面亮点。

（1）公司为炼焦煤生产的龙头企业。

2008 年，公司共生产原煤 1619 万吨，同比增加仅 0.43%；商品煤销量为 1617 万吨，同比增长为 -1.38%，其中，售价较高的精煤产量较去年同期都有所增加，尤其是焦精煤和电精煤，增幅达到了 17.04% 和

73.29%，而售价较低的原煤和洗混煤则有 20.88% 和 14.54% 的降幅。与此相对应，公司煤炭业务的收入高达 119.65 亿元，同比上升了 80.21%，毛利率水平同比也增长了 8.37%，达到了 54.29%。这主要是因为公司抓住有利时机，三次上调了炼焦精煤合同价格。公司焦精煤、肥精煤、瘦精煤 2008 年的每吨平均售价分别为 1182 元、1183 元、849 元，同比增幅分别为 88%、87%、68%。

2009 年以来，公司主要煤炭产品售价继续执行去年 11 月的公告价格，但为保证回款，公司给予能按合同及时支付焦精煤、肥精煤货款的客户 200 元/吨的折让，再考虑到今年的总体市场环境不容乐观，预计今年公司的煤炭平均售价将会有一定程度的下降。

（2）兴县项目将会给公司未来煤炭产能带来增长。

公司现有矿井产能较为稳定，未来增长将主要来自于兴县斜沟煤矿项目。该项目目前已获得国土资源部资源划界的关键性批文，水土保持方案获水利部审核通过，晋兴公司增资完毕，岢瓦铁路工程进入收尾验收阶段，斜沟 1500 万吨/年矿井及配套选煤厂"四通一平"工程也已经完成。预计兴县斜沟煤矿项目 2009 年年底可以达产，而岢瓦铁路的建成运营也将使煤炭运输成本能得到有效的控制。

（3）电力业务将迎来高速增长。

公司目前的电力业务主要来自于公司下属的兴能发电、西山热电和参股的山西国际电力华光有限责任公司，权益装机容量为 60 万千瓦左右。2008 年，公司发电量为 43.54 亿度，较去年同期增长 1.59%。7 月 1 日，公司上网结算电价根据有关文件从 0.2754 元/度调整两次到 0.3153 元/度，公司的电力及供热业务收入同比也增加了 12.10%，达到了 11.82 亿元，但是由于煤炭价格的大幅增加，电力及供热业务的毛利率水平还是下降了 7.78%，为 22.92%。公司现正稳步推进古交电厂二期。

60 万千瓦项目，预计 2 台机组将于 2009 年下半年陆续投产运营，届时公司的权益装机容量将增长近 1 倍。

（4）公司积极拓展煤焦化产业链。

公司除将山西焦化的股权增持到 15.56% 以外，年内还将开工建设公司 100%控股的太原西山日盛煤焦有限公司 60 万吨/年清洁型焦化及余热综合利用发电工程项目，并继续推进内蒙古世林化工 4×30 万吨（一期 30 万吨）煤制甲醇项目，该一期项目预计 2010 年 10 月将建成投产，而内蒙古自治区政府为世林公司配置的巴彦高勒井田煤矿项目也即将开工建设。

根据上海证券的预计 2009—2010 年公司 EPS 分别为 1.04 元和 1.26 元，动态 PE 值分别为 14.33 倍和 11.83 倍。根据公司目前的生产经营状况和未来发展前景，考虑到公司独特的资源优势以及项目进展，西山煤电的未来股价还有较大的上升空间。

在大盘进入上涨段行情中，作为周期性品种的西山煤电基本面具有十足的安全边际，成为庄家手中的香饽饽，股价在庄家的波段拉升下逐步上涨，也迎来了投资者介入的好时机。

其次，我们就来看看快速拉升这种拉升手法，这种拉升手法不但有许多中线庄家喜欢使用，而且在大盘处于阶段反弹阶段时，此种方法也是许多实力较弱的庄家们使用度很高的方法。运用好这种方法，不但能给投资者在大盘处于震荡阶段带来不错的收益，而且在那些大盘比较弱势的反弹阶段，同样可能给投资者带来意想不到的收获。

我们先来看看震荡市场的快速拉升案例。

案例一。

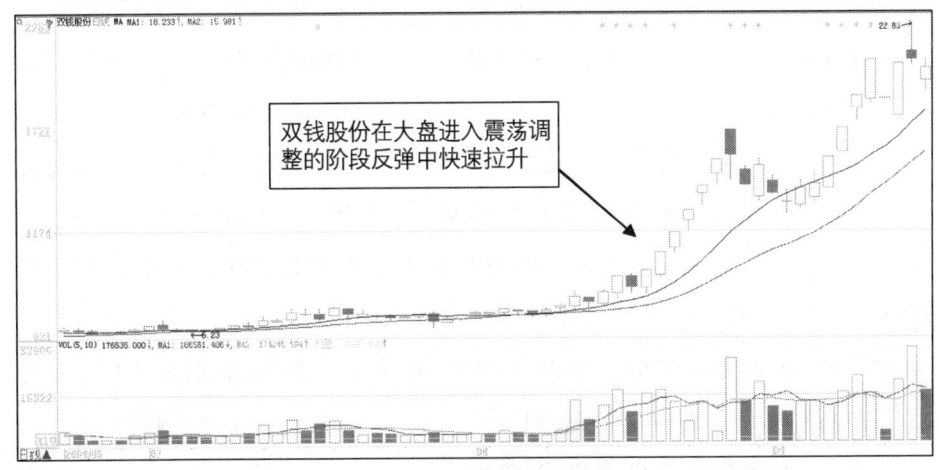

图 6-6

双钱股份（600623）是一家从事汽车轮胎的生产和销售的公司。公司前身上海轮胎橡胶（集团）公司，1990年6月由上海大中华橡胶厂、正泰橡胶厂联合成立。1991年8月成为上海首批转换经营机制试点单位之一。1992年7月正式改制为上海轮胎集团股份有限公司，并筹集1.78亿美元和1.36亿元人民币资金。通过股份制改制，公司发行B股并以ADR方式在美国上市。1992年12月，公司股票登录上海交易所，发行160万股，募集资金1.088亿元。

图6-6所示的是双钱股份自2009年6月至2009年9月这段时间的日K线图。2009年8月初，上证指数进入调整格局，逐步下跌，2009年8月18日，上证指数开始进入下跌行情中的修复性反弹行情，双钱股份庄家抓住时机，采用快速拉升策略，20个交易日股价快速上涨122%，对于这样快速拉升的股票，投资者要在其拉升初期介入，充分享受快速拉升所带来的利润的快速增长。

当然，双钱股份庄家敢于快速拉升，与其基本面有着重要关系，下面我们就来看看其基本面的亮点。

（1）受益重卡销量上升，收入稳步提升。

公司的主营产品为全钢载重子午胎及斜交胎等汽车轮胎，产品主要配套重型商用车。第三季度公司的销售收入为21.37亿元，环比上升9.55%，同比下滑7.34%，较上半年20.55%的同比降幅有了较大改善。目前重卡行业已逐步回暖，1~9月广义重卡的累计销量同比下滑5.56%，其中第三季度销量同比增长80.47%。随着重卡销量的提升，预计公司第四季度的业绩将继续好转。

（2）毛利率同比提升明显。

公司产品的主要原材料是天然橡胶。由于天然橡胶价格较去年同期有所下滑，前三个季度公司综合毛利率为15.68%，高于去年同期5.05个百分点。不过，随着经济的回暖以及需求的上升，天然橡胶价格已经较年初有了将近30%的上涨。受此影响，公司第三季度的毛利率环比下滑3.81个百分点。预计明年毛利率将回到15%左右的历史平均水平。

(3) 资产减值损失转回拉高今年业绩，明年将看下游重卡需求。

前三个季度公司共转回资产减值损失 1.03 亿元，较去年同期增加了 1.14 亿元，这使得公司的营业利润在收入同比下滑的情况下反而实现同比大幅增长。目前，公司在 2008 年所计提的资产减值损失基本已经全部转回。明年公司的业绩表现将主要看重卡的销量情况。我们预计明年重卡销量将继续稳步增加，公司业绩有望得到支撑。

在基本面利好的刺激下，双钱股份庄家抓住战机，速战速决，快速拉升，使得自己获得丰厚的收益，同时，也给投资者带来了买入快速获利的机会。

案例二。

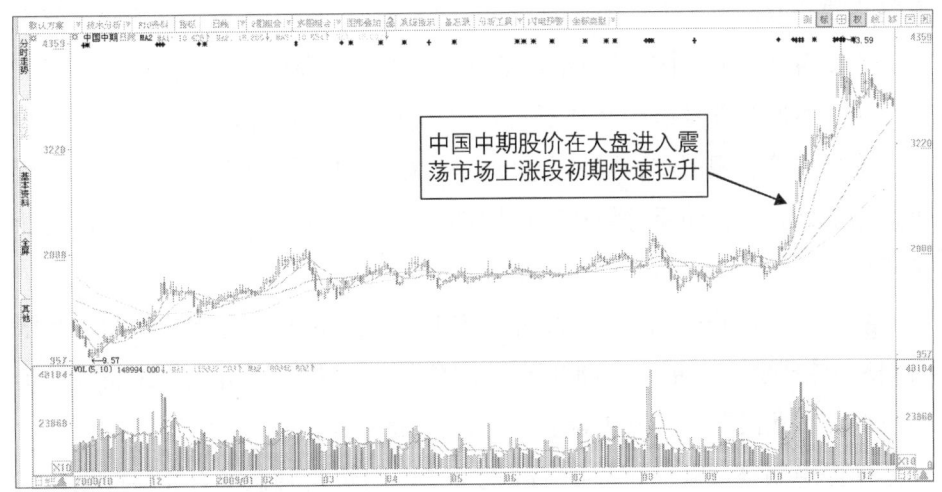

图 6-7

中国中期（000996）是一家主营期货经纪业、汽车服务业、物流服务业的公司，公司由哈尔滨捷利经济技术发展公司（1998 年 3 月改组为哈尔滨捷利集团有限公司）、哈尔滨广信新型材料开发公司、哈尔滨远达运输仓储公司、哈尔滨名都装饰工程公司等共同发起，于 1994 年 8 月设立的股份有限公司。公司原名哈尔滨名都实业股份有限公司，1997 年 9 月 30 日更名，公司曾用名捷利实业股份有限公司，2008 年 2 月 21 日更名。2000 年 7 月，公司股票登录上海交易所，发行 3500 万股，募集资金 2.898 亿元。

图6-7所示的是中国中期自2008年10月至2009年12月的日K线图。2008年年底之后，上证指数逐步见底企稳，开始了熊市后的反转行情，与此同时，中国中期也跟随大盘快速反弹，进入到2009年3月过后，虽然大盘继续上涨，而中国中期股价则一直维持在狭小的矩形区间来回震荡，庄家吸筹动作明显。2009年10月，大盘调整后进入震荡市场上涨段，前期卧薪尝胆的庄家再也按捺不住，采用快速拉升策略，一个月不到的时间，中国中期股价上涨了93%，接近翻倍。对于这样快速拉升的投资者，要在其股价快速拉升初期介入，一旦快速拉升势头结束，投资者也应该快速卖出，锁定收益。

中国中期的庄家敢于采取这种快速拉升的策略，与中国中期的基本面有着重要关系。

2009年10月，中国中期公告将吸收合并国际期货、中期嘉合。

通过本次合并重组，有利于整合优化期货行业资源，减少期货公司数量，降低监管合规成本，同时会更进一步推动中期等三家期货公司合并后迅速做优做强，以便更好地适应中国期货市场的迅速发展、期货公司的业务规模日益扩大等诸多方面的需要。

本次吸收合并完成后，存续公司中期期货更名为"中国国际期货有限公司"，注册资本变更为30000万元，经营范围进一步拓宽，在北京、上海、深圳、武汉等多座城市设立20家营业部。

中国中期经过吸筹和合并国际期货、中期嘉合后，实力大幅增强，成为A股市场上实力强大且纯正的期货概念龙头股。

有着期货概念龙头股的光环，庄家在卧薪尝胆的吸筹后，采取快速拉升策略也算情理之中的事情了，如果投资者能够在庄家快速拉升初期及时介入，那么将会获取丰厚的利润。

案例三。

巨化股份（600160）是一家以氟化工原料及后续产品、基本化工原料及后续产品和化肥、农药的生产与销售的公司。公司独家发起人巨化集团公司前身衢州化工厂始建于1958年，1984年改名为衢州化学工业公司，1993年经国务院经济贸易办公室批准，并组建巨化集团，衢州化学工业公

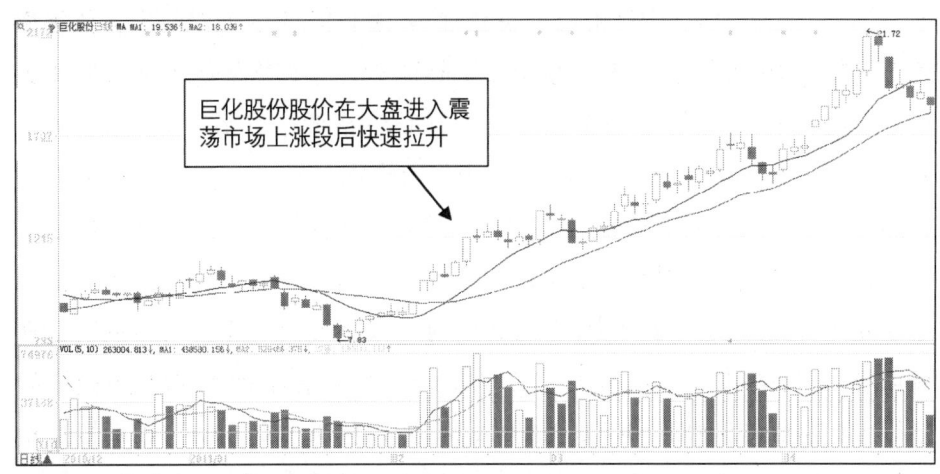

图 6-8

司更名为巨化集团公司。公司经浙江省人民政府批准,由巨化集团公司独家发起,采取募集方式设立的股份有限公司。该公司于 1998 年 6 月登录上海证券交易所,发行 8000 万股,募集资金 4.6 亿元。

图 6-8 所示的是巨化股份自 2010 年 12 月至 2011 年 4 月这段时间的日 K 线图。2011 年 1 月之后,上证指数再次进入震荡市场上涨行情,巨化股份庄家采取快速拉升策略,使得巨化股份股价快速上涨,给投资者带来了快速获利的机会。

巨化股份庄家敢于采取快速拉升策略,与其基本面的因素有着重要关系,下面我们来看看巨化股份的基本面亮点。

(1) 业绩超预期增长。巨化股份发布 2010 年年报,2010 年全年实现营业总收入 54.86 亿元,同比增长 45.1%;营业利润 6.97 亿元,同比增长 56.59%;归属于上市公司股东的净利润 5.86 亿元,同比增长 418.6%。按 6.12 亿股的总股本计,实现每股收益 0.958 元,每股经营性净现金流量为 2.11 元。公司同时公布 2010 年度利润分配预案,拟每 10 股派发现金 2.5 元(含税),同时每 10 股转增 3 股。

报告期内氟制冷剂产品价格大幅上涨提升公司营业收入。2010 氟制冷剂及氟聚合物产品价格超预期上涨,创出历史新高。2009 年 11 月受国外氯碱装置和国内相关企业停工的影响,原材料短缺推动氟化工产品价格启动，上涨一直持续至2010年初下游企业备货旺季。之后盘整数月后，受原材料成本上升，下游需求旺盛，部分企业停工，政府强力推动节能减排政策等因素的影响，从8月起制冷剂及氟聚合物产品价格再次持续上涨，最终在年末创出新高。产品价格上涨使公司氟化工板块全年营业收入同比增长80.73%，收入占比超过60%，带动公司全年营业收入同比增长45.1%。此外由于公司拥有完善的氟化工与氯碱化工配套装置，因此受原材料成本上升的影响较小，综合毛利率提升14.2个百分点，达到28.03%。

巨圣并表增厚利润，CDM收入减少与固定资产减值无碍业绩大幅增长。报告期内公司期间费用率基本保持稳定。2010年10月巨化股份完成对巨化集团持有的74.5%的巨圣氟化学股份的收购，并表后2010年度增厚约7000万元的净利润。公司2010年CDM确认收入仅8663万元，同比大幅下降；公司报告期内共淘汰了隔膜烧碱，8万吨PVC等多套设备，共计提了约1.55亿元的资产减值损失。但尽管有上述的不利影响，公司全年业绩仍达到每股0.958元，同比增长418.6%。

（2）政策支持，倾力打造氟化工龙头产业。2010年11月25日，工信部发布《氟化氢行业准入条件（征求意见稿）》，拉开了国家保护萤石资源政策的序幕。国家政策将使萤石稀缺性资源的属性在市场价格中得以反映，从而从原材料源头推动氟产品价格上涨。另外，政策出台后将导致氢氟酸等初级氟产品全球供应短缺，含氟化学品价格普涨，从而推高国内氟化工产品价格。

氟化工为公司核心产业，其营业收入占公司全部营业收入的66.24%。随着国家对萤石资源的进一步控制、《氟化氢行业准入条件（征求意见稿）》的公布，将推动国际氟化工向中国转移，氟化工行业面临着强烈的整合预期，行业集中度将进一步提升，有利于中国氟化工的长远发展、有利于氟化工龙头企业。公司将积极培育含氟精细化学品，利用含氟精细化学品基础单体原料丰富且部分单体不易运输的特点，构筑具有巨化特色的含氟精细化学品产业体系。氯碱化工则只定位成为公司氟化工产业的主要支撑和坚实基础；酸化工也只定位为公司氟化工及石化产业发展配套。公司形成了液氯、氯仿、三氯乙烯、四氯乙烯、AHF为配套原料支撑的氟制冷剂、有机氟单体、氟聚合物完整的产业链，使原材料和产品的价值沿产业链从每吨百元级向每吨千元级、万元级、十万元级转移，产业链的附加价值向高端化延伸，协同效益明显，未来公司将重点培育锂电池含氟专用化学品、电子含氟专用化学品和光伏含氟专用化学品。

而参考过往经验，未来国家将加大力度对萤石资源进行整合。

从供求关系看，由于前期行业低迷，部分闲置产能已淘汰，国内目前氟化工产品的实际产能基本平衡。未来F22等关键中间体产能扩张受限；而下游氟化工领域新产品（如R125），新应用（如高铁用PTFE）不断扩展，因此我们判断氟化工行业2011年将持续景气。

巨化股份是国内少数几家拥有综合配套能力的大型氟化工生产企业，技术实力雄厚，拥有国家级企业技术中心，博士后流动站以及国家氟材料工程技术研究中心。

（3）管理层的锐意进取。公司在新管理层的带领下，抓住了此次行业机遇，在变革中谋发展；在对现有产品线迅速扩产完善的同时，也积极规划未来2～3年后的增长点，重点建设如PVDC，HFC-125，HFC-410A等多个新产品装置，因此我们认为公司未来仍有较大的发展空间。

（4）根据兴业证券的预计，鉴于公司披露多个新项目建设计划，并且部分新项目将在年内建成投产以及氟化工相关产品的价格上涨幅度超出之前的预计，在暂不考虑转增和增发的条件下，兴业证券上调公司2011年、2012年的每股收益至1.34元和1.73元，并引入2013年盈利预测为每股收益2.01元，维持"推荐"的投资评级。

由于巨化股份超强的安全边际和业绩的快速增长，使得大盘进入震荡市场上涨段后，庄家敢于采取快速拉升策略，给投资者带来了快速获利的机会。

我们接着来看看大盘处于弱势行情下的快速拉升案例。

案例一。

宁波韵升（600366）是一家从事钕铁硼永磁材料、八音琴、电机产品的生产和销售的公司。公司于1994年1月经宁波市体改委批准，以宁波市

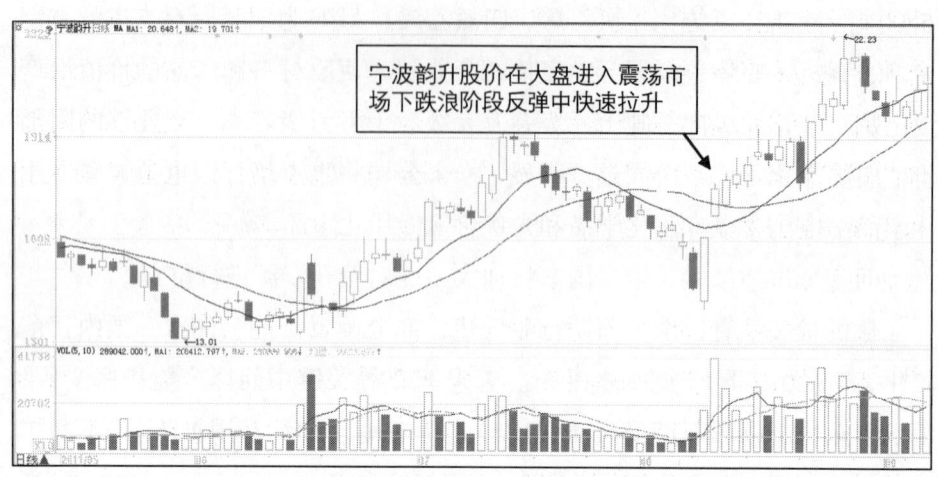

图 6-9

东方机芯总厂（现宁波韵声精机公司）、宁波中农信国际贸易总公司、宁波中建房地产开发公司江东分公司、宁波江东曙光工业公司、鄞县东方压铸厂 5 家单位为发起人，并吸收内部职工参股，以定向募集方式设立。1994 年 6 月办理工商登记。2000 年 10 月，公司登录上海交易所，发行 3500 万股，融资 3.6295 亿元。

图 6-9 所示的是宁波韵升自 2011 年 5～9 月这段时间的日 K 线图。2011 年 4 月之后，上证指数便进入了下跌浪中，在这漫长的下跌浪中，偶尔会有一些反弹。在大盘的反弹阶段，当那些之前有庄家吸筹的股票往往可能会在大盘阶段反弹中拉升。2011 年 8 月中旬，上证指数经历了一段为期很短的快速反弹行情，此时，宁波韵升的庄家抓住时机，快速拉升，股价在 14 个交易日上涨了 47%。对于此类股票，投资者应该在其股价快速拉升初期就及早介入，一旦股价上涨势头变弱，投资者便要及早卖出，以免利润大幅受损或者被套。

当然，宁波韵升庄家敢于在大盘短暂反弹中快速拉升，与其基本面的催化作用有着重大的关系，接下来我们来看看当时宁波韵升的基本面亮点。

（1）高端磁材龙头，竞争优势明显。

公司已于 2001 年取得 NEOMAX 和 MQI 公司专利许可，并通过自身努力成功挤进高端钕铁硼市场，目前公司共拥有烧结钕铁硼磁性材料大约

5500吨的产能，其中宁波有3000吨，包头有2000吨，同时公司在宁波还有500吨左右的黏结钕铁硼产能。尽管从技术和产能上看，公司都低于中科三环，但公司高端磁材比重和毛利率都略高于中科三环。随着钕铁硼市场的拓展和稀土价格上涨逼迫下游整合加剧，我们认为公司凭借磁机电一体化和产品结构高端化的优势，在钕铁硼磁性材料领域中的竞争优势将会愈加明显。

（2）新建项目投产，产能进入释放期。

截至2010年年底，公司非公开募投的直流无刷微型电机关键部件（KPM）扩能改造项目和KPM坯料和磁钢（包头）生产基地项目都已建成投产，其中KPM坯料和磁钢（包头）生产基地项目是直流无刷微型电机关键部件（KPM）扩能改造项目的配套项目。该项目的建成将使公司增加年产1000吨高性能KPM坯料的生产能力和年产1.2亿件各类KPM磁钢的精加工生产能力，公司KPM年精加工能力也将从9600万件增加到12000万件，清洗和后处理的生产能力将从9600万件增加到24000万件。随着公司新建项目产能的逐步释放，公司业绩还有进一步提升的空间。

（3）大力拓展电机业务，提前布局新能源汽车市场。

目前公司电机业务已经形成了宁波电机、日兴电机，上海电驱动三足鼎立的局面。其中，宁波电机主要从事国内乘用车售后市场，而对日兴电机的收购在完善公司汽车电机的产业链的同时，还使公司成功涉足乘务车电机领域和日本整车配套市场。更重要的是，公司通过参股上海电驱动35%的股权，提前布局新能源汽车市场，上海电驱动是国内电驱动领域的龙头，其开发的车用电机及其驱动系统样机的应用客户几乎涵盖了全部国内汽车厂商。尽管新能源汽车大规模推广应用尚需时日，但随着政府扶持力度加大，新能源汽车的快速发展和整车配套系统的拓展，我们认为未来公司的电机业务看点十足。

根据中邮证券的预测，公司2011—2013年的EPS分别为0.52元、0.63元、0.74元，对应的PE分别为：34X、28X、24X。从估值上看，2011年宁波韵升34倍的动态市盈率低于行业平均45倍的市盈率，目前公司的估值处于相对偏低水平。考虑到公司在高端钕铁硼行业的龙头地位，以及较强的成本转嫁能力，高端钕铁硼行业未来巨大的成长空间和公司磁机电一体化的经营模式，我们给予公司"谨慎推荐"的评级。

正是由于宁波韵升的各项业务的逐步拓展、比较优异的业绩和较低的估值水平，才使得庄家在大盘短期反弹中敢于快速拉升。

案例二。

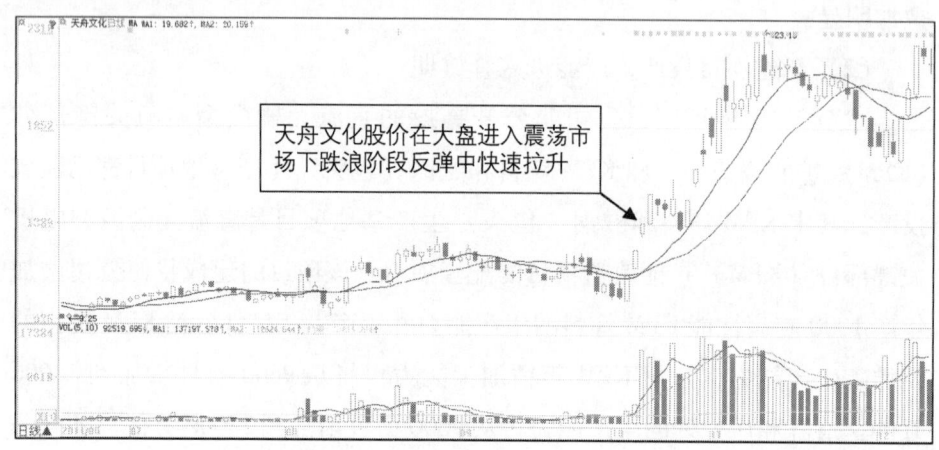

图 6-10

天舟文化（300148）是一家从事青少年读物的策划、设计、制作与发行业务的公司。2010 年 12 月，公司股票登录创业板，发行 1900 万股，募集资金 4.1572 亿元。

图 6-10 所示的是天舟文化自 2011 年 6~12 月这段时间的日 K 线图。2011 年 4 月之后，大盘一直处于下跌浪中，偶尔有几次小反弹。2011 年 10 月中旬后，大盘迎来了短暂的反弹行情，天舟文化庄家抓住时机，快速以涨停板拉升，在庄家的快速拉升初期，迎来了投资者介入的良机。此后，天舟文化股价在 17 个交易日内累计上涨了 100%。

而天舟文化股价能有如此表现，与其文化题材有关，庄家利用天舟文化的小盘文化龙头股概念，完成了快速拉升。

其实，拉升的方法有无数种，而同样的，投资者利用拉升获利的方法也是无穷无尽的，只要投资者掌握那些实力强大的庄家的拉升手法，就会具有更多的获利机会。

第七章

派 发

庄家在将股票拉升至目标位置之后，接下来要做的最重要的事情就是在高位卖出全部或者大部分底部建仓的股票，这是庄家兑现利润的最后一步。同样，对于投资者来说，也是我们锁定已获得收益的最后机会。如果投资者能在庄家出货的初期就将手中的股票大幅减仓甚至清仓，那么我们将会完成一次成功的跟庄投资。

在本章，我们就一起来探讨庄家派发的一些问题。

第一节　派发概述

一、派发的概念

庄家在低位用雄厚的资金建仓后，把股价拉到一定高位，当他在获利后准备离场时，把手中的筹码开始抛出，这就叫派发，派发也是我们通常所说的出货。

庄家进行吸纳、震仓、洗盘的最终目的是为了能顺利进行派发，虽然有些庄家在拉升中期已经派发了一些筹码，但是在股票到达目标位置区域的派发仍然是庄家将手中的账面利润转为现金的最重要的手段。

二、市场将见顶时主力派发七个特征

根据经验，市场即将见顶时主力派发有以下特征：

（1）补涨个股全面活跃。一般来说，在一轮完整的行情中，排除少数独立牛股外，个股最终的总体涨幅应该基本一致。所以，当大部分股票放量滞涨，而前期涨幅有限的股票开始补涨时，意味着升势即将见顶。

（2）高位巨量大阴线并配合出现向下的跳空缺口，这说明市场人心有变，主力在拼命出货。

（3）股价大幅度上下震荡。在顶部，看多者买入勇气犹在，看空者忙于大量出货，这才造成股价放量震荡。

（4）重要支撑位被击穿，这说明多头主力已经无力护盘，做多信心已被动摇。

（5）该涨不涨。在技术面和基本面都向好的情况下，股价却只放量而不上涨，基本可确认为出货行为。

（6）正面消息增多。简单地讲，就是高位一般只会出利好，出现这样的情况的原因就是配合主力出货。

（7）个股涨幅过大，未来价值被严重透支。

第二节　庄家派发的手法

我们之前说到，派发是庄家由账面利润兑现为现金收益的最重要的方式，因此，庄家们一定会绞尽脑汁，想出众多的派发手段与散户进行博弈。

下面我们就探讨一下几种常见的派发方式。

一、震荡式派发

这种派发方式从表面上来看和震荡洗盘别无二致。但从实际意义上来看，两者却有本质上的区别。

首先我们对两者加以细致的区分：

震荡派发和震荡洗盘虽然都是采取以震荡为手段，但两者的目的却有天壤之别。震荡派发的目的是采用震荡的手段来掩饰主力派发的痕迹。一方面以派发手中的筹码为主要目的，另一方面在派发的同时还要维持较高的人气。这正是由于主力具备这种派发的目的，所以从盘面上来看，股价在采取向下震荡的时候，向下抛出的卖单具备连续性，并且卖单比较均衡，成交量比较真实，基本上都是真刀真枪的卖单，并且在向下震荡至箱体底部或较低价位时仍有较大的抛单抛售。这些较低位的抛单出来后，股价仍然疲软，股价借大盘走好或利好公布而采取向上震荡时，买单往往不具备连续性。或者持续性的买单很假，绝大部分为主力诱多时的对敲盘。当股价向上震荡到一定价位时，只要上档持筹投资者稍有抛售意愿，主力根本不愿正面交锋，股价遂掉头向下。

从总体表现来看，主力基本上扮演的是空头角色，多头多为对后市仍抱有幻想的中小投资者的行为。从这时的成交量来看，由于股价下跌时，成交卖单均衡而持续，显得比较有组织有计划，所以在盘面上和分时K线上就形成跌时放量的态势。而股价向上震荡时的多头力量基本上来自对后市仍抱有幻象的散户投资者，所以股价上涨时的买单就显得零碎和杂乱，缺乏集中性和计划性。在股价上涨时的成交量上则表现出涨时缩量的特征。这种跌时放量涨时缩量的不健康的量价关系，表明了主力急于出局的做空心理。

震荡洗盘虽然同样是采取了震荡的手段，但由于主力的主要目的是促进获利盘换手，同时由于主力对后市股价的走势很有信心，所以主力在向上震荡的时候（或者与主力有各种各样关系的其他资金）买单往往具备持续性、集中性和均衡性，这反映在盘面上往往形成价涨量增的健康走势。而向上震荡到无压力区域的时候，一旦有持筹者有抛售意愿，主力也敢于和空头搏弈，从而显示出主力信心百倍。相反在股价采取向下震荡的时候，由于做空的能量大多是来自对股价后市走势具备不确定性疑虑的散户投资者，所以在股价采取向下震荡的时候，卖单显得零碎和杂乱，缺乏计划性、持续性和集中性，成交量表现在盘面上是价跌量缩，表明投资者不愿在低位沽售。而股价向下震荡到箱底或者较低位时，一般就没有大的抛单抛售了，就算偶尔有较大的抛单沽售，股价也应该止跌回升。其机理就是，把不看好该股的大户清洗出局后把股价做高，让其没有逢低吸纳的机会，从而追高买入，踏错节拍，垫高其投资成本，真正起到洗盘的作用。还有一种情况就是放量止跌。这种情况一般是主力采取放量向下对敲卖出很大的抛单，股价并不下跌，主要目的是恐吓意志不坚定分子，引诱信心不坚定者出局。此类情况根据盘面不同，也可能是其他小资金持有者获利出局另有机构进场换手。这两点看似细微却也非常重要，是区别主力派发与洗盘的重要标志。正是由于以上几种情况的存在，所以震荡洗盘的成交量表现在K线和分时线上往往形成价涨量增、价跌量缩或者放量止跌的健康态势，这是主力震荡洗盘和震荡派发的重要标志。

再从整个形态的成交量来进行比较和分析。由于两者存在本质上的区别，震荡洗盘在整个形态演变的过程中成交量迅速萎缩，标志着经换手后盘面浮码迅速减少最终以向上突破而使震荡洗盘形态成为涨升过程中的中继形态。震荡派发则恰恰相反，由于主力派发的行为，导致整个形态演变的过程中浮码越来越重，最终选择向下突破而使这种震荡演变为头部形态。

二、横盘派发

这类派发方法最适合绩优大盘股。因为绩优大盘类个股往往给投资者形成一种安全、稳定的错觉。殊不知经过股价日积月累的上涨，高屹的股价早已包容和消化了个股基本面上的一切优势。再者，由于此类个股一直采用横盘洗盘的方法，曾经给予了坚定持股者不少甜头，这就更增加了他们坚定持股的信心。而在横盘洗盘的过程中，有的投资者由于缺乏耐心，而低卖高买的投资者则吸取了上次的教训，所谓吃一堑长一智，这次也信心十足地加入多头队伍。更有的在主力高位横盘派发的过程中进一步加仓操作，从而在潜移默化过程中，固守一种思维，无形之中帮助主力在高位进行锁仓，为主力暗度陈仓立下汗马功劳。这种横盘，多以股价选择向下突破而演变为历史性的巨大头部而结束自己的历史使命。

相同的横盘却带来异样的结果，仔细辨别，横盘洗盘和横盘派发，虽然同样是以横盘为手段而达到不同的目的，但由于两者之间的本质区别，导致庄家在整个横盘形态过程中的不同行为。横盘洗盘庄家主要是以换手洗盘为主要目的，只有在关键时刻才在高位或低位以主动性买卖单子控制股价，横向整理。有时间则以被动性买卖挂单强制控制股价横向洗盘，促

使中小散户投资者自由换手。在整个过程中，主力活跃不多，走势沉闷，但比较坚挺。而成交量也伴随着股价换手迅速萎缩，标志着筹码日趋集中，浮码逐步减少。横向洗盘最终以放量向上突破，标志着中继形态的结束。

而横盘派发则恰恰相反，由于主力以派发为主要目的，导致在整个横盘形态演变的过程中主力身影频频活跃，常常做出各种突破姿态，引诱跟风盘。但随着主力不断派发，盘面浮码日趋沉重，股价走势也日趋疲软，每次股价跌至低点，主力维持股价时，显得特别沉重。这些都是前期主力筹码分散到散户手中后，出现安定性较差的局面。横盘派发表现在成交量上就是，在整个形态演变的过程中成交量能较活跃，始终不能萎缩。须知，横盘洗盘的平台并不需要太大的成交量来维持股价横盘的走势。在这么高的价位，也不会存在换庄的可能性，再加上盘面浮码日趋沉重，不是主力派发又是什么呢？

三、打压派发

打压派发通常比较适合于小盘绩差类个股。由于此类个股在炒作过程中的参与者，绝大多数都是抱着投机的心态。但是在股价快速上涨的过程中，由于人类与生俱来贪婪的通病，都奢望卖个更高的价钱，所以在涨升的过程中，极少有人出手。但由于这类个股基本面较差，如果采用高位横盘或震荡的手段派发的话，鉴于散户资金较小，比较灵活，往往由于主力资金较大，存在船大难调头的弊端，极易造成主力自拉自唱的局面。因此主力采用快人一步，趁散户投资者好梦未醒时抢先抛售的策略，首先套住上档后进的跟风盘，再一路抛售，将敢于抢反弹者一网打尽。此手法讲究的是心狠手辣，利用大盘或者个股人气极为火爆的时候，使用回马枪的手法，反手做空，往往令众多投资者猝不及防。此种手法也叫跳水派发。

打压派发和打压洗盘，同样以使用"打压"为手段，其目的和意义却截然不同。打压派发以主力派发筹码为目的，以打压为手段。打压洗盘则是通过"打压"的手段清洗获利筹码，震出不坚定分子，从而促进筹码快速换手，以提高其他投资者成本为目的。因此，投资者有必要对两者加以详细的区分。

打压洗盘：由于主力的目的是清洗获利筹码，促进筹码换手，震出不坚定分子，从而导致主力在整个形态演变过程中的行为。由于主力既想打低股价吓出获利筹码和市场中的不坚定分子，又不想丧失手中的廉价筹码，因而往往采用向下挂单对敲，也叫空中对敲的形式打低股价。从盘面走势上来看，股价跌势极为凌厉，鲜有反弹。5分钟K线上留下多个向下跳空缺口，成交量暴增。但仔细观察却发现，绝大部分成交都是来自向下对敲的成分，这是主力的诡计使然。打压洗盘从日K线上来看，往往是巨量长阴，形态极为恶劣。主要是吓唬那些不仔细观察盘面的技术派人士，造成一种放量派发的假象。这一招不仅蒙蔽了很多散户投资者，而且在一些号称大师级的股评人士身上也是屡试不爽。

打压派发则与此有所不同。主力利用的是跟风盘旺盛的时候，趁投资者好梦未醒，而突然反手做空，先套牢后进买盘，接着将敢于抢反弹的人士一网打尽。从盘面上来看，虽然也是快速下跌，但盘中多有反弹，以吸引买盘跟进，同时稳定套牢者之持股信心。但股价总体走势呈逐波下探之势，重心快速下移，在日K线上往往形成长阴线。由于在股价下跌的过程中卖出的成交量都是真刀真枪，常常一张卖单打低数个价位，而盘中向上做反弹时却有对敲盘出现，其目的是引诱跟风盘。因此，打压派发未必有巨量成交放出，相反，由于抢反弹的人越来越少，成交量还会逐步缩小。

四、拉高派发

此方法往往不能够单独使用，经常和打压派发组合运用，效果甚佳。

（1）被动派发法：运用此方法须选择大盘人气高涨、群情激昂，买气最盛时，主力利用、个股利好或者传闻，在上档每相隔数个价位放上大笔卖单，主力趁人气鼎盛时，率先快速小批量买进，刺激多头人气买气，引诱跟风盘蚕食上档卖单，在股价快速上涨的过程中，不知不觉地将筹码转换到中小投资者手中。

（2）涨停板派发法：同为拉高派发，但此方法与被动派发的区别是股价以涨停板的方式将拉高派发的行为演绎至高潮阶段，并带有主动抛盘的性质。主力将股价拉高后进入加速上扬阶段，并且上扬速度越来越快，出现飙升行情，使观望的跟风盘忍受不住股价快速上涨的诱惑，原来获利的跟风盘也由于利润的快速增值而产生虚妄的放大的心理状态，而产生惜售的心理。主力往往抓住战机，以巨量的买单，将股价封至涨停，从而使多头买气达到高潮，此时后进的跟风买单纷至沓来，股价已牢牢地封住涨停。由于国内的交易规则采取的时间优先和价格优先的原则成交，那么在涨停价格的挂单是一致的，无法比出高低，而时间上却仍有先后之分。首先时间上处在前列的是主力的巨量买单，排在后面的是中小散户的跟风盘。这样，主力采用明修栈道，暗度陈仓的方法悄悄撤出挂在前列买单，然后再将这些买单后继在跟风盘的后面，如此看来，涨停板上的巨量买单数量并无变化，甚至还有增多。主力可以以小批量的卖单，逐步将手中的筹码过渡给排列在第一时间段内的散户投资者。这种涨停派发的手段既能卖上一个好的价格，又不会引起一般投资者的警觉，可谓一箭双雕。

（3）推土机式拉升派发：主力在卖一、卖二和卖三上不断地输出均匀而较小的卖单，在买一、买二和买三上挂出虚张声势的大买单，通过对敲引诱不明真相的散户投资者，买进上方自己的小批量卖单，当卖一上的卖单被散户投资者蚕食掉后，主力适时地再填上买单。这样周而复始，股价在盘面上表现为保持一定角度缓步上涨，从分时 K 线来看，红红的阳线一个连着一个，股价每时每刻都在上涨，犹如一串诱人的冰糖葫芦。可是这串诱人的冰糖葫芦只宜欣赏，不能品尝的哦！因为这种看似如行云流水般的拉升方法，实际上是主力一种被动的派发方法。

（4）钓鱼竿式拉升派发：此拉升方法和推土机式拉升方法在挂单上恰恰相反。钓鱼竿式拉升方法则是在卖一、卖二和卖三上连挂三张较大的卖单，下档则不挂或者少挂买单。自己又通过不断地对敲买进上档之卖单的方法，促进股价上涨，引诱多头买进，由于下档买单极小，所以想卖出的空头又无从下手。从成交量来看，外盘和内盘成交悬殊极大，外盘有时甚至大出内盘几倍甚至十几倍！但股价上涨的幅度却与此不成比例。这也是一种边拉边出的方式。虽然从一定意义上来说，钓鱼竿式拉升和推土机式拉升有着主力相同的派发意图，但比较起来，钓鱼竿式拉升比推土机式拉升主力显得更为心虚一点，但是两者又同时出现在行情的末期。钓鱼竿式拉升，可能出现的更晚一些。两者的区别，除了挂单方法不一样外，推土机式拉升包含的对敲成分要比钓鱼竿式拉升包含的对敲成分要少得多，或者是说也有可能不包含对敲成分。另外推土机式拉升，如果是出现在低位，也有可能是实力较弱的主力在虚张声势的造高股价，并不完全是派发，而出现在高位则另当别论。

需要指出的是，这几种拉升派发的方法虽然都能卖出较高的价位，效果也很好，但必须要把握好市场背景和市场人气。如果把握不好市场背景和市场人气的话，画虎不成反类犬，很容易弄巧成拙。

五、边拉边出

这种主力，一般心理压力颇大，他们的主要目的并不是在二级市场上博取太大的利润。可是由于目前股价距离主力成本太近，自己持仓又比较重，或者配股承销被套，或者增发承销，或者上市承销被套，造成心理压力极大，多数主力无心恋战，在持筹极重的情况下，又想全身而退，才不得不采取一边做高股价吸引跟风盘，一边派发的策略。这种主力被套的筹码其需要向上拉升的空间也要越大，并且伴随着众多媒体大张旗鼓地宣传。从盘面上观察，股价在上涨的过程中，一直存在做空的动能，但做多的动能要更胜一筹。股价在上涨的过程中，时常出现这种情况：在股价拉升途中，往往出现下跌时成交量抛单比较集中而且持续。从盘面成交量来看，下跌时成交量能相对逐步放大，随后突然出现买单，买单更加集中、持续，股价迅速走高，成交量能更大。总体给人的感觉好像是两个旗鼓相当、实力不分伯仲的多空主力在进行对抗赛。其实际操作机理是主力在跟风盘旺盛的时候抛出一批筹码，再趁上档抛压较轻的时候抓紧战机做高股价，以稳定长期投资者的持股信心，继续吸引后继跟风盘。周而复始，循环拉升，在股价拉升到剩余筹码足够的派发空间时，做多动能突然消失，荡然无存，股价进入横盘或下跌阶段，成交量也开始萎缩得很小，使很多投资者误以为主力仍在套中，不能出局，从而产生麻痹大意的心理。主力所持筹码此时已经所剩无几了。

六、边打边撤

这是一种出现在下降途中的派发方案。在这一过程中，散户投资者贪婪的心理，被控盘主力所充分了解。而后主力使用各种形态的心理诱导，促使中小散户投资者不能摆脱对后市发展趋势的盲目幻想，沉迷在对后市反弹企稳甚至反转的单相思般的恶性循环心理状态中。当这种情况持续一段时间，股价缓慢下跌一定的幅度后，主力为了使持有股票的散户坚定信心，没有持有的观望者加入进来，庄家往往会转换多空角色，施展心理诱导的战术，反手做多，在整个战略做空的基础上战术性做多，重新套牢一批后继的跟风盘。

（1）主动攻击式边打边撤：从盘面上来看，主力在推高股价后，成交量迟迟不能快速萎缩，盘中常常出现频繁的向上对敲买单，且股价中心逐步下移。虽然每天股价跌幅并不深，但从长时间的日K线来看，股价运行在阴跌的趋势或通道里，且内盘很小，外盘极大，股价涨幅和内外盘成交不成比例，均证明主力在盘中通过对敲吸引跟风盘买进，从而达到自己派发的目的。这种股票开始跌幅较小，往往不引起散户投资者的重视，在主力派发末期，常常伴随着大幅跳水，等散户明白的时候，往往已深套其中，悔之晚矣！

（2）被动式边打边撤：还有一种边打边撤的方法是，股价存在一定跌幅后，远离散户投资者已套牢的区域，主力在相对低位于早盘大幅低开后，在买一、买二和买三上挂上极大的虚张声势的买单，然后在卖一上不断输出较小的卖单，使抢反弹的散户能够从容不迫地在低位上买到看似廉价的筹码。但无论多少买盘，总也买不完卖一上看似不大的卖单。但由于下档极大的买单，同时又维护了其他看空投资者的信心，使其误以为有人在低位吸货。由于股价总跌不破买一、买二和买三的价位，给人以铁底的感觉，无疑进一步增加了持股者的信心，同时又引诱了新的跟风盘，只到尾市几分钟的时候，主力才快速做高股价，这时逢高想出的散户已经没有时间操作。已买进的散户，会为这建立在空中楼阁上的短暂利润而做上一夜的黄粱美梦。第二天早盘开盘，主力以更低的价格大幅低开，套牢前一天的跟风盘，然后重施故技。

七、假换庄对倒派发

这种方法很常见，主力连续下出大卖单，然后又用大买单买入，在盘面上进行明显的不同账户的对倒，造成巨大单成交不断，伪装成"换庄"，天性贪婪的散户投资者很难不手痒，散户追进，庄家就可以顺势派发。

八、有"规律"性派发

这种方法的要点在于让市场上的散户形成惯性思维。有时候操盘手为了出货，故意每天低开，全天多数时间让股价低位运行，然后尾市突然直线拉高，连续数天这样，给自以为聪明的散户造成短线追进隔天就能获得丰厚获利的惯性思维，可是一旦某天散户接盘众多，操盘手就会果断砸盘出货。

九、除权后低位大量派发

在庄股出货派发方式中，这种方式是较为普遍而且较为有效。主力常在手中的股票除权后，特别是大幅除权后，给投资者造成股价处于很低价位的假象，再结合用少量的资金将该股进行拉升，使投资者误认为该股低位盘整或将来能够填权而买入，从而顺利实现庄家派发的目的。

十、"好形态"派发

优秀的操盘手对技术形态和热门的软件公式都非常熟悉,经常也会利用散户中所谓的"技术派"的技术理论出货。譬如用连续的小阳线上涨,进行所谓的"低位放量",另外去研究销量较大的软件公式,做出一个"公式选股"能选中的形态来吸引所谓"技术派"的买盘出货。

此外,如果庄家要坐庄某只股票,通常会与上市公司配合。如果可能的话,使用财务手段或者投资收益手段把上市公司的业绩做得特别好,或者高比例送股,或者改个适合当时热点的名字等,都是掩护庄家派发的好手段。

第三节 识别派发与洗盘

笔者在本章第二节谈到了一些有关派发和洗盘的差别,在本节中,笔者系统地总结一下洗盘和派发的区别,以帮助投资者朋友们更好地识别它们。

正确区分洗盘与出货,关系到散户能否真正做到与庄家双赢。股票市场是一个斗智斗勇的场所,各路庄家为了达到盈利的目的,也会使出浑身解数在各个方面欺骗中小散户。其中利用中小散户不容易区分洗盘与出货来蒙骗中小散户是庄家常用的手段。由于大多数中小散户专业水平有限,在庄家洗盘的时候感到害怕,误以为庄家正在出货,于是慌忙逃出,结果一抛完就涨,放走了一匹大黑马;而等到庄家出货的时候,会以为那只是洗盘而已,在最危险的时候反而死抱股票,结果煮熟的鸭子又飞了,因而吃亏上当,这些状况可能许多散户都遇到过。庄家在洗盘的时候总是千方百计动摇人们的信心,等到出货的时候却总是以最乐观、最美好的前景来麻痹人们。因此,散户必须擦亮眼睛,一般来说洗盘与出货两者之间有如下几个方面的区别：

（1）股价走势方面。洗盘时，股价在庄家的打压下快速走低，但在下方获得支撑，缓缓上升；出货时，股价在庄家拉抬下快速走高，之后缓缓下跌。

（2）成交量方面。洗盘时，股票下跌而成交量无法放大，洗盘完毕股价再次回升时成交量慢慢放大；出货时，股价上升持续时间短，成交量并不很大，有许多对倒盘，但股价下跌则伴随着大成交量。

（3）均线系统方面。洗盘时，股价一般维持在10日均线上，即使跌破也不引起大幅下跌，而是在均线下缩量盘稳，并迅速返回均线之上；出货时，股价盘跌均线走平，均线系统多头排列被破坏或开始向下，最终跌破均线系统并以阴跌形式向下发展。

（4）盘面浮筹情况。洗盘时，盘面浮筹越来越少，成交量呈递减趋势；出货时盘面浮筹越来越多，成交量一直保持在较高水平。

（5）有没有护盘。洗盘时，股价一般在中低价区域未有效跌破10日均线，在中高价区域未有效跌破20（或30）日均线；出货时，股价一般会迅速跌破5日、10日等短期均线，且均线系统在高位出现死叉。另外，在重大技术关口处如有护盘，出货的可能性极大。

（6）日K线形态。洗盘时，日K线一般不会连拉大阴线，顶多拉2~3根中（小）阴线；出货时，日K线经常连拉中（大）阴线。

（7）庄家的获利空间。洗盘时，庄家的获利空间一般小于20%，也就是说庄家将股价拉离其成本区域不太远；出货时，庄家的获利空间一般大于50%，有的甚至达100%以上。

（8）重大技术关口处反弹的幅度。洗盘时，反弹力度较小，如此不会恢复持股者的信心；出货时，反弹力度极大，如此可使场内外的散户投资者对庄股保持信心。

（9）突破盘局的方向。如果是洗盘，股价最终会放量突破盘局，表明洗盘完成，新的升浪开始；如果是出货，股价最终会向下突破盘局，但成交量不一定迅速放大，呈阴跌走势，表明庄家基本出货完毕，由散户支撑股价，必然阴跌。

（10）当天外盘与内盘成交量对比情况。洗盘时，外盘与内盘成交手数差不多；出货时，一般内盘（绿单）成交手数大于外盘（红单）成交手续，且常有大卖单出现。

（11）跌破重大技术关口后是否有买盘。在股价跌破重大技术关口后，如果有买盘介入，则是洗盘行为；如果缺乏买盘，必定是出货无疑。

（12）均线上攻的斜度及喇叭口发散的程度。洗盘时均线上攻的斜率不是很陡，且喇叭口刚刚发散；出货上攻的斜率一般大于45度角且喇叭口刚刚发散，出货上攻的斜率一般大于45度角，且喇叭口发散程度放大。

（13）在消息方面。洗盘时，几乎很少有利好传闻，偶尔还有坏消息，一般人对后市持怀疑态度；出货时，利好消息不断，大多数人相信目前只是盘整而已，相信股价还会再创新高。

（14）上升趋势线和上升通道是否被打破。洗盘时，庄家通常不会破坏上升趋势线和上升通道；出货时，庄家将打破趋势线和改变通道运行方向。

（15）股价的相对位置。洗盘时，股价脱离底部的区域不远，也就是说股价与底部相对位置不高；出货时，股价往往已经有很大涨幅或已经有过数浪上涨，与底部相对位置较高，特别是在这种情况下再大幅拉升时，出货的概率更高。

第四节　锁定既得利润

在本章的前三节，笔者分别介绍了派发的概念、庄家派发的手法和庄家派发与洗盘的区别。在本节中，笔者将通过大量的案例来具体分析如何做到在庄家派发的初期就卖出股票，锁定既得收益。

庄家可以分为长线庄家、中线庄家和短线庄家，不同的庄家由于做盘的时间有长有短，选择做盘的大盘环境也各不相同。因此，他们出货的方式也各不相同。

下面我们就分别来看不同庄家的出货情况，以及如何在庄家出货初期锁定既得收益。

一、长线庄股如何锁定收益

长线庄家一般选择在大盘处于牛市或者震荡市场阶段坐庄，因此，在牛市中，他们往往会在牛市的中后期或者震荡行情的相对高点进行出货。

我们先来看看牛市长线庄家的派发案例。

案例一。

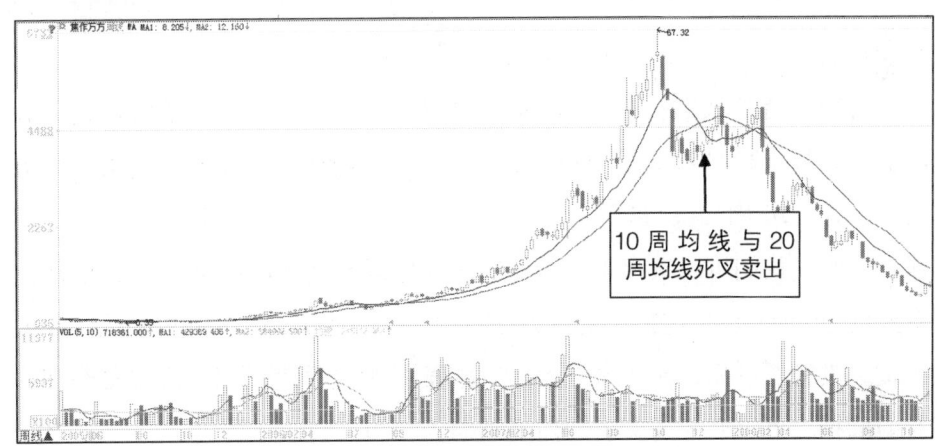

图 7-1

图 7-1 所示的是焦作万方（000612）自 2005 年 6 月至 2008 年 10 月这段时间的周 K 线图。2005—2007 年的大牛市，焦作万方股价形成了完美的上涨趋势，2007 年 10 月下旬后，焦作万方股价迎来了庄家的派发期，股价快速下挫，10 周均线与 20 周均线在高位线形成死叉，同时大盘也逐步走弱。此时，我们可以宣布焦作万方的庄家已经进入最后的派发期，此时也是投资者清仓的好时机。此后，焦作万方股价在经历了一小段反弹后快速下跌，整个熊市跌去了 85%。可见，投资者在庄家进入最后派发期清仓股票、锁定收益是非常明智的选择，可以避免投资者的前期利润大幅流失。

案例二。

图 7-2 所示的是千金药业（600479）自 2005 年 6 月至 2008 年 11 月

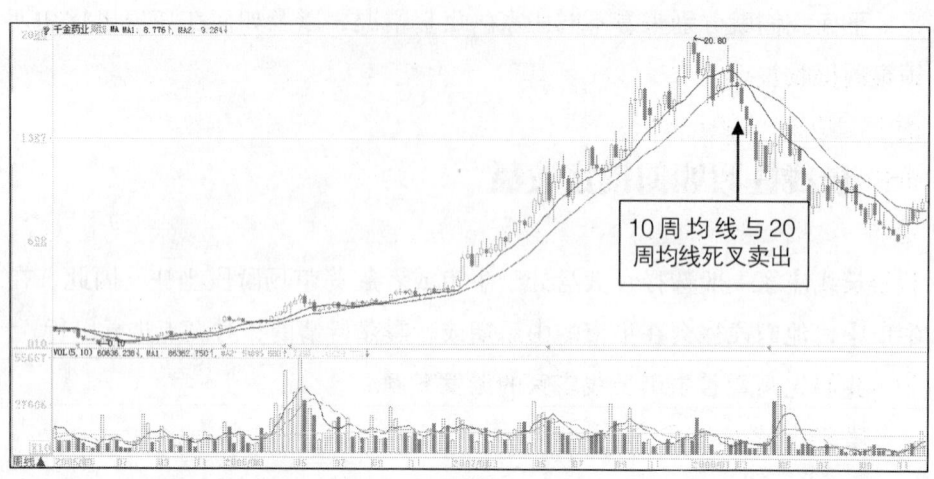

图 7-2

这段时间的周 K 线图。2005—2007 年的大牛市，千金药业股价形成了不错的上涨趋势。2008 年 3 月中旬，千金药业股价迎来了庄家的派发期，股价快速下挫，10 周均线与 20 周均线在高位线形成死叉，同时大盘也逐步走熊，此时，我们可以宣布千金药业的庄家已经进入最后的派发期，也是投资者清仓的好时机。此后，千金药业股价快速下跌，整个熊市跌去了 59%。投资者可见，在庄家进入最后派发期清仓股票、锁定收益是非常明智的选择，可以避免投资者的前期利润大幅损失。

案例三。

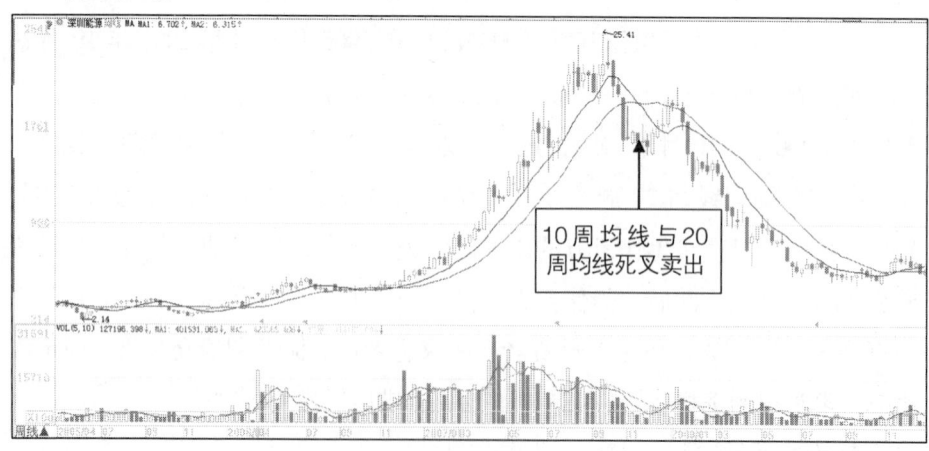

图 7-3

图7-3所示的是深圳能源（000027）自2005年4月至2008年11月这段时间的周K线图。2005—2007年的大牛市，深圳能源股价形成了不错的上涨趋势。2007年11月中旬，深圳能源股价迎来了庄家的派发期，股价快速下挫，10周均线与20周均线在高位线形成死叉，同时大盘也逐步走弱，此时，我们可以宣布深圳能源的庄家已经进入最后的派发期，也是投资者清仓的好时机。此后，深圳能源股价快速下跌，整个熊市跌去了64%。可见，投资者在庄家进入最后派发期清仓股票、锁定收益是非常明智的选择，可以投资者我们的前期利润大幅受损。

我们继续来看看在震荡市场的长线庄家的出货案例。

案例四。

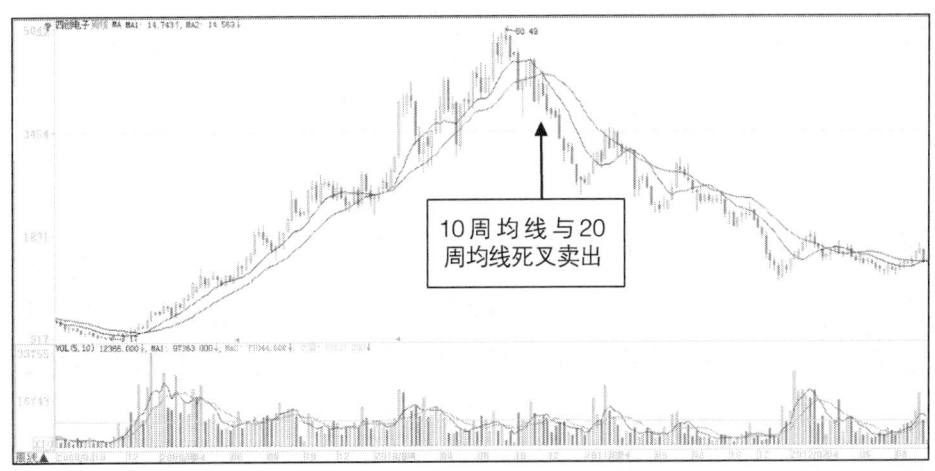

图7-4

图7-4所示的是四创电子（600990）自2008年8月至2012年8月这段时间的周K线图。2008年10月之后，大盘逐步反弹，四创电子股价形成了不错的上涨趋势。2009年8月初，大盘逐步进入震荡行情，四创电子股价仍然持续上涨，直到2010年11月末，四创电子股价快速下挫，10周均线与20周均线在高位线形成死叉，同时大盘也逐步形成震荡市场阶段高点。此时，我们可以宣布四创电子的庄家已经进入最后的派发期，也是投资者清仓的好时机。此后，四创电子股价快速下跌，股价在1年多的时间跌去了70%，堪比大熊市的跌幅。可见，即使在震荡市场，投资者在庄

家进入最后派发期清仓股票、锁定收益也是非常明智的选择,可以避免投资者的前期利润大幅受损。

案例五。

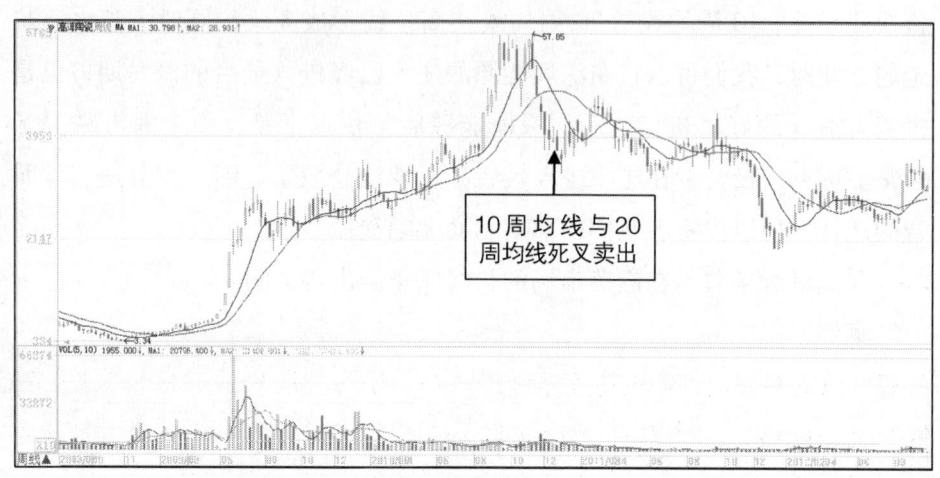

图 7-5

图 7-5 所示的是高淳陶瓷(600562)自 2008 年 8 月至 2012 年 8 月这段时间的周 K 线图。2008 年 10 月之后,大盘逐步反弹,高淳陶瓷股价快速上涨。2009 年 8 月初,大盘逐步进入震荡行情,高淳陶瓷股价仍然持续上涨,直到 2010 年 12 月中旬,高淳陶瓷股价快速下挫,10 周均线与 20 周均线在高位线形成死叉,同时大盘也逐步形成震荡市场下跌行情。此时,我们可以宣布高淳陶瓷的庄家已经进入最后的派发期,也是投资者清仓的好时机。此后,高淳陶瓷股价快速下跌,股价在 1 年多的时间跌去了 50%。可见,即使在震荡市场,投资者在庄家进入最后派发期清仓股票、锁定收益也是非常明智的选择,可以避免投资者的前期利润大幅受损。

案例六。

图 7-6 所示的是江南红箭(000519)自 2008 年 8 月至 2012 年 6 月这段时间的周 K 线图。2008 年 10 月之后,大盘逐步反弹,江南红箭股价快速上涨。2009 年 8 月初,大盘逐步进入震荡行情,江南红箭股价仍然持续上涨,直到 2010 年 5 月中旬,江南红箭股价快速下挫,10 周均线与 20 周均线在高位线形成死叉,同时大盘也逐步形成震荡市场下跌行情。此时,

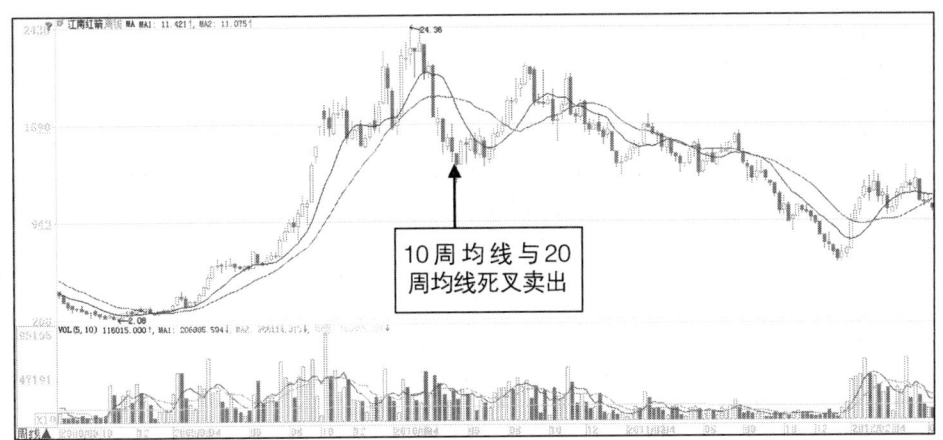

图 7-6

我们可以宣布江南红箭的庄家已经进入最后的派发期，也是投资者清仓的好时机。此后，江南红箭股价快速下跌，股价在 1 年多的时间跌去了 59%。可见，即使在震荡市场，投资者在庄家进入最后派发期清仓股票、锁定收益也是非常明智的选择，可以避免投资者的前期利润大幅受损。

二、中线庄股如何锁定收益

中线庄家往往选择在震荡市场中坐庄，由于震荡市场的震荡行情多变，庄家的目标价位并不高，一旦股价达到庄家的目标位置，很有可能在震荡市场的上升阶段就已经开始出货了。当然，在震荡市场的下跌初期，也是许多中线庄家出货的高频时机。

下面我们来看几个案例。

案例一。

图 7-7 所示的是长征电器（600112）与上证指数自 2010 年 10 月至 2012 年 1 月这段时间的日 K 线叠加图。2011 年 1 月之后，大盘逐步反弹，进入震荡市场上涨段，长征电器股价跟随大盘逐步上涨，直到 2011 年 4 月，大盘逐步进入震荡市场阶段高点。此时，长征电器股价快速下跌，我们可以宣布长征电器的中线庄家已经进入派发期，迎来了投资者在震荡市场的卖出时机。此后，长征电器股价经历了一段盘整后持续下跌，投资者

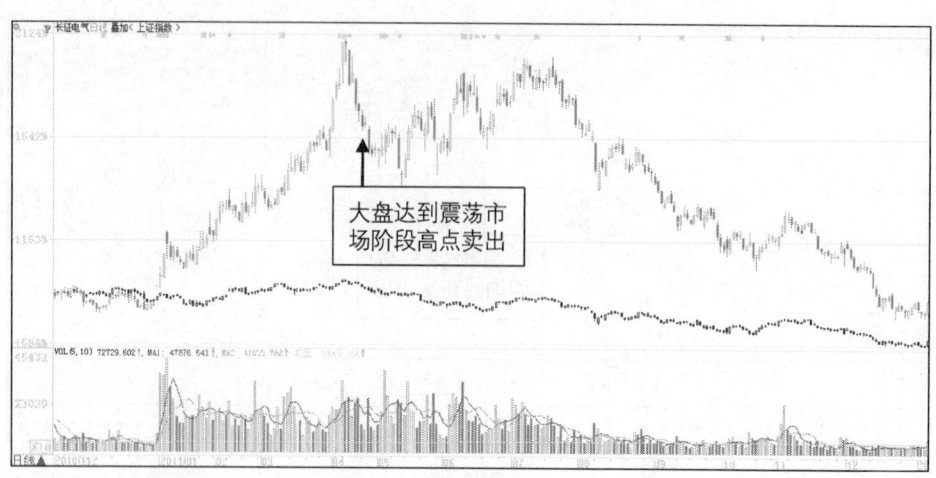

图 7-7

在大盘达到震荡市场高点附近卖出股票、锁定了收益，避免了此后的股价暴跌。

案例二。

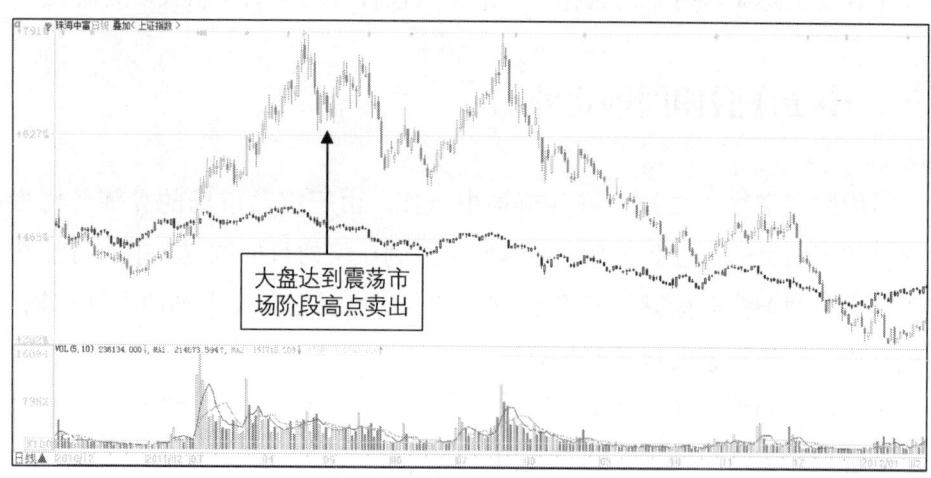

图 7-8

图 7-8 所示的是珠海中富（000659）与上证指数自 2010 年 12 月至 2012 年 2 月这段时间的日 K 线叠加图。2011 年 1 月之后，大盘逐步反弹，进入震荡市场上涨段，珠海中富股价跟随大盘逐步上涨，直到 2011 年 4 月，大盘逐步进入震荡市场阶段高点，此时，珠海中富股价快速下跌，我们可以宣布珠海中富的中线庄家已经进入派发期，迎来了投资者在震荡市

场的卖出时机。此后，珠海中富股价经历了一段反弹后持续下跌，股价在 6 个月内下跌了 60%。投资者在大盘达到震荡市场高点附近卖出股票、锁定了收益，避免了此后的股价暴跌所带来的损失。

案例三。

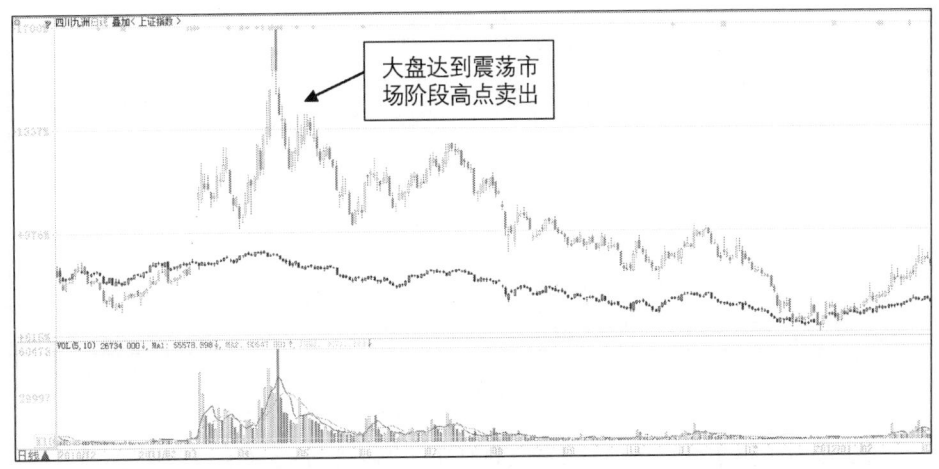

图 7－9

图 7－9 所示的是四川九洲（000801）与上证指数自 2010 年 12 月至 2012 年 3 月这段时间的日 K 线叠加图。2011 年 1 月之后，大盘逐步反弹，进入震荡市场上涨段，四川九洲股价跟随大盘快速上涨，直到 2011 年 4 月，大盘逐步进入震荡市场阶段高点。此时，四川九洲股价快速下跌，我们可以宣布四川九洲的中线庄家已经进入派发期，迎来了投资者在震荡市场的卖出时机。此后，四川九洲股价持续下跌，股价在 9 个月内下跌了 61%。投资者在大盘达到震荡市场高点附近卖出股票、锁定了收益，避免了此后的股价暴跌所带来的损失。

三、短线庄股如何锁定收益

短线庄家由于实力较弱，往往坐庄的时间比较短，他们经常在震荡行情或者大盘下跌阶段的反弹阶段快速坐庄，因此，短线庄股的出货时间往往较短，有可能在阶段行情的末段快速出货。

我们先来看看震荡市场的短庄股出货案例。

案例一。

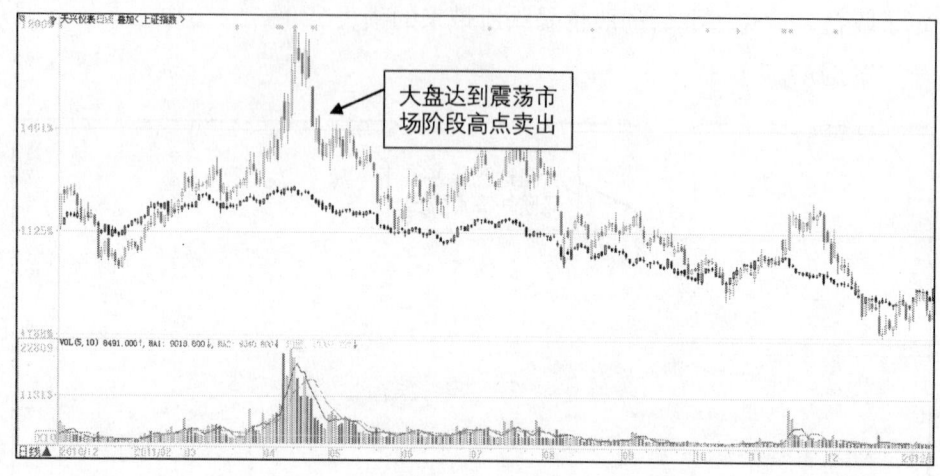

图7-10

图7-10所示的是天兴仪表（000710）与上证指数自2010年12月至2012年1月这段时间的日K线叠加图。2011年1月之后，大盘逐步反弹，进入震荡市场上涨段，天兴仪表股价跟随大盘缓缓上涨，直到2011年4月初，股价才连拉几根大阳线。很明显，天兴仪表的做盘庄家实力较弱，属于短庄股。2011年4月下旬，大盘逐步进入震荡市场阶段高点，此时，天兴仪表股价快速下跌，我们可以宣布天兴仪表的短线庄家已经进入派发期，迎来了投资者在震荡市场的卖出时机。此后，天兴仪表股价持续下跌，股价在8个月内下跌了53%。投资者在大盘达到震荡市场高点附近卖出股票、锁定了收益，避免了此后的股价暴跌所带来的损失。

案例二。

图7-11所示的是广东明珠（600382）与上证指数自2010年12月至2012年2月这段时间的日K线叠加图。2011年1月之后，大盘逐步反弹，进入震荡市场上涨段，广东明珠股价跟随大盘缓缓上涨，直到2011年3月末，股价才连拉几根大阳线。很明显，广东明珠的做盘庄家实力较弱，属于短庄股。2011年4月下旬，大盘逐步进入震荡市场阶段高点，此时，广东明珠股价快速下跌，我们可以宣布广东明珠的短线庄家已经进入派发

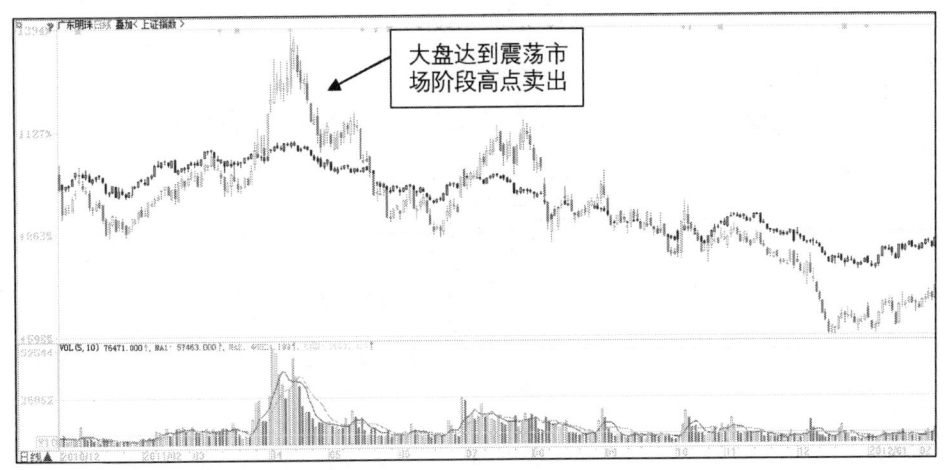

图 7-11

期,迎来了投资者在震荡市场的卖出时机。此后,广东明珠股价持续下跌,股价在 8 个月内下跌了 54%。投资者在大盘达到震荡市场高点附近卖出股票、锁定了收益,避免了此后的股价暴跌所带来的损失。

我们继续来看看大盘处于弱势市场的出货案例。

案例三。

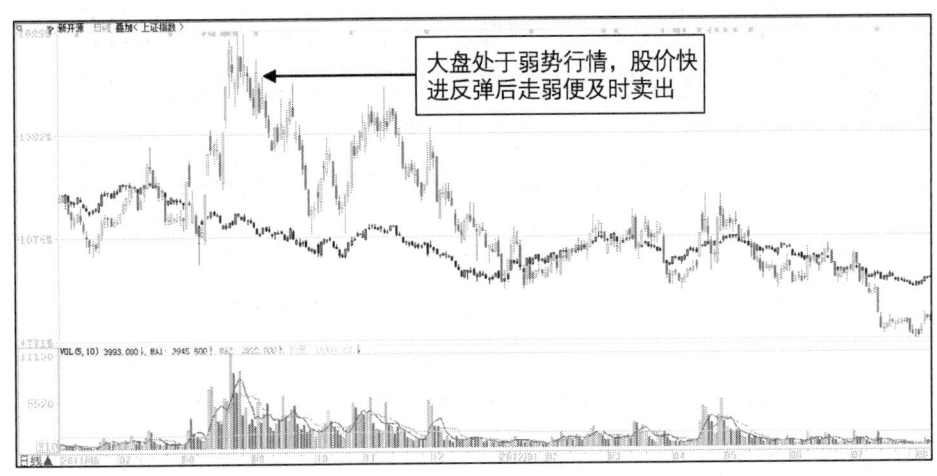

图 7-12

图 7-12 所示的是新开源(300109)与上证指数自 2011 年 6 月至 2012 年 8 月这段时间的日 K 线叠加图。2011 年 4 月之后,大盘逐步下跌,走出震荡市场较长期下跌段的弱势行情。2011 年 8 月,大盘走出了非常短

暂的反弹行情，短线庄股新开源借机快速拉升，股价10个交易日上涨了54%。此后，新开源股价逐步走弱，进入快速下跌通道。对于这样的短线庄股，只要其股价走势变弱，投资者便要坚决清仓，锁定收益。

案例四。

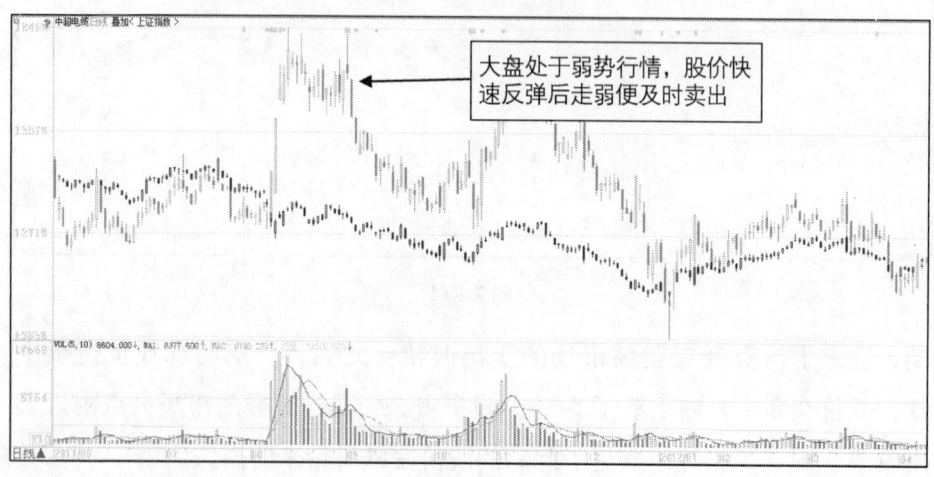

图7-13

图7-13所示的是中超电缆（002471）与上证指数自2011年5月至2012年4月这段时间的日K线叠加图。2011年4月之后，大盘逐步下跌，走出震荡市场较长期下跌段的弱势行情。2011年8月，大盘走出了非常短暂的反弹行情，短线庄股中超电缆借机快速拉升，股价6个交易日上涨了32%。此后，中超电缆股价逐步走弱，进入快速下跌通道。对于这样的短线庄股，只要其股价走势变弱，投资者便要坚决清仓，锁定收益。

参考文献

1. 范江京. 跟庄——掌握跟庄技术是在A股快速获利的必杀技（上册）. 北京：机械工业出版社，2010
2. 伍朝晖. 起涨点. 广州：广东经济出版社，2010
3. 谭文. 散户快跑：庄家出货模式全解析. 上海：立信会计出版社，2011